D1381617

*Diálogo de la lengua*

# Letras Hispánicas

# Juan de Valdés

# *Diálogo de la lengua*

Edición de Cristina Barbolani

QUINTA EDICIÓN

CATEDRA

LETRAS HISPANICAS

Ilustración de cubierta: Luis Gordillo

© Ediciones Cátedra, S. A., 1995
Juan Ignacio Luca de Tena, 15. 28027 Madrid
Depósito legal: M. 31.312-1995
ISBN: 84-376-0331-5
*Printed in Spain*
Impreso en Lavel, S. A.
Pol. Ind. Los Llanos. C/ Gran Canaria, 12
Humanes de Madrid (Madrid)

# Índice

# Índice

*Introducción*

# I

# Vida y obra de Juan de Valdés:
## Aspectos fundamentales

La figura de Juan de Valdés es, sin duda, una de las más controvertidas del Renacimiento español. Si su doctrina puede considerarse hoy día hasta cierto punto definida en términos de clara heterodoxia —a pesar de que existan intentos de recuperación católica, como el excelente estudio de Domingo de Santa Teresa[1]—, no ocurre así con su dimensión literaria, desorbitada a veces por desmedidos elogios, otras veces menoscabada o simplemente ignorada.

A la hora de trazar unas líneas que ayuden a situar mejor a este autor en la historia literaria, me propongo evitar no tanto el apasionamiento, sin duda deformador (pero a veces inevitable tratándose de una figura sugestiva y polémica), sino sobre todo el juicio apresurado, la simple aproximación parcial a la obra valdesiana. Es éste, desgraciadamente, el camino más seguido: a pesar de que no falten estudios de gran competencia —como las aportaciones de Lapesa y de Terracini[2]—, no es menos cierto que en España no disponemos aún de una monografía sobre Juan de Valdés que, teniendo en cuenta las

---

[1] Fray Domingo de Santa Teresa, *Juan de Valdés. Su pensamiento religioso y las corrientes espirituales de su tiempo,* Roma, Analecta Gregoriana, 1957.

[2] Juan de Valdés, *Diálogo de la lengua,* selección, estudio y notas por R. Lapesa, Zaragoza, Clásicos Ebro, 1954; Juan de Valdés, *Diálogo de la lengua,* ed. di L. Terracini, Collezione di testi e manuali per l'Istituto di Filologia Romanza dell'Università di Roma, Módena, Soc. tipografica modenese, 1957; L. Terracini, «La sostanza del *Diá-*

11

varias facetas del hombre y, por tanto, los estudios históricos o teológicos, reconsidere a este autor desde la vertiente propiamente literaria. Por otra parte, hay que observar que tampoco estudios valdesianos de otro tipo se han realizado precisamente en España, y que un libro tan fundamental sobre Valdés y el valdesianismo, como el de José C. Nieto[3], ha tardado casi diez años en ser traducido al español.

La única edición crítica del *Diálogo de la lengua,* adaptación de mi tesis doctoral, se publicó en Italia en 1967 y es un libro ya difícil de encontrar[4]. Mi interés por Juan de Valdés empezó con aquel trabajo, dedicado a la fijación escrupulosa del texto mediante un atento examen de los manuscritos: trabajo muy necesario y previo al acercamiento crítico a la obra que ahora me propongo realizar.

1. PRIMERA JUVENTUD: ESCALONA Y ALCALÁ

De los hijos del regidor de Cuenca Fernando (o Hernando) de Valdés —familia, al parecer, de origen asturiano establecida en Cuenca desde el siglo XII— son dos, Alfonso y Juan, los que pertenecen a la historia literaria, siendo Alfonso sin duda el más conocido por su posición de secretario del emperador Carlos V y por sus escritos vinculados a acontecimientos históricos de gran relieve[5].

A los dos hermanos se les ha considerado tradicionalmente en conjunto, y ha sido obra de larga y paciente

---

logo de la lengua», en su libro *Lingua come problema nella letteratura spagnola del Cinquecento,* Turín, Stampatori Editore, 1979.

[3] José C. Nieto, *Juan de Valdés and the origins of the spanish and italian Reformation,* Ginebra, Droz, 1970; José C. Nieto, *Juan de Valdés y los orígenes de la Reforma en España e Italia,* traducción española de V. Simón y A. Álvarez, México, Fondo de Cultura Económica, 1979.

[4] Juan de Valdés, *Diálogo de la lengua,* Edizione critica a cura di Cristina Barbolani, Mesina-Florencia, D'Anna, 1967.

[5] Advertimos que siempre que utilizamos el apellido *Valdés* o el adjetivo *valdesiano* nos referimos a Juan, para una mayor agilidad en la exposición, con perdón de los especialistas en la figura de Alfonso.

elucidación de eruditos el llegar a marcar una línea de separación entre ellos, deslindando el quehacer literario de cada uno, relacionado obviamente con la diversidad de personalidades, intereses e inclinaciones. Sería demasiado cómodo, ahora que podemos dar esta labor por terminada, sorprendernos por encontrar disparatada la unión de dos figuras que nos aparecen netamente diferentes. La inicial confusión, curiosamente, va paralela al convencimiento de que fueran hermanos gemelos, cuestión que hoy día se tiende a arrinconar o a rechazar. Por nuestra parte creemos que las dos cartas enviadas por Erasmo a Juan de Valdés en las que aparece la palabra *gemelli, gemellos,* no hacen sino utilizar una imagen literaria referida a la semejanza física y de índole, de la que otros le habían hablado *(ut audio),* además de subrayar la igualdad de ambos en la consideración y estima del gran humanista[6]. El extraordinario parecido físico de los dos hermanos aparece también en una carta dirigida a Alfonso de Valdés por el historiador Juan Ginés de Sepúlveda, el cual les conoció personalmente a ambos *(cum video)*[7].

La fecha de nacimiento de Juan, según el estudio más razonado al propósito, debe situarse alrededor de 1510, acaso algunos años antes[8]; y parece ser que era hermano menor de Alfonso. Consideramos como dato muy importante el que en la familia, de reconocida hidalguía, la ascendencia materna era en sus tres cuartas partes conver-

---

[6] «Tu vero, ut audio, sic illum refers et corporis specie et ingenii dexteritate, ut non duo gemelli, sed idem prorsus homo videri possitis» (número 25); «quandoquidem ego vos tam gemellos pro unico habeo non pro duobus» (núm. 54). Las cartas se encuentran reproducidas y traducidas en F. Caballero, *Conquenses ilustres,* Madrid, Oficina tipográfica del Hospicio, 1875.

[7] «An ego possum aliter eum recipere, quem cum video, sive stet, sive incedat, sive taceat, sive loquatur, quidquid denique agat, vel non agat, te ipsum videre puto?» Joannes Genesius Sepúlveda, *Opera tum edita, tum inedita.* Operante regia historiae Academia, III, Matriti, ex typographia regia *de la Gazeta,* 1780.

[8] José C. Nieto, *ob. cit.,* pág. 172, la deduce no con datos seguros pero sí con argumentos del todo convincentes.

sa (un tío, Fernando de la Barrera, párroco de San Salvador, fue quemado en la hoguera por la Inquisición)[9], ya que este origen converso puede aclarar no pocas actitudes y decisiones fundamentales en la vida de nuestro autor.

Nada sabemos de su primera infancia en Cuenca. Tan sólo consta que en 1523, en tierna edad («muchacho»), Juan se encontraba en Escalona, formando parte de la «servidumbre» de don Diego López Pacheco, marqués de Villena, varón piadoso y fascinado en su vejez por la predicación de las doctrinas de los alumbrados[10], a la que asistía con toda su pequeña corte. Es fácil imaginarse a Juan como a un joven paje que escucha y asimila estas conversaciones y las pláticas heterodoxas del predicador laico Alcaraz con la curiosidad y azoramiento propios de la adolescencia. Pero, según el estudio ya citado de Nieto, parece ser que estas experiencias fueron algo más: marcaron definitivamente el camino que Juan emprendería en la dirección de la heterodoxia de los alumbrados (que no llegaría a abandonar nunca a lo largo de toda su vida), lo cual explicaría su adhesión muy condicionada al erasmismo y el carácter peculiar de su reformismo religioso.

    9 Véase M. Martínez Millán, varios artículos en el *Diario de Cuenca*, «La familia Valdés en Cuenca», 4-15 de agosto de 1972.
    10 M. Serrano y Sanz, «Pedro Ruiz de Alcaraz, iluminado alcarreño del siglo XVI», en *Revista de Archivos, Bibliotecas y Museos*, VII, 1903, pág. 6: «Decrépito y gotoso don Diego López Pacheco, segundo marqués de Villena, se había retirado a su alcázar de Escalona, donde se daba al ejercicio de la piedad y a la conversación con los varones espirituales... Saturado ya de iluminismo, llevó a su palacio en el año 1523 un predicador laico, que lo fue Ruiz de Alcaraz... Allí reunió en breve Alcaraz una pequeña comunidad a la que pertenecía la servidumbre del marqués: doctrinaba en casa del licenciado Antonio de Baeza, donde acudían clérigos, como Gutiérrez, capellán del marqués, mujeres como doña María de Zúñiga y Ana de Soria, y muchachos cual Juan de Valdés, no sin escándalo del presbítero Francisco de Acevedo.»
    11 «Exégesis bíblica en España: encuentro de Fray Cipriano de Huerga con Juan de Valdés en Alcalá», en Actas del Coloquio interdisciplinar *Doce consideraciones sobre el mundo hispano-italiano en tiempos de Alfonso y Juan de Valdés*, Bolonia, abril de 1976, pág. 241.

Como observa también E. Asensio[11], Nieto desorbita, evidentemente, el alcaracismo de Juan, cuya extraordinaria personalidad parece ya suficiente para explicar en gran parte sus posiciones, a veces difícilmente definibles en etiquetas de erasmismo o reformismo. Pero de ningún modo deben infravalorarse estas experiencias juveniles de Escalona. En el proceso de Alcaraz se evidencian noticias concretas y detalladas sobre la indisciplina del Valdés «muchacho» respecto a las ceremonias religiosas a las que era obligado a asistir[12]. Nieto considera acertadamente como alusiva a esta época una afirmación autobiográfica (de las escasísimas que nos ha dejado Valdés) en la cual confiesa que

> Puedo afirmar esto sobre mí, que fui hecho llegar a Cristo de manera tan violenta que estoy seguro de que, aunque hubiera querido resistirme, no lo podría haber hecho...

La afirmación pertence al *Comentario a Mateo,* escrito hacia 1539-40 y se refiere a «veinte años ha». Lo cierto es que no tenemos datos para desmentir esta precocidad de la crisis religiosa de Juan y el papel primordial que tuvieron en ella las doctrinas iluministas. Pueden ser opinables los contactos con la Reforma europea por parte de los alumbrados[13], pero en ningún caso puede discutirse la importancia de esta corriente innovadora en el primer cuarto del siglo XVI en ámbito hispánico. La ya citada monografía de Nieto[14] afirma que

---

[12] Proceso manuscrito, fol. LXXX: «...e con Valdés e Marquina e Noguerol... e a todos estos que he dicho les vi después que comunicaron con Alcaraz estar en los divinos ofiçios quando se hincavan de rodilla syn rezar exteriormente ni ynclinar la cabeça al nombre de Ihesu Cristo», citado en Nieto, *ob. cit.,* pág. 171.

[13] Según Nieto, este movimiento, natural en el ambiente de la reforma cisneriana, es previo a la Reforma europea e independiente de ésta; el estudioso A. Redondo supone, en cambio, un probable conocimiento de algunas obras de Lutero por parte de los primeros alumbrados. Véase *Aspects du libertinisme au XVIᵉ siècle,* París, Vrin, 1974, página 85.

[14] Páginas 580-581.

Los alumbrados y los comuneros son el anverso y reverso de la misma moneda de la España imperial. Los unos son la imagen o cara religiosoheterodoxa; los otros la cruz políticodisidente... Los unos defendieron la libertad religiosa, aunque de forma inconsciente; los otros, la libertad política, de un modo consciente. La importancia de estos dos movimientos pudo haber sido crucial para la historia de España... La España imperial fue incapaz de un proceso histórico asimilativo de síntesis, y en lugar de una síntesis emergió una antítesis nacionalista... De haber España desarrollado una política de síntesis y no de antítesis, su historia habría sido muy otra: menos cruenta, menos fratricida y menos rígida ideológicamente.

Movimiento de tal importancia pudo ejercer sobre Juan un planteamiento precoz del problema religioso, despertando en él una gran capacidad crítica para con el cristianismo institucional, que posteriormente se enlazaría con posiciones erasmianas. Pero éste es sólo un aspecto de su compleja personalidad. Ya desde el examen de estas primeras etapas de la formación de Valdés nos guardaremos mucho de caer en la tentación de considerar su vida desde una perspectiva hagiográfica. En el *Diálogo de la lengua* tenemos, en otra de las rarísimas veces en que ha hablado de sí mismo, una declaración que sería difícil no referir precisamente a estos años:

> Diez años, los mejores de mi vida, *que gasté en palacios y cortes,* no me empleé en exercicio más virtuoso que en leer estas mentiras [de los libros de caballería], en las quales tomava tanto sabor que me comía las manos tras ellas. Y mirad qué cosa es tener el gusto estragado, que si tomava en la mano un libro de los romançados en latín que son de historiadores verdaderos, o a lo menos que son tenidos por tales, no podía acabar conmigo de leerlos[15].

Acaso no llegaría a permanecer diez años en Escalona; pero sí es muy probable que la época de la afición por los

---

[15] Páginas 248-249 de nuestra edición.

libros de caballería (que después será reprobada con criterio erasmista, en nombre de la verosimilitud y de la moralidad) haya empezado en el palacio-castillo del viejo marqués, cuyas puertas abrieron al joven paje dos mundos. Por una parte la experiencia, directa y oral, de una intensa vida religiosa fundamentada en la disponibilidad personal a la salvación que ofrece la gracia (rechazando las ceremonias externas como supersticiosas); por otra parte la apasionante e infatigable lectura en castellano de autores profanos, verdadero atracón de aventuras y de sabrosas «mentiras».

Por tanto, nada hay más lejos de esta primera formación valdesiana que el latinismo libresco y pedante. El adolescente Juan vive en un ambiente extraordinariamente abierto, aun dentro del convencionalismo de una pequeña corte: es el más joven y aventajado discípulo de la comunidad heterodoxa formada alrededor de Alcaraz. Quizá haya sido anterior al estudio del latín el contacto con los libros de caballería, este enorme caudal de la tradición castellana de literatura profana, la más frívola si se quiere; al mismo tiempo que su propio idioma, el de Cuenca donde nació, y no el latín, era utilizado como lengua de predicación y revelación de una nueva e intensa vida espiritual.

Es posible que en estos mismos años se desarrollara en él el gusto por lo *galano* de la lengua, por las burlas, agudezas, anécdotas breves o chistes de corte elaborados sobre todo jugando con vocablos de doble sentido, que suponen un ambiente de interlocutores hispanohablantes; gusto que llegaría a perdurar en la posterior estancia italiana, registrado en el *Diálogo de la lengua,* y que acaso no se deba sólo a una moda literaria del tiempo[16].

Obviamente, estas conjeturas no pasan de ser hipótesis de trabajo, pero el hecho es que el Valdés del *Diálogo de la lengua,* diez años después, insiste en considerar el castellano con identidad propia, con independencia del latín:

---

[16] Véase *Sales españolas,* en el tomo 176 de la Biblioteca de Autores Españoles.

... quando me pongo a escrivir en castellano no es mi intento conformarme con el latín, sino esplicar el conceto de mi ánimo, de tal manera que, si fuere posible, qualquier persona que entienda el castellano alcance bien lo que quiero dezir[17].

Por tanto, el posterior estudio de las lenguas clásicas en la Universidad de Alcalá (1526-1530) se superpuso al convencimiento de la autosuficiencia del castellano con respecto al latín, en cuanto a «esplicar el conceto de mi ánimo», para una comunicación amplia a todos los niveles («qualquier persona que entienda el castellano»).

Sobre la época de la formación universitaria de Valdés en Alcalá, época de estudio de las lenguas antiguas, también escasean bastante los datos. Es más, en rigor no sabemos exactamente qué tipo de estudios cursaría, aunque una carta que le dirige Erasmo desde Basilea, fechada el 1 de marzo de 1528, nos le indica como estudiante de artes liberales[18]. Los conocimientos demostrados posteriormente en latín, griego y hebreo no dejan lugar a duda en cuanto a los resultados de su preparación en la Complutense. Con el latín debió de adquirir una total familiaridad, ya que en esta lengua se impartían las clases, como observa Andrea Navagiero:

> In Alcalá vi è studio in le arti, instituto da fra Francesco Ximenes, arcivescovo di Toledo e cardinale. Il quale ornò molto detto loco di Alcalá: vi fece il studio nel qual leggono le lettioni in Latino, e non come nei altri studii di Spagna, nei quali le lettioni si dechiarano in Spagnolo...[19]

Dado su interés por los textos escriturarios, es posible que Valdés siguiera las clases del cisterciense Cipriano de la Huerga (futuro maestro de Fray Luis de León y de

---

17 Página 184 de nuestra edición.
18 «Audio te deditum liberalibus disciplinis», carta citada en F. Caballero, *ob. cit.*
19 A. Navagiero, *Viaggio fatto in Spagna...*, Venecia, 1563, citado en E. Asensio, *ob. cit.* en nuestra nota 11.

Benito Arias Montano), aunque este dato tampoco esté documentado y los métodos exegéticos de Cipriano difieran mucho de los adoptados en los posteriores comentarios valdesianos a textos sagrados[20]. Como ocurre para los años de Escalona, también para esta época nos movemos siempre entre conjeturas, pero hay una diferencia: los años de Alcalá producen la primera y única obra publicada en vida de Juan de Valdés, el *Diálogo de Doctrina Christiana,* que sale de la prensa de Miguel de Eguía en 1529. En la portada no aparece el nombre del autor, pero la atribución a Juan es segura. Bataillon, que fue el descubridor y el que cuidó la primera edición moderna de la obra (Coimbra, 1929), la considera un moderado catecismo erasmiano. La obra está dedicada a don Diego López Pacheco, marqués de Villena, recordado en la primera página, en que se presenta el diálogo como motivado por circunstancias concretas, como si realmente hubiera tenido lugar la piadosa conversación:

> Pues deseando ya que vuestra señoría, a quien se aplazen tanto las cosas semejantes que jamás se canssa de leerlas, ni de platicarlas, supiesse lo que allí passamos, y assí mismo lo supiessen todos los que tienen en esto el affecto de vuestra Señoría, acordé de escreuirlo todo, según se me acordó, en esta breue escriptura[21].

El recuerdo del viejo marqués y de los años de Escalona perdura en medio de los estudios de humanidades, al tiempo que la figura de Erasmo ejerce una poderosa atracción. La posición de Valdés es moderada a lo largo de toda la obra. Con respecto al atrevido «muchacho» indisciplinado discípulo de Alcaraz, tenemos aquí a un Valdés más maduro y más próximo a la iglesia institucional. Es más, en su comportamiento de estos años no vemos nada sospechoso. No hay por qué no creer a la

---

[20] No se han confrontado detenidamente los dos métodos, pero véanse las interesantes hipótesis de E. Asensio, *ob. cit.*

[21] Cito, por tenerla más a mi alcance, de la edición de D. Ricart, Universidad Autónoma de México, 1964, pag. 18.

declaración que hará Carranza en su propio proceso, a quien el joven Valdés que encontró en Alcalá le pareció un simple estudiante que en nada podía resultar sospechoso:

> De illo tempore quo ego cognovi Compluti dictum Johannem Valdesium et vidi eum Valleoleti, ut dixi, ipse non erat notatus nec poterat esse notatus de aliqua suspitione haeresis, quia erat *iuvenis studens linguam latinam* [22].

Dos de los personajes del diálogo, Eusebio y Antronio, tienen nombres que aparecen, representando más o menos los mismos tipos humanos, en los *Coloquios* erasmianos. Es verdad que esta primera prueba de Valdés como escritor está lejos de la pulcritud y elegancia de la prosa latina de Erasmo, pero su planteamiento indica una aproximación indudable, aunque personal y crítica, al gran humanista roterodamense. No es éste ciertamente el lugar para definir el grado de erasmismo en el Valdés del periodo de Alcalá, mínimo según Nieto y considerable según Bataillon. Es un asunto aún discutido entre especialistas muy competentes, y tampoco ha faltado quien ha visto en Valdés una «tercera fuerza» libre y personalista entre los tendenciales dogmatismos de la Reforma y de la Contrarreforma [23]. Las cosas se complican aún más y se ponen en terreno resbaladizo si llegamos a admitir que el erasmismo se utilice como «máscara» en cuanto postura menos peligrosa en 1529, cuando ya se perseguía el erasmismo con el proceso que llevó a la condena de Uceda (1528) [24]. Por nuestra parte nos atrevería-

---

22 Véase Ignacio Tellechea Idígoras, «Juan de Valdés y Bartolomé Carranza, La apasionante historia de un papel», en *Revista española de teología*, vol. XXI (1961), págs. 289-324. Saca la declaración del Archivo Histórico Nacional, Inquisición 4446, leg. 2.

23 Véase D. Ricart, *Juan de Valdés y el pensamiento religioso europeo en los siglos XVI y XVII*, México, El Colegio de México, 1958.

24 Véase Nieto, *ob. cit.*, pág. 279: «El *proceso* de Alcaraz no deja lugar a dudas de que lo que estaba ocurriendo en Escalona era mucho más peligroso para la Iglesia católica romana que las ideas humanistas

mos a afirmar que nos parece que hay un aspecto, si no de influencia erasmiana, por lo menos de singular coincidencia con Erasmo, en ésta y en otras obras de Valdés: el racionalismo como forma de espiritualidad. Para Valdés, comprender ya es creer, y el proceso de captación de los interlocutores por parte del arzobispo protagonista y depositario de la verdad en el diálogo *De Doctrina Christiana,* es un proceso que se realiza a base de convencimiento racional. El propósito de esta primera obra —muy lejos de cualquier tipo de experiencia mística— es el de un reformismo optimista, desde arriba, sin abandonar la Iglesia, con la seguridad (que se nos antoja ingenua) de que personalidades como la del protagonista arzobispo puedan conseguir extirpar devociones absurdas y marginales y centrar la vivencia religiosa en lo esencial del mensaje evangélico. Dicho mensaje, en sí trasparente, en cuanto sea predicado por alguien que lo practica en su vida, arrastrará inmediatamente tanto al «vulgo cristiano» representado por Antronio (cura burdo e ignorante) como al hombre piadoso y dispuesto, abierto al diálogo, que es Eusebio. Las devociones supersticiosas no son condenadas con la fuerza crítica y polémica que observamos, por ejemplo, en los diálogos de su hermano Alfonso de Valdés, sino con la dulce persuasión que ejerce el difundirse de la verdad. En ningún momento se habla de abandonar la Iglesia; se trata tan sólo de reformarla.

Pero la impresión de moderación que el lector de hoy saca de la lectura de este diálogo no se corresponde con las reservas que la obra pudo inspirar a los contemporáneos celosos vigilantes por la ortodoxia, a los cuales bien el erasmismo, bien el alcaracismo del autor resultaban sospechosos. A pesar de que los datos, una vez más escasos y contradictorios, se presenten particularmente enmarañados[25], lo cierto es que se le acusó de herejía por

---

de la élite de Alcalá; esta élite no representó jamás, a decir verdad, amenaza alguna contra los fundamentos doctrinales de la Iglesia.» Véase también pág. 555.

[25] Véase M. Bataillon, Introducción al *Diálogo de Doctrina Chris-*

la Inquisición española y que tuvo dos procesos, en el segundo de los cuales no llegó a comparecer porque ya había abandonado España. En agosto de 1531 se encuentra en Roma. Todo indica que escogió la fuga al enterarse que se preparaba este proceso; cuando su amigo Vergara le escribe que su viaje a Italia le ha quitado consideración y renombre en su patria, le responde con «algunas excusas»[26]. Estamos frente a una actitud poco clara. Valdés se marcha, pero deja los motivos de su traslado a Italia a la interpretación de los que quieran investigarlos. Lo más probable es que se haya amparado en la postura de humanistas españoles en los que el viaje a Italia y la permanencia en ella constituía una obligada etapa de aprendizaje cultural (como Nebrija, por ejemplo), silenciando las circunstancias concretas de una fuga y cuanto esta actitud pueda tener de inseguridad o de pusilanimidad. Lo cierto es que Valdés no tuvo vocación de mártir como la tuvieron otros compañeros de fe e incluso discípulos suyos, como el italiano Carnesecchi, muerto en la hoguera en 1567.

## 2. CONTACTO CON EL RENACIMIENTO ITALIANO

Encontramos a Valdés, primero, en la Roma de Clemente VII, donde desempeña un cargo oficial, según sabemos por un salvoconducto extendido por este Papa el 3 de octubre de 1532. Este «pasaporte» debía permitirle reunirse con su hermano Alfonso (quien seguramente había facilitado su huida a Italia y su puesto en Roma), el cual volvía de la Dieta de Ratisbona con la corte imperial[27]. El encuentro de los hermanos no pudo reali-

---

*tiana,* Lisboa, 1929; J. E. Longhurst, *Erasmus and the Spanish Inquisition, The Case of J. de Valdés,* University of New Mexico, J. Alburquerque, 1950, págs. 78-83, y también Nieto, *ob. cit.,* págs. 230-234, que resume la cuestión.

[26] Véase M. Serrano y Sanz, «Juan de Vergara», en *Revista de Archivos, Bibliotecas y Museos,* VI, 1902, págs. 36-37.

[27] El documento le llama «dilectum filium Joannem Valdesium

zarse por la muerte de Alfonso en Viena, acaecida en esos mismos días. Juan, tras reunirse con la corte imperial en Bolonia, regresa entonces a Roma, donde permanece hasta 1535, con excepción de una breve estancia en Nápoles, donde acudió a ocupar el cargo de archivero, cargo que le fue otorgado y quitado enseguida, por razones no averiguadas[28].

Se establece en Nápoles a la muerte de Clemente VII, y he aquí otro punto algo oscuro de su biografía, ya que parece un contrasentido que un agente del emperador abandone Roma justo al comienzo de un pontificado, el de Pablo III, más favorable que el anterior a la política imperial. Montesinos cree que el caso de Valdés fue normal, ya que el nuevo Papa, enemigo de su antecesor, no veía con agrado a las personas que habían estado alrededor de Clemente VII. Entre éstas estaban Valdés, el protonotario pontificio Carnesecchi y el cardenal Ercole Gonzaga. Con este último mantuvo Valdés una correspondencia regular durante algún tiempo. Estas cartas, conservadas, son justamente el documento más precioso para reconstruir la actividad «profana» de Valdés en Italia, siendo además los únicos autógrafos valdesianos conocidos. Los datos que nos proporcionan no son, ni mucho menos, transparentes: faltan algunas de las respuestas del cardenal[29] y el estilo es a veces oscuro, como ocurre con frecuencia en las relaciones de algún modo

Camerarium nostrum et Cesareae Maiestatis secretarium ad eandem Maiestatem profiscentem» y está citado en B. Fontana, *Renata di Francia, duchessa di Ferrara,* Roma, Forzani, 1889-94, pág. 476.

[28] B. Croce, «Una data importante nella vita di Juan de Valdés», en *Archivio storico per le province napoletane,* XXVIII, 1903, páginas 151-153.

[29] Véase A. Segre, *Un registro di lettere del cardinale Ercole Gonzaga (1535-36) con un'appendice di documenti inediti (1520-48) a cura di A. Segre,* Turín, Flli Bocca, 1912. Muchas de las cartas se relacionan con las de Valdés al cardenal publicadas por Montesinos. En la pág. 62 puede leerse una carta del 24-XII-1535 dirigida a Valdés la cual, según algunas expresiones («io ho sempre quella confidentia in voi che si conviene et all'amicitia nostra e alla bontà vostra») confirma la opinión de Montesinos de que no es necesario ni justificado creer a Valdés agente del cardenal.

reservadas, aunque cordiales. Además, no son todas de la misma época. Con todo, tienen un valor extraordinario. En Roma la política tuvo que restar tiempo, sin duda, a la meditación religiosa y a la afición por las letras sagradas. He aquí a un Valdés no documentado en la época de Escalona o de Alcalá: un *gentilhuomo di spada et capa* [30] en contacto con la Roma renacentista en la que la intriga política va paralela a la corrupción del clero y al ambiente de relajación moral que tiene su expresión artística en el *Retrato* de Delicado o en la *Cortigiana* de Aretino.

Es indudable que el traslado a Italia supuso un cambio de horizonte en la vida de Valdés; pero no hay por qué pensar que en España se hubiera entregado exclusivamente a conversaciones piadosas. La falta de documentación sobre la primera juventud no significa que en la corte del marqués de Villena no participara en cacerías, diversiones y burlas palaciegas, ni significa que su vida de estudiante en Alcalá fuera de una austeridad irreprochable, aunque esto pudiera ser lo recomendado por los estatutos de la universidad [31]. Por tanto, no debe sorprendernos demasiado este Valdés político. A través del estudio de las cartas que realiza Montesinos nos aparece metido de lleno en el ajetreo mundanal, hombre realista, empírico, partidario de las soluciones de fuerza. Por otra parte le falta, no cabe duda, el cinismo de un Aretino y, en el fondo, su intransigencia y la entereza de sus principios le impiden entrar de lleno en el juego y le obligan, según observa Montesinos, a la renuncia y al abandono. El análisis de la cronología de las cartas que emprende este insigne estudioso valdesiano le sugiere que

> Parece como si la conciencia de sus fracasos políticos volviera a activar las inquietudes religiosas de Valdés, *si es que alguna vez estuvieron dormidas* [32].

---

[30] Como tal le define Carnesecchi en O. Ortolani, *Pietro Carnesecchi*, Florencia, Le Monnier, 1963, pág. 172.

[31] Véase Nieto, *ob. cit.*, pág. 194.

[32] J. F. Montesinos, «Cartas inéditas de Juan de Valdés al Cardenal Gonzaga», en Anejos de la *Revista de Filología Española*, XIV, 1931.

El subrayado de la cita es mío: he aquí otra cuestión que conviene precisar. Probablemente, como afirma Nieto, los diversos intereses (religioso, político, gramático) estén en todo momento copresentes en Valdés: no hay una trayectoria desde la actividad religiosa a la político-mundana y de nuevo a la religiosa, como ha querido ver E. Cione simplificando excesivamente las cosas[33]. Pero sí podríamos hablar de actividades diversas, con oscilación pendular entre unas y otras en relación muy compleja, en una personalidad que nada tiene de simple ni de monolítica, y que siempre rehuyó todo dogmatismo y maniqueísmo.

Es evidente que en la Roma renacentista, la misma que aparece en la segunda sátira de Ariosto o en el diálogo de *Lactancio* de su hermano Alfonso de Valdés, encontraría Juan un ambiente nada propicio a la reforma ensoñada como relativamente fácil en sus años de Alcalá. En contacto con tantos prelados opuestos a la figura ejemplar del arzobispo de su diálogo, es de suponer que en algún momento le pareciera imposible que se llegara a renovar la Iglesia desde el interior. No sabemos si llegó a desear que el pontífice pudiera solucionar los problemas más acuciantes a través de un concilio. Las palabras de Valdés son siempre de desconfianza general contra Roma y, además, tienen acentos muy personales: «más que el espíritu mundano de la Urbe y la corrupción de la Curia, son el Papa y su hijo el blanco de las iras de Valdés, que en alguna ocasión lo hace objeto de chistes chabacanos lamentables (Montesinos)».

A la hora de imaginar a Valdés en la ciudad de Clemente VII, además del testimonio de estas cartas, nos puede ayudar la reflexión sobre algunos datos cronológicos. Los días del saco (1527) no quedaban muy lejos; la posición de Valdés debía ser delicada en un ambiente ambiguo para con la política imperial y declaradamente

---

[33] E. Cione, *Juan de Valdés, La sua vita e il suo pensiero religioso*, Bari, Laterza, 1938.

desfavorable al erasmismo. Erasmo había condenado en los humanistas italianos la contaminación entre paganismo y cristianismo (*Ciceronianus,* 1528), que era tanto como condenar el latín usado por Bembo y Sadoleto, redactores de los breves de León X en perfecto estilo ciceroniano. Contra Erasmo se estaba preparando la *Defensio pro Italia ad Erasmum Roterodamum* de Pietro Corsi (Petrus Cursius), impresa en 1535, que resoluta y decididamente atacaba al humanista holandés como si en juego estuvieran no sólo el ciceronianismo, sino el propio honor de los literatos italianos.

Valdés sería en Roma hombre de mundo y diplomático del saber estar, no desmereciendo en nada su bagaje cultural frente al de los humanistas italianos. Manejaba con soltura el latín, el griego y el hebreo, y debía gozar en Italia de cierto prestigio y consideración. Añádase el indudable atractivo de su personalidad, que se evidencia en varias fuentes. Una de las más antiguas, que más adelante tendremos ocasión de citar, afirma que era apasionado por los estudios lingüísticos[34]. En Italia las polémicas sobre la *questione della lingua* —que implicaban muchos factores extralingüísticos— estaban en pleno fervor. Pocos años habían pasado desde la publicación de las *Prose della volgar lingua* de Bembo (1525). En Bembo se unían los polos opuestos de la exaltación del latinismo-ciceronianismo (afirmado en su *De imitatione*) y la promoción abierta de la lengua vulgar de las *Prose*[35], reivindicada con el valor de quien ha asumido y superado el prejuicio humanístico de la perfección inigualable del latín. Los dos extremos eran opuestos sólo en apariencia, aunque muchos, como Sadoleto, le reprocharan a Bembo su defensa del *volgare*. Además, otro asunto dividía las opiniones en Italia: el modelo de lengua no

---

[34] D. Bernino, *Historia di tutte l'heresie,* tomo IV, Roma Stamperia del Bernabò, 1709, pág. 447: «fornito di vaga erudizione di lingua, pronto di risposte, e studioso della Sacra Scrittura...».

[35] Esta obra tendría imitaciones, desde el *Diálogo delle lingue* de Speroni hasta el *Ercolano* de B. Varchi (1570).

era el mismo para todos los defensores del vulgar: para unos debía ser el toscano (Bembo, Tolomei, Dolce), para otros un ecléctico *volgare illustre* (Castiglione, Trissino, Muzio).

Debemos suponer que Valdés en estos años de permanencia en Roma aprendería rápidamente el italiano, a la vez que se sensibilizaba particularmente a los problemas de la lengua. En cuanto a la contienda italiana, no le interesaba directamente, pero simpatizaría seguramente con los defensores del vulgar. Con ser discreto latinista, nunca se había sentido tentado —que sepamos— por el ejemplo erasmista del uso del latín como lengua literaria (Maldonado, Vives). Su primera obra no deja lugar a duda sobre la opción por el castellano para la comunicación y difusión de su pensamiento religioso.

En Italia debió constatar con agrado que el castellano era lengua muy conocida: «...ya en Italia assí entre damas como entre cavalleros se tiene por gentileza y galanía saber hablar castellano», dirá al principio del *Diálogo de la lengua* [36]. Desde Roma mantuvo una correspondencia regular con sus amigos napolitanos mediante *continuas cartas* que venían adornadas con chistes y donaires, llenas de primores y delicadezas de estilo [37]. Es una lástima que ninguna de estas cartas se haya conservado, ya que presumiblemente nos daría la medida de este Valdés romano, muy en consonancia con el *Diálogo de la lengua*. Todo parece indicar que Valdés en Roma tejió a su alrededor una red de relaciones amistosas y amables, con actitud de prudencia y de apertura a cuantas inquietudes encontraba en el ambiente (reacción a la amenaza de la Reforma, polémicas entre literatos); no arrinconando ciertamente la reflexión sobre textos sagrados, pero sí dejándola para una parcela más íntima de sí mismo o bien restringida a círculos de entera confianza. Cierta actividad suya en el campo religioso es ya conocida al llegar él a Nápoles, ya que se encuentra aludida

---

[36] Página 119 de nuestra edición.
[37] *Ibídem.*

muy finamente en el *Diálogo de la lengua* por lo menos en tres lugares:

> ...siempre en su casa [Valdes] sta hecho un S. Juan Evangelista, la péñola en la mano...

> ...sabemos que no son otras vuestras missas...

> C.  Essa bravería española no la aprendistes vos en San Pablo.
> V.  Abasta que la aprendí de San Pedro y en Roma...[38].

El primer pasaje es una indicación jocosa de que Valdés era comentarista de la Sagrada Escritura (Bataillon ha observado que la expresión se mantiene en México para indicar a los escribanos públicos); él mismo se identifica irónicamente con esta imagen, y la pone en boca de Torres como indicando que para los italianos era Valdés un ser de otro mundo, algo excepcional.

El segundo de los lugares citados puede aludir, también de manera muy coloquial, al escaso valor atribuido por la teología valdesiana al sacrificio de la misa, lo cual indicaría por parte de los italianos cierto conocimiento de las ideas de Valdés sobre este punto.

La tercera cita es, a mi entender, la más significativa: San Pablo y San Pedro aluden a dos actitudes valdesianas, una privada y otra en función del ambiente que le rodea; ambas serían experiencias vividas por Valdés. En el *Diálogo de la lengua* el tema no es religioso, es algo de lo que se puede hablar sin levantar sospechas. Si en esta obra se nos ofrece el aspecto acaso más atractivo de su personalidad, no por eso olvidaremos fácilmente que Nápoles es el centro principal[39] de su actividad evangelizadora; por ésta, y no por el *Diálogo de la lengua,* le conocieron los contemporáneos y los que pertenecieron a las generaciones inmediatamente siguientes, que como reformador religioso le amaron o le odiaron. Para no

---

[38] Páginas 129, 263 y 224 de nuestra edición.

[39] El segundo centro será Viterbo, donde se difundirán las ideas valdesianas después de 1542.

perder de vista la perspectiva del tiempo, escogeremos aquí sólo dos ejemplos. La carta dedicatoria de Celio Segundo Curione, que encabeza las valdesianas *Cento e dieci divine considerazioni,* traza esta breve semblanza del autor, apropiándose de la imagen erasmiana del *miles christianus* o caballero de Cristo:

> Giovanni Valdesso fu di nazione spagnuolo, di parentado nobile, di grado onorato e splendido cavaliere di Cesare, ma vie più onorato e splendido cavaliere di Cristo. Non però egli seguitò molto la corte dopo che li fu rivelato Cristo, ma se ne stette in Italia e fece la maggior parte della vita sua in Napoli, dove con la soavità della dottrina e con la santità della vita guadagnò molti discepoli a Cristo, e massime fra gentiluomini e cavalieri e alcune signore in ogni maniera di lode lodatissime e grandi. Pareva che costui fosse da Dio dato per dottore e pastore di persone nobili e illustri...[40].

Entre los testimonios mucho más numerosos de sus detractores escogeremos uno de los más antiguos, la *Vita di Don Pietro di Toledo* escrita por Scipione Miccio en 1600:

> Si diceva che lor capo [degli eretici napoletani] era un certo Valdés spagnolo: uomo ignorante e balbo, il quale ...faceva professione d'intendere la Sacra Scrittura senza ajuto di glossa ordinaria, ma solamente col perverso suo guidizio, con pensare d'essere illuminato dallo Spirito Santo (per lo che erano chiamati Spiritati)...[41].

La actividad evangelizadora valdesiana en Nápoles, que podemos suponer empezada poco antes de la composición del *Diálogo de la lengua,* se fue afirmando e inten-

---

[40] Ahora en *Opuscoli e lettere di riformatori italiani del Cinquecento* a cura di G. Paladino, Bari, Laterza, 1913, pág. 66.

[41] Citado en *Narrazioni e documenti sulla storia del regno di Napoli dall'anno 1522 al 1667, raccolti e ordinati con illustrazioni* da Francesco Palermo, Florencia, G. P. Viesseux, 1846, Archivio Storico Italiano, tomo IX, págs. 28-29.

sificando desde 1535 hasta 1542, año de la muerte de Valdés. Es cuestión aún discutida entre historiadores si el alcance de esta predicación debe considerarse amplio o bien restringido a un determinado círculo de aristócratas. La existencia de este círculo no puede ponerse en duda. Un reciente trabajo de P. Lopez[42] da los nombres de 29 seguidores de Valdés. Entre ellos destacan Mario Galeota, encargado de la divulgación clandestina de sus obras; Marcantonio Flaminio, autor de poesías latinas amorosas y sagradas; Pietro Carnesecchi, que morirá en la hoguera como hereje. Los otros son casi todos altos prelados o gentilhombres napolitanos, a veces seguidos por sus siervos. El mismo historiador Lopez da los nombres de cuatro mujeres pertenecientes al círculo valdesiano. Sin embargo, F. Caballero, el primer biógrafo de Valdés, menciona hasta 15 damas[43]; entre ellas merece un capítulo aparte Giulia Gonzaga, la mujer más hermosa del Renacimiento italiano. No cabe duda de que las sutilezas y matices de la doctrina de Valdés, amén del atractivo de su personalidad, hicieron mella en la sensibilidad femenina del tiempo. En cuanto a Giulia Gonzaga, discípula predilecta a la que está dedicada gran parte de la obra de Valdés, quizá la explicación de sus singulares relaciones con el maestro debiera buscarse en el petrarquismo a lo divino, que informa una corriente importante de la literatura del tiempo, aunque la cuestión necesitaría un estudio aparte[44].

---

[42] P. Lopez, *Il movimento valdesiano a Napoli,* Nápoles, Fiorentino Editrice, 1976, pág. 123.

[43] F. Caballero, *ob. cit.,* tomo IV, pág. 194, n. 1. Son: Vittoria Colonna, Isabel Manrique, María de Aragón, Juana de Aragón, Isabel Villamarí y Cardona, Isabela Colonna, María de Cardona, Costanza d'Avalos, María Briceño, Dorotea Gonzaga, Clarisa Ursina, Robuta Carafa, la princesa de Squillace, Catalina Cibo y «la princesa Julia Gonzaga que, por las especiales relaciones con Valdés, merece el aparte que más adelante le dedico».

[44] Véase A. González Palencia, «Julia Gonzaga, Carlos V y Juan de Valdés», en *Del Lazarillo a Quevedo. Estudios histórico-literarios,* cuarta serie, Madrid, sucs S. de Ocaña, 1946 (CSIC, Instituto Antonio de Nebrija).

El círculo de valdesianos existió, y las obras religiosas conservadas de Valdés parecen destinadas a este ambiente culto y selecto. Pero, por otra parte, sabemos de estrechas relaciones de Valdés con el fraile capuchino Bernardino Ochino de Siena, al que presumiblemente proporcionaba los «cañamazos» fundamentales para sus sermones. El acercamiento Valdés-Ochino ha hecho pensar incluso que la idea del papa como Anticristo, evidente y al descubierto en el fogoso predicador (*Predica* número LXV), sea consecuencia directa de la doctrina valdesiana, teniendo siempre en cuenta, por supuesto, que «Valdés tiende a reprimirse cuando escribe»[45]. Si tenemos en cuenta este enlace con Ochino, ciertamente deberemos darle a la doctrina valdesiana una resonancia mucho más amplia, ya que el predicador fascinaba a las muchedumbres y «faceva piangere le pietre»[46].

Pero también suponemos, como Nieto, una diferencia sustancial entre los dos, si no en la doctrina, sí en el modo de predicarla. Nada impide que las dos cosas sean ciertas: que existiera un círculo reducido de valdesianos, cuyas ideas sin embargo cundían entre estratos más amplios de la población, haciendo impacto en el que Valdés había llamado «vulgo cristiano» en su primer diálogo.

La actividad de los valdesianos no se reducía, como se ha venido creyendo hasta ahora, a simples conversaciones amables y prudentes. Al respecto se ha descubierto recientemente un documento, en el Archivo General de Simancas, que consiste en el testimonio de un tal Giusto Seriato bajo juramento en octubre de 1548 y que se refiere, en palabras del testigo, a hechos de hacía 13 ó 14 años, es decir, situables hacia 1535. Entre varios informes importantes sobre los valdesianos especifica algunos de los lugares de reunión:

---

[45] Nieto, *ob. cit.*, pág. 262.

[46] En G. Rosso, *Istoria delle cose di Napoli sotto l'impero di Carlo V,* incominciando dall'anno 1526 per insino all'anno 1537 scritta per modo di Giornale da Gregorio Rosso autore di quei medesimi tempi, Napoli, nella stamperia di G. Gravier, 1770.

Item, si esso testimonio sape dove o in che loco se solevano congregare et giuntare questi che sono luterani o spiritati. Dixit... che se congregavano nel monasterio de Sancto Eframo, dove stava decto fra Bernardino, et in la ecclesia de Sancto Paulo et in li Incurabili, et in Sancto Paulo hanno imbianchita la ecclesia, dove de primo ce erano depinte molte figure de sancti et sancte, et in dicta ecclesia ogni septimana sancta dicti spiritati vanno ad audire li officii...[47].

Como vemos, los seguidores de Valdés no se limitaban a interpretar los libros sagrados según la exégesis del maestro, sino que habían llegado a practicar de manera activa estas nuevas enseñanzas eliminando las «supersticiosas devociones» sobre los santos no sólo en el interior de su ánimo (que es lo típico valdesiano), sino concretamente tachando a base de cal las figuras de las paredes de una iglesia. Este detalle, hasta ahora desconocido, en el cual los valdesianos parecen llegar probablemente más lejos que su maestro, obliga ciertamente a replantearse el nivel de difusión de las enseñanzas valdesianas en Nápoles; hemos querido señalarlo, aunque por supuesto la cuestión no cabe en los límites establecidos para nuestro estudio.

Ateniéndonos a la producción literaria, he aquí que a distancia de aproximadamente un año del *Diálogo de la lengua* aparece otra obra valdesiana que refleja la dedicación completa del autor a su tarea evangelizadora: el *Alfabeto cristiano,* del que se conserva la traducción italiana, publicada póstuma en Venecia (1545). La cronología no es dudosa, pero parece poco un año de distancia entre estas dos obras que parecen separadas por cierta solución de continuidad. Obviamente es atrevido conjeturar, por falta de datos, sobre acontecimientos concretos que hayan podido producirla. Desde luego, si no perdemos de vista —como hemos intentado proceder hasta ahora— las distintas facetas de Valdés, y tenemos en cuenta su tendencia a expresarse en tono moderado, fruto de un autocontrol extraordinario, nos será más fácil aceptar el *Alfabeto cristiano* al lado del *Diálogo de la*

---

[47] Publicado en apéndice al libro de P. Lopez, cit., pág. 137.

*lengua.* Pero podemos pensar, según el criterio antes citado de Montesinos, que en Valdés se intensificó a partir de 1535 la preocupación por lo que él llama «el negocio cristiano», y al mismo tiempo el desengaño y el hastío acerca de asuntos de otra índole. En la carta al secretario de estado Cobos[48], fechada el 11-VI-1540, se refiere, como en otras cartas, a los negocios de la señora doña Julia con las amargas palabras *para solos éstos parece que valgo algo siendo inútil para todos los otros.* Hubo *negocios* en los que Valdés se sintió inútil, aunque no podamos referirlos seguramente a la fecha de 1536. Entonces deberemos, cuando menos, señalar que a partir de este año 1536 la actividad evangelizadora se vuelve absorbente, reflejándose en una serie de obras, fechadas imprecisamente, que aparecen traducidas al italiano, de difusión clandestina y a veces manuscrita, de la que se ocuparán sus discípulos. Después del ya mencionado *Alfabeto* (la tercera obra en forma de diálogo entre Valdés y Giulia Gonzaga), escribe las *Cento e dieci divine considerazioni,* también conservadas en traducción italiana, algunas de ellas estructuradas como pregunta y respuesta, pero la mayor parte concebidas como meditaciones personales sobre los puntos más específicos de la doctrina valdesiana, sobre todo en cuanto se refiere al problema teológico de la justificación por la fe. Otros opúsculos, que podríamos llamar obras menores, dan fe del Valdés comentarista y traductor de textos sagrados. El carácter exclusivamente religioso de la producción valdesiana de estos años es subrayado en la carta dedicatoria, ya citada, de Celio Segundo Curione[49]:

> Ecco, fratelli: noi vi diamo qui non le *Cento novelle* del Boccaccio, ma le *Cento e dieci considerazioni* del Valdesso...

Dejaremos a los teólogos la tarea de definir las posiciones doctrinarias de Valdés, limitándonos a señalar la

---

[48] Publicada por Croce en apéndice a su edición del *Alfabeto cristiano,* Bari, Laterza, 1938.

[49] *Opuscoli e lettere di riformatori italiani del Cinquecento,* cit, página 63.

gran difusión de su obra escrita y la existencia de un movimiento de cierta importancia que sobrevivió a su muerte. Fue también después de la muerte de Valdés cuando empezaron las persecuciones más directas, recrudecidas sobre todo a partir de 1552.

También nos mantendremos fuera de la disputa sobre la pertenencia de Valdés al regazo de la Iglesia católica (el adjetivo *católico* nunca lo usó Valdés) o a la Reforma, cuestión que divide a los historiadores. Sólo observamos que la actitud de condena de los inquisidores no debería ser infravalorada, ya que representa la perspectiva de los contemporáneos, siempre preciosa. Sobre Giulia Gonzaga, por ejemplo, el Papa Pío V, en ocasión del proceso de Carnesecchi, se expresó con toda claridad:

> Questo papa su l'occasione di queste scritture ha detto che se la havesse visto prima che lei [Giulia Gonzaga] fusse morta, che l'harebbe abrusciata viva[50].

El mismo Carnesecchi fue quemado como hereje, y las obras de Valdés sistemáticamente prohibidas. Es difícil considerarle como católico\*. Es verdad, sin embargo, que la posición valdesiana es personal, no identificándose con los líderes europeos de la Reforma. En esta línea le consideran varios estudiosos, como Delio Cantimori, el más cualificado especialista sobre la Reforma en Italia:

> Anche egli [Valdés] rimaneva fermo alla posizione individualistica del problema: non si preoccupava di riformare la Chiesa o la vita ecclesiastica, ma di riformare l'uomo. Il richiamo all'uomo interiore e l'invettiva contro i sepolcri imbiancati sono il punto centrale della sua attività educatrice. E quando passa a considerare la realtà

---

[50] Citado en L. Amabile, *Il Santo Officio della Inquisizione in Napoli*, Città di Castello, 1892, I, pág. 182.

\* Recientemente el historiador C. Gilly propone una nueva interpretación luterana en su extenso artículo «Juan de Valdés: Übersetzer und Bearbeiter von Luthers Schriften in seinem *Diálogo de Doctrina*». Tal estudio aporta muchos datos interesantes y esclarecedores y evidencia la necesidad de rectificar en parte las teorías de Bataillon y de Nieto y replantearse cuestiones fundamentales como el erasmismo en España y el evangelismo en Italia. Con todo, no llega a aclarar todos y cada uno de los elementos que motivan nuestra perplejidad ante la intrincada personalidad de Valdés y ante el juicio de sus contemporáneos. [Nota a la segunda edición.]

storica, accingendosi ad uscire dalla riforma interiore per quella delle cose, delle istituzioni, si rifugia nella meditazione del giudizio di Dio, nella fiducia generica nella Provvidenza, fiducia attiva solo nel foro interiore[51].

## 3. «UN COMPIUTO UOMO»

La escasez de datos para documentar la vida de Valdés no es casual. Vivió en tiempos para él difíciles y su posición fue delicada. Nuestro autor aparece peculiarmente colocado al margen de las grandes líneas y de los grandes tópicos historiográficos. Incluso la etiqueta de erasmista, en lugar de aclarar las cosas, ha servido a veces para simplificar o encubrir su verdadera personalidad. Su mismo cargo oficial como agente del emperador no sabemos cuánto tiempo duró y si llegó en algún momento a satisfacerle. La posición de su hermano Alfonso, secretario de Carlos V, aparece mucho más clara y coherente. Los juicios sobre la persona de Juan están hoy muy lejos de la unanimidad:

> Le divergenze di giudizio sulla persona e la dottrina del Valdés mostrano quanto complessa e imperscrutabile sia talora l'anima del grande spagnolo e come forse su di lui non sia stata detta ancora l'ultima parola[52].

La unanimidad es aún más difícil de encontrar si buscamos en fuentes más antiguas o en la viveza de los testimonios contemporáneos. De éstos resulta que a nadie pudo ser indiferente este hombre de grandes amigos y grandes enemigos.

Nada sabemos de posibles amores en su vida. Las coplas citadas en el *Diálogo de la lengua* que hablan de «amores» son del tipo cancioneril con su concepto de *servicio* a la dama; en cierta ocasión propone el uso de la expresión «feligrés de la tal dama» para designar al que

---

[51] D. Cantimori, «Atteggiamento della vita culturale italiana nel secolo XVI di fronte alla Riforma», en *Rivista storica italiana*, serie V, volumen I, fasc. III (30-IX-1936), pág. 41.

[52] A. Pascual, «Studi Valdesiani», en *Bollettino della Società di Studi Valdesi*, a. LVII (1938), págs. 76-77.

hace profesión de servirla, trasladando el adjetivo del campo semántico sacro al profano. Todo queda dentro de lo convencional. La amistad aparece como el tipo de relación valdesiana más frecuente, incluso con damas; la que le une a Giulia Gonzaga es particularmente entrañable. Se ha considerado la posibilidad de que fuera sacerdote ordenado, pero en realidad la expresión *clerico conchensi* usada por Pablo III aludiendo a él parece que debe referirse tan sólo a posesión de prebenda o beneficio eclesiástico[53]. Lo más probable es que se trate de un celibato que encarna el tipo de creyente laico difundido por el erasmismo.

No se conoce ningún retrato suyo. Hasta en la descripción del aspecto físico disienten los datos que poseemos; Bonfadio menciona «il corpo suo debole e magro»[54], mientras un historiador de principios del siglo XVIII habla de «profondamente eretico Luterano, ma altrettanto bello di aspetto»[55]. Sería inútil intentar componer un retrato-robot a través de las imágenes que nos han llegado. Varios autores le consideran experto en jurisprudencia: *legum peritia ac multiplici doctrina imbutus*[56], *sacras humanasque litteras cum iurisprudentia coniunxerat*[57], lo cual podría ser cierto, ya que sabemos que asesoró varias veces a Giulia Gonzaga en cuestiones legales. Pero no sabemos cuándo pudo realizar este tipo de estudios, ya que no consta en ninguna parte. Todas las fuentes, eso sí, coinciden en considerarle hombre de extraordinaria cultura.

La denigración sistemática de Valdés por parte de los historiadores de la Contrarreforma, que le llamaron *Sata-*

---

53 Véase Nieto, *ob. cit.*, Apéndice I, *¿Era Juan de Valdés un sacerdote ordenado?*

54 I. Bonfadio, «Lettera a Mons. Carnesecchi del lago di Garda», se encuentra en *Opuscoli e lettere,* cit, pág. 96.

55 D. Bernino, *ob. cit.*, pág. 447.

56 Z. Boverius, *Annales minorum capucinorum,* Lugduni, C. Landry, 1632, pág. 289.

57 J. Silos, *Historiarum clericorum regularium a congregatione condita pars prior,* Romae, V. Mascardi, 1650.

*nae minister, animo corruptus*[58], llega hasta el conocido historiador italiano Carlo Botta, que insiste sobre el fanatismo:

> ...don Giovanni Valdés, spagnolo, amico intimo del frate Ochino, uomo assai fanatico, e che pretendeva di avere per ispirazione dello Spirito Santo il dono di bene intendere e bene spiegare le divine Scritture... faceva... molti proseliti con quel suo procedere fanatico[59].

La suavidad de su carácter, el atractivo de su conversación, considerados *tout court* por sus admiradores, ocultaban horribles e impíos designios según sus enemigos:

> Hic enim litteris tinctus iis, quae ad comparandam eruditi opinionem satis vulgo essent, placido aspectu, quique innocentiam prae se ferret, comitate, suavitateque sermonis, teterrimam impietatem incredibili vaframento occultabat[60].

Otras veces se ven como cualidades apropiadas para granjearse adeptos:

> Aspectu fuit liberali ac subeleganti... moribus insuper ad omnem urbanitatem et facilis quaedam, ac flexanimis orationis suavitas accesserat: aptissima sane subeundis inescandisque animis instrumenta. Sacras humanasque litteras cum iurisprudentia coniunxerat, ornabatque ea studia linguarum peritia[61].

Este último detalle del interés por las lenguas se registra también en otro historiador que ya hemos citado:

---

[58] Z. Boverius, *ob. cit.*,
[59] C. Botta, *Storia d'Italia continuata da quella del Guicciardini fino al 1789,* Parigi, Baudry, 1832, vol. II (libro VII), pág. 109.
[60] A. Caracciolus, *De vita Pauli Quarti.* P. M. Collectanea historica. Opera et studio A. C... conquisita, digesta, atque edita... Coloniae Ubiorum, ex officina F. Kinchij, 1612, pág. 239.
[61] J. Silos, *ob. cit.*

> profondamente eretico Luterano, ma altrettanto bello di aspetto, grato di maniere e, ciò che rende più attrattiva la bellezza, fornito di varia erudizione di lingua, pronto di risposte, e studioso della Sacra Scrittura, annidatosi in quella metropoli [Napoli] hebbe uditori in copia e seguaci di fede[62].

Es curioso que el saber lingüístico de Valdés se mencione por sus enemigos y no por sus amigos. Estos últimos se caracterizaron por una adhesión total al hombre y a su doctrina y quizás quisieron dejar intencionadamente en la sombra otros aspectos. Nos permitiremos transcribir aquí, a pesar de que aparezca en otros estudios valde- sianos, el fragmento de la carta de Iacopo Bonfadio a Carnesecchi desde el lago de Garda, en que se duda si Nápoles sería la misma ciudad después de la muerte de Valdés:

> Benchè, pensando dall'altra parte, andremo noi [a Na- poli] poi che il signor Valdés è morto? E'stata questa, certo, gran perdita a noi e al mondo; perchè il signor Valdés era un dei rari uomini d'Europa, e que'scritti, ch'egli ha lasciato sopra l'*Epistole* di San Paolo e i *Salmi* di David, ne faranno pienissima fede. Era senza dubbio ne' fatti e nelle parole e in tutti i suoi consigli un com- piuto uomo. Reggeva con una particella dell'animo il corpo suo debole e magro; con la maggior parte poi e col puro intelletto, quasi come fuor del corpo, stava sempre sollevato alla contemplazione delle verità e delle cose divine[63].

Al lado de esta carta tan conocida podemos considerar el testimonio de Rainiero Gualano en el proceso, recién publicado, contra Mario Galeota[64]. El mismo procesado (proselitista, traductor al italiano y difusor de escritos valdesianos), al preguntarle Gualano «Come farrite che non se ponno leggere le opre del Valdesso», respondió:

---

62  D. Bernino, *ob. cit.*

63  En *Opuscoli e lettere...*, cit., pág. 95.

64  Publicado en apéndice al libro de P. Lopez, cit., pág. 152.

«Io non mene curo niente, perchè l'ho in mente e non me le po levare nesciuno da mente, et se me ponno prohibire il legere non mel ponno levare dal'animo.» Después de la muerte del maestro la doctrina había quedado para siempre grabada en el alma de los valdesianos.

Según estas entusiastas declaraciones de los discípulos, parece indudable que el hombre Valdés tuvo que ser fascinante, por el decoro de la persona, la afabilidad y mansedumbre, el don de gentes, la caballerosidad («caballero» del César y de Cristo), la capacidad de persuasión, la tolerancia. Esta última cualidad aparece también en una obra como el *Diálogo de la lengua,* desde el momento en que cuando se le pide la regla, la norma, Valdés la ofrece casi con desgana, siempre asegurando que «con el que querrá hacer de otra manera no contenderé»[65]. Análoga es la actitud con Giulia Gonzaga en el *Alfabeto cristiano,* cuando tampoco quiere ser demasiado riguroso con ella:

> GIULIA.   ...mi preme molto l'havere da lasciare alcune conversationi, con le quali ha tempo piglio alcun poco di piacere, et alcune cose curiose, con le quali passo il mio tempo...
>
> VALDÉS.   Manco voglio essere tanto rigoroso, che vi domandi che le lasciate tutte così in un tratto...[66].

En el fondo también existía cierta tolerancia en el diálogo *De Doctrina Christiana,* ya que se culpaba de la religión supersticiosa de Antronio únicamente a la ignorancia.

Puede decirse que en todo momento fue Valdés un educador, lo cual le permitió tener verdaderos discípulos. Se integró en el ambiente italiano, en el que dejó una imagen que ha quedado en los dos testimonios conmovedores de Bonfadio y de Galeota que acabamos de citar.

---

[65] Página 163 de esta edición. Véanse también 139, 147, 157.
[66] *Alfabeto cristiano,* ed. de Croce, cit., pág. 92.

Pero no es ésta la única imagen de Valdés; ya hemos señalado cómo las cartas al cardenal Gonzaga ofrecían aspectos insospechados de su carácter, opuestos a la mansedumbre que le caracteriza en el recuerdo de sus discípulos: irritabilidad, intemperancia, pasión, amor por el dinero, aludidos a veces finamente en el *Diálogo de la lengua:*

> T. Creo yo, según lo que conozco de vuestra condición, que, aunque os roguemos seáis escaso, seréis liberal, especialmente desta mercancía en que con la liberalidad no se desmengua el caudal[67].
>
> M. ...os tengo por tan delicado que de cada mosquito que os passa por delante la cara, si no va a vuestra voluntad, os ofendéis.
>
> V. En esso tanto tenéis razón; que demasiadamente soy amigo de que las cosas se hagan como yo quiero, y demasiadamente me ofendo quando una persona que yo quiero bien haze o dize alguna cosa que no me contente, y soy tan libre que luego le digo a la clara mi parecer. Esta tacha me an de sufrir mis amigos[68].

He aquí una de las pocas veces que Valdés ha hablado de sí mismo. A la hora de sopesar estas particularidades de su carácter, nos negaremos rotundamente a creer la anécdota tendenciosa de un enfrentamiento con un tal «Padre Bobadiglia» en el que Valdés llegaría a sacar el cuchillo, anécdota que aparece en un historiador jesuita:

> Qui il Valdés, colto in una grande strettezza o di ridirsi o di scuoprirsi, perchè gli mancava onde ribattere quelle ragioni, caldo di vergogna e di collera, pose mano ad un coltello che teneva segreto al fianco, per sciogliere con tal sorte d'argomento al povero Bobadiglia l'anima dal corpo...[69].

---

67 Página 139 de nuestra edición.
68 Página 261 de esta edición.
69 F. Schinosi, *Istoria della compagnia di Gesù appartenente al Regno di Napoli,* Nápoles, M. L. Muzio, 1706, págs. 6-7.

Pero habrá que aclarar que recientemente se ha sacado a luz de entre los documentos de la Inquisición el proceso del valdesiano Mario Galeota, en el cual aparece contado con visos de gran credibilidad el encuentro casi casual y muy desagradable entre Valdés y el fraile dominico Ambrogio Salvio da Bagno, predicador muy apreciado por Carlos V y por el virrey don Pedro de Toledo. El mismo Salvio atestigua en el proceso sobre su violenta confrontación con Valdés en casa de una valdesiana («donna Brianda», mujer del tesorero Alonso Sánchez). Contestando a una pregunta de la dama sobre la interpretación del paraíso, la exégesis del dominico difiere de la de Valdés, a quien éste no conoce personalmente (le menciona como a «uno che si ritrovava llà»): los dos se enfrascan en una discusión:

> Et io non conoscendo con chi parlava, lo predecto contradicendome et insultandome, et io al'hora l'allegai il parlare di Nostro Signore in San Gioanni... Al'hora costui cominciò ad alterarse et ingiuriarme et corrermi addosso. Et la decta Signora gridò, dicendo: Caglia Valdesso. Et così io me accorsi che era Valdesso. Et me voltai ad dicta Signora et dissi che decto Valdesso era uno lutherano cacciato da Spagna, et che essa lo dovesse cacciare da casa[70].

Este Valdés que no soporta que le contradigan nos sorprende: es la otra cara de la moneda. Ciertamente era distinto cuando se encontraba entre los suyos, en un círculo de toda confianza. No debemos olvidar que su actividad evangelizadora es clandestina; la atmósfera que se respira en el ambiente italiano del tiempo es muy otra. Pensamos que Valdés, hombre que presumía de «estar bien con todo el mundo»[71], debió adecuarse en todo momento a las circunstancias. Se estaba planteando un problema de convivencia: el espiritualismo valdesiano, tendiendo a reformar sobre todo la interioridad del

---

[70] Publicado en apéndice al libro de P. Lopez, cit.
[71] Página 239 de esta edición.

hombre, venía a señalar un camino de necesaria simulación religiosa. En la práctica no rechazaba la participación en los ritos tradicionales de la Iglesia, sino que aconsejaba participar en ellos con otro ánimo, con la tranquilidad de saber que Dios penetraba en las conciencias y aceptaría la adhesión puramente exterior, hecha para no dar escándalo. Así, por ejemplo, es como aconsejaba proceder a Giulia Gonzaga en el *Alfabeto cristiano*. De este modo admitía Valdés dos niveles, uno de certidumbre interior de fe y otro de convivencia y compromiso con lo establecido. El incidente que relata Ambrogio Salvio es uno de los momentos en que le ha fallado a Valdés su habitual «nicodemismo» y los dos planos han chocado brutalmente. Pero es un incidente aislado. Como puede leerse en un historiador del siglo XVIII, la moderación valdesiana llegaba a admitir el frecuentar los templos y asistir a las misas (la ceremonia más condenada como sacrílega por Lutero y Calvino), consiguiendo así infiltrar sus ideas más profundamente que desde una postura intolerante:

> Vivebat etiam temporibus illis Neapoli nobilis quidem hispanus cui nomen Johan Waldesio. Hic ausus fuerat falsas de operum meritis opiniones refutare, et complures superstitiones detegere, nactusque erat asseclas complures; sed isti ultra iustificationis artic. non assurgebant, hinc et templa frequentabant et missis intererant[72].

Quizá la noticia provenga de Nicolao Balbani, en el que encontramos casi las mismas palabras, esta vez en italiano:

> Era in que'tempi in Napoli un gentilhuomo spagnolo, nominato Giovanni Valdesio, il quale... aveva cominciato a ritirare alcuni gentilhuomini dalla ignoranza e dalle

---

[72] P. D. R. De Porta, *Historia reformationis ecclesiarum Raeticarum*, Curiae Raetorum, impensis Societatis typographicae, 1771-74, libro II, cap. I, pág. 9.

false opinioni della propria giustitia e de'meriti delle opere, e conseguntemente da molte superstitioni... Non lasciavano intanto di frequentare i tempi, e di ritrovarsi con gli altri alle messe, e alle ordinarie idolatrie[73].

El término «nicodemismo», introducido recientemente por los historiadores de la Reforma[74] para indicar toda conducta de simulación religiosa, no sólo es aplicable a Valdés, sino que se refiere a algo que se respira, sobre todo a partir de 1535, en muchos ambientes de la época, lo mismo pertenecientes a la Reforma como a la Iglesia católica. Es precisamente el comportamiento más frecuente de los que se encontraron en medio, y que esperaban, a corto o largo plazo, una solución de las cosas; actitud esencialmente pacifista y tolerante de quienes no querrían dejar un tipo de dogmatismo para caer en una postura igualmente rígida. En esta actitud está la clave esencial para una correcta interpretación de aquel *compiuto uomo* que fue Valdés. Recordemos que también Erasmo había aconsejado este comportamiento en el coloquio *Piedad pueril*:

> Soy bien criado y apacible con todos, pero no tengo intimidad sino con los buenos. Si alguna vez caigo por sorpresa en medio de malos, o los corrijo con blandas amonestaciones, o los tolero con disimulo; si me figuro que mis avisos serán sermón perdido, a la primera oportunidad, me hurto de su presencia[75].

En el fondo se trataba del principio evangélico de «no echar perlas a los cerdos». En el caso de Valdés son muy

---

[73] N. Balbani, *Historia della vita di Galeazzo Caracciolo, chiamato il signor Marchese...* scritta da N. B., stampata la prima volta a Ginevra nel 1587, or ripubblicata con prefazione e note di Emilio Comba, Firenze, tip. Claudiana, 1875, pág. 14.

[74] Es término acuñado por Calvino, que desaprobó violentamente esta postura. Véase C. Ginzburg, *Il nicodemismo*, Turín, Einaudi, 1970.

[75] Cito de Erasmo, *Obras escogidas*, traducción de L. Riber, Aguilar, 1964, pág. 1.151.

importantes las consideraciones de Bataillon al respecto. El gran hispanista francés conecta el nicodemismo valdesiano con prácticas análogas del marranismo en ambientes españoles. He aquí cómo el origen converso de Valdés viene a explicar muchos puntos sombríos de su vida:

> Or, s'il est vrai que c'est à un tel milieu [minoritaire] que s'adresse Valdés à Naples, on ne peut oublier que cet hérésiarque original vient d'Espagne... N'est-il pas compréhensible que dans les couches les plus cultivées de la société péninsulaire du XVI<sup>e</sup> siècle, dans la classe des clercs, des intellectuels au sens large, où les *conversos* et leurs descendants abondent, coexiste le sentiment d'une foi intime, ou même inspirée, facilement suspecte d'hérésie, avec la pratique extérieure d'un catholicisme du type traditionnel adoptée comme seul gage possible de leur conversion, de leur rejet des pratiques mosaïques? [76].

La definición del nicodemismo que da Bataillon excluye toda actitud inmovilista: las circunstancias podían hacer pasar de una fase de nicodemismo disimulador a una fase de exilio voluntario o de lucha por su propia verdad religiosa. La coherencia que importa es la interior, y ésta es la que siempre guardó Valdés; en ésta insiste en todo momento su enseñanza. En pocas palabras, no fue santo ni mártir. Los arrebatos de cólera y los apasionamientos que a veces no pudo evitar, la susceptibilidad que él mismo se reconocía le hacen más humano. Las cosas de este mundo le afectaban: pero no podemos decir que no fuese *un compiuto uomo*.

---

[76] M. Bataillon, «Juan de Valdés nicodemite?», en *Aspects du libertinisme au XVI<sup>e</sup> siècle, Actes du Colloque international de Sommières*, París, J. Vrin, 1974, pág. 97.

# II

# El *Diálogo de la lengua*

## 1. REFORMA RELIGIOSA E INTERÉS POR LA LENGUA

En las páginas anteriores hemos intentado trazar a grandes rasgos una imagen coherente de nuestro autor, aunque compleja y susceptible de varias interpretaciones según los tiempos y las perspectivas. Ahora, desde un punto de vista más literario, intentaremos reunir en la unicidad del Valdés escritor los temas que suscitaron su interés y que trató en sus obras. Pues hay un Valdés conocido por historiadores y teólogos, para los que el *Diálogo de la lengua* es mera curiosidad marginal, y un Valdés de las historias literarias, conocido casi únicamente por esta obra. Ahora bien, si es cierto que el valor literario de esta pequeña joya del Renacimiento español es muy superior al resto de la producción valdesiana, también es cierto que con el segundo enfoque nos exponemos a cometer el mismo error que se ha cometido con Erasmo, cuyo conocimiento en Europa, hasta el gran libro de Bataillon (1937), se limitaba a la lectura del exquisito *divertissement* del *Elogio de la locura*. Lo cual equivaldría, dice Bataillon, «a encerrar toda una vida, colmada de días y de obras, en una semana de vacaciones que el autor se tomara allá en sus festivas mocedades». Análogamente, el *Diálogo de la lengua,* con su airoso desarrollo, con su sustancia profana, podría parecer un paréntesis sosegado en una vida de inquietudes religiosas y de dificultosa actividad evangelizadora. Y en este caso nada hay menos cierto: el problema de la lengua está muy fuertemente vinculado al religioso. Así es en toda la Reforma: en ésta las Escrituras ya no son textos inasequibles que llegan a los fieles sólo mediatamente, a través de la interpretación admitida, sino palabra viva de Dios dirigida directamente a todos, a la cual conviene acercarse de un modo directo, traduciéndola e interpretándola. En este sentido, el humanismo italiano del siglo XV, con su filología como amor y respeto hacia el texto, constituía sin duda un precedente de la Reforma. Un ejemplo llamativo es el de Lorenzo Valla, en el que la aplicación de una metodología filológica rigurosa vino a tener repercusiones insospechadas, al descubrirse la falsedad del documento en que se fundamentaba el poder temporal de los Papas. No todos los humanistas llegaron a ser tan destructivos como Valla, pero la Iglesia adoptó una actitud lógicamente precavida, y casi siempre patrocinó ella misma las iniciativas filológicas de gran envergadura, como lo fue, por ejemplo, la gran Biblia de Alcalá promovida por Cisneros (1516).

No es casual que el joven Juan de Valdés, lleno de inquietudes religiosas, cursara en Alcalá estudios de carácter lingüístico, adueñándose no sólo del latín, sino también del griego y del hebreo, las lenguas de mayor tradición escrituraria. También por estas inquietudes se dedicó a la traducción de textos sagrados. De sus traducciones conservamos una parte del Evangelio de San Mateo (del griego) y todo el *Salterio* (del hebraico). En la dedicatoria-prólogo del *Salterio,* escrita en forma de carta a Giulia Gonzaga, declara haber estado indeciso si realizar esta traducción o bien la de las Epístolas de San Pablo. Ha optado por los salmos

> ...porque entiendo que los Salmos tienen más necesidad de buena traslación que las Epístolas, *por estar ellos en los libros latinos más impropiamente traladados (sic)* que no están ellas...[1].

---

[1] Juan de Valdés, *Diálogo de Doctrina Christiana* y *El Salterio traducido del hebreo en romance castellano,* transcripción, introduc-

Valdés entendía el quehacer de la traducción como *necessidad*. En el *Diálogo de la lengua* opinará sobre las traducciones, considerándolas empresa temeraria y difícil:

> V. Por esto es grande la temeridad de los que se ponen a traduzir de una lengua en otra sin ser muy diestros en la una y en la otra.
> M. Desta manera pocas cosas se traduzirían.
> V. Assí avría más personas que supiessen las lenguas necessarias, como son la latina, la griega y la hebrea, en las quales sta escrito todo quanto bueno ay que pertenezca assí a religión como a ciencia[2].

En estas condiciones se encontraba Valdés, que dominaba las tres lenguas básicas. Sin embargo, en cuanto su fe deja de ser un hecho personal y quiere contactar con los que le rodean, es el castellano la lengua que utiliza para su proselitismo; la lengua en que había oído en sus años juveniles la predicación de Alcaraz. Valdés se verá frente à la *necessidad* de traducir para «ayudar con mis flacas fuerças a Vuestra Señoría [Giulia Gonzaga] en esta su aplicación a la piedad y a la justicia»[3]. La traducción de los salmos, que según Menéndez Pelayo es la mejor que tenemos en castellano[4], la realizó escrupulosamente (los textos sagrados le inspiraban *mucho respeto*) cuidando ante todo la literalidad, prefiriendo incluso violentar a la lengua en que traduce antes que alterar el significado del original hebreo. Vale la pena citar un párrafo de la carta-prólogo muy revelador al respecto:

> ...os los he puesto [los salmos de David] en romance castellano, sacándolos de la letra hebrea, casy palabra por

ción y notas de D. Ricart, México, Universidad Nacional Autónoma de México, pág. 135.

[2] Página 226 de esta edición.

[3] Edición de D. Ricart, cit., pág. 135.

[4] *Historia de los heterodoxos españoles,* edición de la Biblioteca de Autores Cristianos, t. I, pág. 935: «superior... a todas las demás que en castellano se han hecho de aquel tesoro de poesía hebrea».

palabra, en quanto lo ha sufrido el hablar castellano. Y aun me he atreuido más vezes a la lengua castellana, hablando impropiamente, que a la hebrea, alterándola. Esto he hecho assy, pareciéndome cosa conueniente y justa que las cosas escrittas con Espíritu Santto sean tratadas con mucho respeto. *He mezclado del mío algunas palabras a fin que la letra lleue más lustre, vaya más clara y más sabrosa. Estas, porque sean conocidas, van escrittas con tinta colorada,* pretendiendo que se les ha de dar el crédito que se deue dar a palabras de hombre haziendo diferencia entre ellas y las que son de Spíritu Santto...[5].

El procedimiento de las diferentes tintas empleadas es casi un símbolo, y puede servir de clave interpretativa de la opinión valdesiana. Claro es que la distancia del Espíritu al hombre es abismal; de ninguna manera pueden confundirse, aunque interfieran. Pero esto no significa en absoluto la anulación del hombre: las palabras en tinta roja llaman la atención sobre el lustre, la claridad, lo sabroso, términos que podrían acercarse al que se repite tanto en el *Diálogo de la lengua,* el *primor* importantísimo para Valdés. Por tanto, conviene tener siempre presente la experiencia del traductor, el trabajo de continua confrontación de dos o más códigos expresivos, asiduo ejercicio mental que seguramente se intensificó en la estancia italiana, en la cual es probable que llegase al bilingüismo. La reflexión sobre la lengua fue cultivada a lo largo de toda su vida, incrementándose acaso en Italia; el cuidado en la elaboración de sus escritos siempre tuvo que preocuparle. En el *Diálogo de la lengua* afecta despreciar los «punticos y primorcitos de lengua vulgar»[6], pero en la relativa transparencia de las actitudes valdesianas podemos tomar al pie de la letra casi todo menos sus esquivas afirmaciones de ser superior a

5 Edición de D. Ricart, cit., pág. 135. El subrayado es mío.

6 L. Terracini refiere esta expresión valdesiana (y otras análogas como «niñerías de la lengua») que toma al pie de la letra, únicamente a la disciplina gramatical. Nos parece que ni con esta restricción del sentido sea posible la interpretación literal de estas afirmaciones.

las quisquillas lingüísticas. Aquí la *pose* es segura, la misma que se observa en el *Ciceronianus* de Erasmo. En este sabroso diálogo se hace una especie de reseña de humanistas célebres en Europa: al llegar a su propio nombre, Erasmo disfruta hablando de sí mismo, en tercera persona, en estos términos:

> BULÉFORO. ...De aquí yo, con tu venia, te citaré a Erasmo Roterodamo.
> NOSOPONO. Tú me prometiste hablar no más que de escritores. Y a ése yo ni siquiera le cuento entre los escritores: tan lejos yo ni siquiera anda de que yo le dé un lugar entre los ciceronianos.
> BULÉFORO. ¿Qué es lo que oigo? Yo era de parecer que podría situársele entre los polígrafos.
> NOSOPONO. No veo inconveniente, si polígrafo es el que mancha con tinta muchos pliegos. Una cosa es escribir, y otra la categoría de los autores...
> BULÉFORO. ¿Qué es, pues, Erasmo?
> NOSOPONO. Lo arrempuja y lo precipita todo; aborta, no pare; de cuando en cuando escribe un razonable volumen, con un pie en alto, como la cigüeña; no puede imponerse a su temperamento que por lo menos una vez relea lo que escribió ni otra cosa que la que escribe cuando tras prolija lectura se decide a tomar la pluma, y esto raramente...[7].

Esta actitud de despreocupación por la lima y el acabado se desmiente a través de la misma monumental obra de Erasmo, obra, sí, de pluma fácil, pero ligera y cuidada a veces hasta el amaneramiento. Valdés también finge no preocuparse de detalles cuya falta luego censura en otros autores, y sería absurdo, desde luego, pensar que aplicara su oído finísimo y su aguda percepción lingüística sólo a la crítica de las obras ajenas y no a la elaboración de las suyas propias. Estas consideraciones serían obvias y superfluas si no fuera porque en tiempos aún recientes se ha infravalorado la prosa valdesiana culpando precisamente el afán reformista del autor:

---

[7] Erasmo, *Obras escogidas,* cit., págs. 1224-1225.

El celo reformista de Valdés, sus propósitos ideológicos, relegan a término muy secundario la intención artístico-literaria que pudiera haber en sus escritos[8].

Éste de la escasa elaboración de la obra literaria de Valdés es un tópico que se ha venido repitiendo con inercia por los comentaristas valdesianos, sin duda impresionados por la preponderancia de la tarea evangelizadora. Si Bataillon fue el primero en hablar de improvisación de la prosa valdesiana, fue Montesinos el principal difusor de la sugerencia del gran hispanista francés, la cual no pasaba de ser una hipótesis de trabajo[9]. Montesinos, que definió el *Diálogo de la lengua* como *espléndida improvisación,* pensaba que la necesidad práctica a que obedecía la obra la privara de elaboración artística:

> Valdés ha sido uno de los pocos escritores que pudieron asegurar sin falsa modestia no haber escrito pensando en el público. Pocas veces pueden tomarse en serio afirmaciones como la de Marco Antonio Magno en la dedicatoria del *Alfabeto:* el que lo compuso no buscaba fama. Esta vez debe creerse. Valdés proveía a las necesidades de sus amigos espirituales, para ellos trabajaba, para ellos tradujo y comentó las escrituras, para ellos redactó en rápidas frases los resultados de sus meditaciones, preocupado de otra cosa que del estilo, sus lectores no eran españoles que anduviesen a pedir gollerías literarias...[10].

Ahora bien, si es verdad que la transmisión de las obras de Valdés fue a veces incompleta, resumida, manuscrita y clandestina, con traducciones y adaptaciones por parte del círculo valdesiano, no olvidemos que de esto no se le

---

8 J. M. Lope Blanch, introducción al *Diálogo de la lengua,* Castalia, 1969, págs. 9-10.

9 Véase mi comunicación «Los diálogos de Juan de Valdés, ¿reflexión o improvisación?», en *Actas del Coloquio interdisciplinar Doce consideraciones,* cit. (ahora en *Historia y crítica de la Literatura española,* edición crítica, 1981, vol. II, pág. 190), y la afectuosa respuesta de Bataillon.

10 Introducción a la ed. del *Diálogo de la lengua,* en Clásicos Castellanos, 86, 1926 (reimpreso: 1928, 1946, 1953), pág. XXXVIII.

puede hacer del todo responsable. Valdés fue la víctima, no el culpable de esa situación, aunque seguramente, como a todo hombre portador de un mensaje, le interesara más, en último término, el alcance de la doctrina que la transmisión exacta de los primores. No olvidemos la tinta roja que usó en la ocasión a que nos hemos referido. Tampoco olvidemos que la religiosidad valdesiana no es —a nuestro entender— de tipo místico, ya que se trata de una experiencia de vida que abarca la totalidad del hombre y que de ninguna manera puede anularle. No dándose la oposición cuerpo-alma, mundo-Dios, no cabrá en la concepción religiosa de Valdés la automortificación del escritor. Puede que no buscase la fama, pero la elaboración cuidadosa de su prosa era una exigencia ante todo para consigo mismo. Por tanto, aunque haya momentos de crisis y soluciones de continuidad en la vida de Valdés, no percibimos en él «il distacco interno tra il pensatore religioso e il teorico della lingua, tra il mistico e il discettatore di cose profane» de que habla L. Terracini, autora de algunos penetrantes ensayos sobre nuestro autor[11].

A la andadura «imperfecta» de la prosa valdesiana —y tal calificación sería más que discutible— se le devuelve su verdadera dimensión con sólo situarla en su coordinada temporal (pensemos, por ejemplo, que los *Nombres de Cristo* de Fray Luis son de 1576) y admitiendo, de acuerdo con Montesinos, que Valdés no tuvo cualidades poéticas señaladas. No olvidando tampoco la singular coordinada espacial, es verdad que escribe en Italia y para italianos, pero tema principal de su obra es la lengua castellana. Evangelizando, platicando —oralmente o por escrito— *siempre* en español, Valdés se coloca en la línea del «imperialismo lingüístico» inaugurada por el mismo Nebrija al que tanto atacó. Si Nebrija pensaba en la expansión política y creía que la lengua, compañera del imperio, había llegado a su cumbre de tal manera que «más se puede temer el descendimiento della

---

[11] Ahora recogidos en su libro *Lingua,* cit.

que esperar la subida», en Valdés, que vive plenamente las concretas circunstancias históricas de la expansión, en Italia y entre italianos, vemos en acto, en plena vigencia, el uso del castellano considerado como lengua internacional, así que

> Meno audace e profetica, più ristretta, ma molto più concreta e acutamente realista è la concezione della sostanza politica e sociale che Valdés ha della sua lingua[12].

Valdés no pensaba en nuevos mundos, pero al transmitir su mensaje religioso en Nápoles no utilizó ciertamente el latín, y ni siquiera intentó hacerlo en italiano, lengua que debía dominar. El uso consciente y responsable del castellano (término que todavía prevalece en Valdés sobre *español)* en esta función de lengua internacional se entiende en Valdés unido al cuidado de la forma. El castellano de los salmos traducidos, destinados a Giulia Gonzaga, aspira al *lustre* y quiere ser sabroso además de claro. Asimismo, en el *Diálogo de la lengua* el ideal valdesiano de prosa concisa (el famoso «todo el bien hablar castellano consiste en que digáis lo que queréis con las menos palabras que pudiéredes») debe respetar tres términos precisos: la *sentencia* (el sentido, la claridad), el *encarecimiento* (cierto énfasis en el tono de personal participación en lo enunciado) y la *elegancia* (que consiste en guardar unas normas estilísticas, con una componente de gusto)[13]. El nivel de la prosa valdesiana no tiene siempre la misma altura, pero diríamos que no escribió ni una línea en la que notemos desatención a ninguno de estos tres puntos.

---

[12] L. Terracini, *Lingua,* cit., pág. 32. La autora observa que el *Diálogo de la lengua* está escrito un año antes de que Carlos V pronunciara en Roma su discurso en español (el 7-IV-1536) delante del Papa, de varios embajadores y de cardenales franceses.

[13] Página 237 de esta edición.

## 2. EL ESQUEMA HUMANISTA DEL DIÁLOGO

Como es sabido, en el humanismo se consagran como géneros literarios en prosa la carta y el diálogo. El *opus epistolarum* constituye frecuentemente lo más extenso e interesante de la producción intelectual de la época; el ejemplo más típico, el oceánico epistolario de Erasmo, tenía precedentes en los humanistas italianos del siglo XV y en Petrarca, quien cuidó de manera especial sus cartas latinas, transmisoras de su propia imagen a los contemporáneos y a la posteridad. Si son importantes los epistolarios, es en el diálogo latino donde los humanistas italianos trataron más específicamente los temas-clave de la atmósfera cultural que respiraban, heredados en gran parte del medioevo, en parte de la antigüedad clásica; revividos todos con nueva perspectiva. También en la literatura dialogada pesaba extraordinariamente el ejemplo de Petrarca que escogió el diálogo para su libro más sugestivo, el *De secreto conflictu curarum mearum,* dignificando tal proceder literario con el ejemplo de Cicerón:

> Por mi parte, según escribe Tulio, «para no tener que intercalar *digo* y *dice* con excesiva frecuencia y que la acción parezca transcurrir ante los presentes» he separado mis palabras y las de mi egregio interlocutor mediante el simple expediente de anteponerles el nombre de cada cual. Semejante forma de escribir la he aprendido, por supuesto, de mi entrañable Cicerón: él la había aprendido antes de Platón[14].

Esta justificación del uso de un recurso literario del gran orador latino —*ne inquam et inquit saepius interponerentur; atque ut tanquam a praesentibus coram haberi*

---

[14] Cito la traducción castellana de Petrarca, *Obras, Prosa,* vol. I, al cuidado de F. Rico, Alfaguara, 1978. La cita literal de Cicerón corresponde a *De amicitia,* I, 3.

*sermo videretur*— se viene repitiendo del mismo modo, pero sin mencionar a Cicerón, en el *Dialogo o discorso intorno alla lingua* de Maquiavelo:

> Ma perchè io voglio parlare un poco con Dante, per fuggire *Egli disse* e *io risposi,* noterò gl'interlocutori davanti[15].

cita que puede acercarse a la declaración inicial de Valdés en la dedicatoria del diálogo *De Docrina Christiana:*

> ... porque fuera posa prolixa y enojosa repetir muchas vezes «dixo el Arçobispo» y «dixo el cura» y «dixe yo» determiné de ponerlo de manera que cada vno hable por sí, de suerte que sea diálogo más que tratado[16].

En Maquiavelo y en Valdés el calco de la primera razón aducida por Cicerón es sustancialmente fiel *(inquam-inquit; eglidisse-io riposi; dixo-dixo-dixe yo);* en cambio, el propósito ciceroniano de recrear la atmósfera de un diálogo real se traduce en el italiano en una expresión festiva y coloquial, mientras que en Valdés indica, en la línea de la *brevitas* tradicional, una intencionalidad de adhesión a un género literario: *que sea diálogo más que tratado.* Valdés pudo tener presente a Cicerón o a Petrarca (ambos mencionados en el *Diálogo de la lengua),* pero al referirse al género dialogado lo más probable es que pensara en Erasmo, cuyos *Coloquios* constituyeron, como es sabido, un impresionante éxito editorial[17]. La gracia de estos coloquios tenía un precedente directo en Luciano de Samosata, uno de los autores más admirados por Erasmo, según él mismo confiesa. La agilidad, el des-

---

[15] N. Machiavelli, *Opere,* Rizzoli, 1938, vol. I, pág. 1719.
[16] Edición de D. Ricart, cit., pág. 18.
[17] Es posible que sobre todo influyese en Valdés el *Ciceroniano* de Erasmo, para el que el mismo autor confiesa haber escogido la forma dialogada «por ahorrar a los lectores algún cansancio y porque el asunto gane más fácilmente el interés de los jóvenes lectores». Carta al hijo de Juan Ulateno de Erasmo, *Obras escogidas,* cit., pág. 1868.

enfado, la sutil ironía, el gracejo algo irreverente y hasta lo escueto y esencial del estilo son características comunes a Luciano y a Erasmo. Por otra parte, Erasmo sentiría como congenial la figura de Luciano en su contexto cultural, el helenismo del siglo II, en cuanto testigo de la decadencia de una religión —la griega— que ya no sirve, cuyos mitos han perdido su función quedando reducidos a mero material fabuloso-poético. En este aspecto desmitificador Luciano constituye un autor fundamental para el erasmismo, muy importante en las obras de Alfonso de Valdés, pero también citado en dos ocasiones por Juan. La primera de estas citas está situada en un lugar estratégico del *Diálogo de la lengua:*

> V. Porque Luciano, de los autores griegos en que yo he leído, es el que más se allega al hablar ordinario, os daré dél los exemplos.
>
> M. Más los quisiera de Demóstenes[18].

Aquí Valdés quiere imponerse al gusto italiano, representado por Marcio, que preferiría Demóstenes (o sea, la elocuencia, el ciceronianismo), con la apreciación de la desenfadada y ágil prosa lucianesca, próxima, como observa, al *hablar ordinario*. Quiere acortar las distancias entre lengua hablada y lengua escrita[19] y, sobre todo, evitar lo *prolixo y enojoso* dando una impresión de inmediatez. No eran ciertamente de tipo lucianesco los diálogos del humanismo italiano, sino que habían continuado en la línea marcada por Petrarca, primero en latín y más tarde en lengua *volgare* (después de inaugurarse la prosa humanística italiana con el monumental *Trattato della famiglia* de L. B. Alberti), hasta llegar a la gran producción del siglo XVI en la que sobresalen Bembo y Castiglione. Valdés con su «lucianismo» pretende apartarse algo de esta línea italiana, a pesar de que le sea imposible sustraerse del todo a su influencia.

---

18 Página 135 de nuestra edición.
19 Por ejemplo, pág. 208.

Pero esto ocurriría en Nápoles. En Alcalá se trata todavía de su primera experiencia como escritor del *De Doctrina Christiana*. Hemos visto como por una razón de *brevitas* hispánica había organizado en diálogo los contenidos de esta primera obra, dándole la ambientación mínima y convencional de los tres interlocutores sentados cerca de una fuente, en verano (en fecha próxima a la festividad de San Juan), y distribuyendo la doctrina en las enseñanzas de uno de ellos a los otros dos. El depositario de la verdad erasmista en esta obra es el Arzobispo, que expone su argumentación con claridad irresistible, corroborándola con el ejemplo de su intensa vida pastoral. Su hablar es motivo de estupor y de asombro para el cristiano acostumbrado a la rutina de la práctica supersticiosa y devota. Este último está representado por el tipo opuesto, el cura Antonio, burdo e ignorante. No sabe latín, no tiene preparación de ningún tipo, pero es extraordinariamente dócil en cuanto se le aclaren las cosas (comprender para Valdés es creer). Entre estos dos extremos se sitúa la figura más interesante y matizada de Eusebio, proyección del autor; figura de laico perplejo que con sus dudas testimonia el problema concreto de la adaptación de la doctrina perfecta a la base del llamado «vulgo cristiano».

En esta primera obra se trataba sobre todo de exponer una doctrina, y con esta finalidad se tiende al tratado más de lo que el autor se propuso («que sea diálogo más que tratado»). En distribuir la materia en esta gradación de tres perspectivas distintas, exteriorizaba Valdés una intención, entre pragmática y artística, de ver acogida y realizada una nueva religiosidad interior en la que creía firmemente. Pero la conversión de los adoctrinados, tan fácil ante la luminosa enseñanza del Arzobispo, excluye en realidad cualquier oposición dialéctica, por lo que el proceder dialogado resulta un tanto rígido y mecánico, así como los personajes, convencionales hasta en sus nombres, pecan de abstracción. La estructura dialogada queda superpuesta artificiosamente a una doctrina orgánicamente tratada.

Otra atmósfera es la que se respira en el *Diálogo de la lengua*. Es ésta la segunda vez que Valdés utiliza el diálogo. Se encuentra en Italia: su horizonte se ha ampliado. La ámbientación, también parca en detalles, se da en un paisaje concreto, familiar a Valdés y a los valdesianos: una finca próxima a Nápoles. Como antecedentes del diálogo, se alude a varias conversaciones en aquel mismo paraje, en particular a una que ha tenido lugar «esta mañana». Observamos cierto dinamismo en lo que constituye el marco del diálogo: se mencionan los siervos, los caballos, la comida, la hora de ir a Nápoles; Valdés pasea pensativo, etc. Los personajes son identificables, salvo algún retoque humanista en el nombre, en la Nápoles del tiempo; el autor participa en la conversación con su nombre verdadero, como era normal en la tradición italiana del género. Tienen connotaciones no sólo típicas, sino personales y hasta anecdóticas: Marcio, que se conoce al dedillo ciertas coplas españolas («Vos sabéis más de cosas españolas que yo», le dice Valdés)[20]; él mismo cuenta cómo los bisoños no se aclaran entre *potaje, caldo y cozina*[21]; Torres, que suple con ingenio su *falta de letras*[22]; Valdés criticado como puntilloso e intransigente...[23]. Circula por todo el diálogo un aire de confianza entre personas del mismo *status* social que practican una convivencia de modales urbanos y decorosos, una *medietas* alcanzada también a través del lenguaje conversacional. El tema de la lengua, actualísimo en el tiempo, constituye materia moldeable, suscitando en los dialogantes multitud de resonancias que conciernen los más variados aspectos del mundo de la cultura. Por mucho que Valdés pretexte su independencia de Castiglione, estamos en la estela del *Cortesano*.

Los tres interlocutores parecen conjurados para hacer a Valdés «dulce violencia», obligándose a aclarar su posi-

---

[20] Página 201 de esta edición.
[21] Página 205 de esta edición.
[22] Página 188 de esta edición.
[23] Página 261 de esta edición.

ción en unas cuantas cuestiones sobre la lengua. El constante escabullirse del autor afirmando que no vale la pena, que se trata de niñerías (nos acordamos de las *nugae, nugellae* de Petrarca), no puede con la firmeza de los tres conspirados frente al maestro, que recurren a una estratagema para que el diálogo se haga obra escrita: poner escondido en un lugar secreto al escribano Aurelio, encargándole de registrar fielmente la conversación. Pero el esquema no es tan simple como el de preguntadores e interpelado: ésta es sólo la estructura externa, que sirve para motivar el proteiforme razonar valdesiano. Las relaciones entre los personajes son más complejas; el tema común de la lengua implica amplias zonas culturales, afectando *grosso modo* al contraste entre ámbito italiano y español, y a los correspondientes mundos de las letras y de las armas, según este esquema:

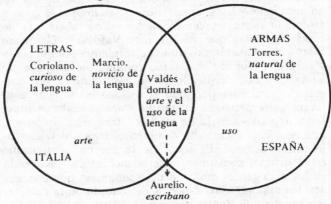

Valdés está en el centro, capacitado para situarse en uno u otro campo. Entre italianos y españoles, es ciudadano de Europa («...quanto a mí, aquél es de mi tierra cuyas virtudes y suficiencia me contentan, si bien sea nacido y criado en Polonia»)[24], aunque cuando quiere diferenciarse de los italianos, lo hace a través de rasgos que

---

[24] Página 253 de esta edición.

considera característicos españoles[25]. Aunque no es soldado, tampoco es hombre de haldas[26]. Aunque es nativo, como Torres, no ignora el *arte* de la lengua y puede dar respuestas de las que Torres, conocedor sólo del *uso,* no sería capaz. No está Valdés, como el Arzobispo de su anterior diálogo, en una posición superior, sino privilegiada en cuanto ocupa la intersección de dos campos. No es que posea la verdad absoluta, que no existe en materia tan opinable y resbaladiza como es la lengua, sino que, por su condición de bilingüe y su particular circunstancia histórica de exiliado, está capacitado para dirimir y aclarar las grandes-pequeñas cuestiones lingüísticas y fijar unas normas; serán reglas expuestas no desde arriba, sino desde una situación que domina las dos vertientes. Valdés puede entender la perspectiva de Coriolano, simple *curioso* (o sea, aficionado), que no conoce el español, como también la de Marcio, *novicio* de la lengua (la entiende y sabe hablar, pero no escribir), como la de Torres (es natural de la lengua, pero ignora el *arte).* Fuera de todo el campo está Aurelio, o sea, la obra literaria que se realiza a hurtadillas y casi sin querer. Aurelio pondrá todo en buen orden, haciendo hablar español aun a los que han dialogado en italiano[27], añadirá principio y fin: es el momento de la elaboración artística.

De ésta resulta una obra que, respecto a la anterior teorización de Nebrija (estructurada sólidamente en *arte,* que pretendía dignificar el castellano con criterios aplicables al latín), se nos presenta con aspecto inorgánico, asistemático, como de conversación intrascendente. Esta apariencia ha querido darle Valdés, y así fue visto el *Diálogo de la lengua,* por ejemplo, por Azorín[28]. En rea-

---

[25] Véase el apartado siguiente.

[26] Página 128 de esta edición.

[27] Página 262 de esta edición: «que estos señores os dan licencia que les hagáis hablar en castellano, aunque ellos ayan hablado en italiano».

[28] Véase Azorín, «De Granada a Castelar», en *Obras completas,* Aguilar, 1961, IV, pág. 305: «No hay en el *Diálogo de la lengua* las

lidad, se trata en gran parte de una ilusión óptica; hay cierta organicidad en el diseño de la obra, a pesar de las desproporciones y desigualdades; se trata de un efecto producido precisamente por la estructura dialogada (no superpuesta y postiza como en el anterior diálogo), la cual, en este caso, nace al mismo tiempo que la obra, reflejando conversaciones reales y la sensibilidad sobre el problema de la lengua adquirida en ambientes italianos. El eclecticismo de Valdés ha fundido aquí con desenvoltura a Luciano con Castiglione. La sonrisa y la tolerancia circulan a lo largo de todo el diálogo, en un equilibrio de pareceres —a pesar de que Valdés sepa más que nadie— y en una libertad que es, en último término, el presupuesto de todas las actividades valdesianas:

> ... demasiadamente soy amigo de que las cosas se hagan como yo quiero, y demasiadamente me ofendo quando una persona que yo quiero bien haze o dize alguna cosa que no me contente, y soy tan libre que luego le digo a la clara mi parecer[29].

Cada uno suscribe lo dicho o disiente con libertad, dentro de unos modos refinados y urbanos, con mesura horaciana[30].

En consonancia con este clima de libertad, la estructura general de la obra se nos presenta abierta no sólo según la tradición hispánica de algo que puede continuarse o mejorarse, sino también en la línea del Renacimiento italiano: es continuación de las observaciones hechas por los amigos a las cartas de Valdés y concluye con las promesas de un próximo diálogo sobre una de las últimas cuestiones, que queda aplazado para «de oy en ocho días»[31].

---

trascendencias maravillosas ni los exquisitos primores que... ve en él Menéndez Pelayo... es un coloquio ligero, agradable, discreto; pero nada más.»

[29] Página 261 de esta edición.
[30] Horacio es citado dos veces en el *Diálogo de la lengua* por su *Arte poética.*
[31] Página 263 de esta edición.

En vano buscaríamos esta estructura y esta atmósfera en el siguiente diálogo, el *Alfabeto cristiano*. Este tercer diálogo, que por su carácter heterodoxo nos ha llegado sólo en su traducción italiana, es producto de la intensificación de las preocupaciones religiosas de nuestro autor después del abandono de toda actividad política. Los interlocutores son dos: el mismo Valdés y Giulia Gonzaga, la discípula preferida. La piadosa conversación es suscitada por las reflexiones alrededor de un sermón de Bernardino Ochino, al que ambos acaban de asistir. Existe entonces una base común entre los interlocutores, una homogeneidad estricta que los sitúa en un peldaño superior: ambos comparten la misma fe. El diálogo no es entonces confrontación y debate, sino dulce adoctrinamiento de un alma totalmente dócil[32]. Es significativo que este diálogo no tenga lugar al aire libre como los otros dos (aunque la ambientación sea convencional en todas las obras dialogadas de Valdés), sino en la intimidad de una casa, terminándose al llegar la noche. El tema —una serie de meditaciones centradas en el problema de la salvación— tiene gran afinidad con otro de los libros principales de Valdés, las *Ciento y diez divinas consideraciones*. Se discute entre los estudiosos acerca del carácter místico o no de estas dos obras. Pueden considerarse tales si por misticismo se entiende el afán, la inquietud que Valdés, asiduo lector de San Pablo, puso en su búsqueda de la *vera via,* que debía alcanzarse a través de un proceso gradual. No lo son si por misticismo entendemos la «presencia de lo infinito en lo finito» (E. Orozco), que no conseguimos encontrar en la escueta y severa prosa de Valdés, tan sobrio siempre, tan avaro en imágenes y fundamentalmente insensible a la naturaleza[33]. La cuestión

---

[32] Véase, a este propósito, mi comunicación *Los diálogos de Juan de Valdés,* cit.

[33] «En vano buscaremos en Valdés una descripción de la acción del Espíritu Santo en el hombre en términos de una *presencia sustancial* del Espíritu en las facultades del alma o de la mente, conceptos tan comunes a la tradición neoplatónica cristiana... [Valdés podría] haber expresado las manifestaciones de la vida del Espíritu en términos que

es obviamente marginal para una valoración literaria, si no es para observar que, a nuestro parecer, en esta última producción el Valdés escritor salió perdiendo. La extrema docilidad de la discípula preferida confiere al diálogo cierto carácter narcisista, de diálogo casi-monólogo en el que son imposibles la ironía y el humor no sólo por el asunto religioso, sino porque la presencia de la que merece ser llamada «señora de todo el mundo», por muy sugestiva y entrañable que queramos considerarla, es poco más que el objeto pasivo, pretexto para la exposición de las consideraciones valdesianas. Se consigue así unir en un círculo cerrado a los dos personajes, compenetrados entre ellos casi hasta el punto de no incluir al lector de hoy[34]. La estructura dialogada ha perdido la funcionalidad que tenía en el contexto renacentista italiano. Luciano, Erasmo, Castiglione o Bembo quedan ya muy lejos: Valdés parece haber renunciado a estas lecturas, como a muchas cosas más, a la hora de la elaboración artística de su prosa.

## 3. ENTRE ITALIANOS Y ESPAÑOLES

Hemos tenido ocasión de ver cómo de los diálogos de Valdés el *Diálogo de la lengua* es el que tiene mayor número de personajes. En el primer diálogo los tres interlocutores representaban tres diversos niveles de penetración de la misma doctrina, y en el *Alfabeto cristiano* los dos dialogantes serán almas casi igualmente iluminadas, aunque en relación de maestro a discípula. Cinco son los personajes que intervienen en el tema de la lengua: de éstos, sólo Aurelio es mudo y pasivo copista, escondido en

---

los místicos españoles también emplearon para describir la presencia del Espíritu en el hombre en la experiencia mística. Sin embargo, Valdés evita firmemente esa terminología en todos sus escritos. Esto no puede ser una mera coincidencia...», Nieto, *ob. cit.,* pág. 448.

[34] Distinta perspectiva tendrían quizá los lectores contemporáneos de Valdés, ya que el éxito de estas obras en el tiempo concierne principalmente a su novedoso contenido doctrinario.

un lugar secreto; los otros cuatro no pierden ocasión de diferenciarse del conjunto resaltando discretamente sus connotaciones personales. Ante todo nos interesa la diferenciación en dos bloques culturales, si no enfrentados, sí bien diferenciados e igualados numéricamente: se trata de dos italianos y dos españoles. Las relaciones entre los cuatro son entrañablemente amistosas e improntadas a una gran cortesía[35], sobre todo entre Marcio, italiano, y Valdés:

M.   ... por tanto, si os atrevéis a ir conmigo, empeçaré a preguntaros.

V.   Con vos no ay parte en el mundo adonde yo no ose entrar...[36].

M.   ... y esto no os lo pedimos por obligación, sino por gentileza.

V.   Vuestra cortesía me obliga más que mi promessa...[37].

Esta amistad no es reciente, sino que se estableció en la breve primera estancia napolitana de Valdés, y se había ido cultivando a través de una regular correspondencia. Con las cartas de Valdés, aludidas varias veces en el diálogo, los tres «refrescaban la memoria del amigo ausente». La presencia física de él, la posibilidad de interpelarle directamente («agora que os tenemos aquí») dan lugar al diálogo, en el cual domina la figura de Valdés, *compiuto uomo,* dispuesto a complacer a los amigos ejerciendo la función, una vez más, de guía y maestro. A los italianos se les reprocha su pretensión de superioridad cultural, a la par que se sonríe de las excesivas «cerimonias españolas», llegándose a veces a pequeñas escaramuzas verbales, siempre dentro de los límites del decoro y de la cortesía. Acaso los momentos de mayor tirantez se

---

[35] Según L. Terracini, habría una actitud antiitaliana muy clara en el diálogo, en la que concluirían dos motivos, ambos erasmianos, «la reazione a una realtè politica —romana— da cui aborre, e la reazione a una forma di cultura per lui troppo esteriore» (*Lingua,* cit., pág. 17).

[36] Página 193 de esta edición.

[37] Página 194 de esta edición.

alcancen al mencionarle a Valdés la labor de Nebrija, pero en realidad en ninguna ocasión se llega a enturbiar la atmósfera apacible y serena de la conversación, «simpático esbozo de un tratado de filología española, que conserva toda la gracia y toda la naturalidad de una libre charla entre personas de buen gusto» [38].

El hecho de que no se aluda directamente a la actividad valdesiana de reformador religioso no debe sorprendernos en absoluto en el clima de nicodemismo que ya hemos señalado. De hecho, las identificaciones consideradas como probables de los interlocutores con personajes reales nos llevan al ámbito religioso, cuando no abiertamente vinculado con la Reforma [39].

La identificación más problemática es la de Coriolano con el calabrés Coriolano Martirano (1503-1558), obispo de Cosenza, una de las voces autorizadas de la ortodoxia en Trento, gran helenista. En el *Diálogo de la lengua* dos intervenciones de Coriolano demuestran conocimiento del griego [40].

C. ¿Son [los refranes] como los latinos y griegos? [41]

C. Esso avéis vos tomado del griego y aun del italiano [42].

Coriolano es, de los personajes del diálogo, el que tiene menor número de intervenciones, asignándosele el papel de *novicio,* es decir, aprendiz de la lengua. La mayoría de sus observaciones son, en efecto, propias de un conocedor superficial del castellano, o preguntas ingenuas. A veces ataca las *bravatas* y los *fieros* españoles en tono ligeramente provocador:

[38] M. Bataillon, *Erasmo y España,* trad. española de E. Alatorre, México, Fondo de Cultura Económica, 1950, II, pág. 307.

[39] Sobre la identificación de Marcio y de Coriolano, véase un resumen de la cuestión e interesantes observaciones en la introducción de Croce al *Alfabeto cristiano,* cit.

[40] Coriolano Martirano fue traductor al latín de tragedias griegas y él mismo autor de una tragedia sacra, el *Christus.*

[41] Página 127 de esta edición.

[42] Página 168 de esta edición.

C. Nunca os vi tan bravoso. Ea, quebradme el ojo con media dozena de vocablos españoles que no tengan latinos que les correspondan[43].

Ya hemos citado una observación que le hace a Valdés[44]:

C. Essa bravería no la aprendiste vos en san Pablo.

Si tenemos en cuenta la respuesta de Valdés (la aprendió de San Pedro y en Roma), es probable que se trate aquí de una cortés escaramuza entre la ortodoxia romana, representada por Coriolano, y la heterodoxia paulina de Valdés, que el obispo católico veía en contradicción con la *bravería española:* leve y suave reproche al nicodemismo de Valdés, desde una postura de mundana cortesía. Hay que decir que el único inconveniente para la identificación de Coriolano con Coriolano Martirano sería esta amistad entrañable entre el reformador y el obispo fiel a Roma: no parece inconveniente de gran peso.

Con todo, es sin duda más probable la identificación del otro italiano, Marcio, con el véneto Marc'Antonio Flaminio (1498-1550), poeta en latín claramente vinculado a la Reforma, aunque no parece que sea el autor, como se ha creído, del librito de inspiración valdesiana *Beneficio di Gesù Cristo verso i cristiani*[45]. Defensor del ciceronianismo, no reconocía como maestros de latinidad más que a los italianos, «perciocchè a me pare che queste delicatezze son tanto proprie d'Italia che i forestieri, i quali ci hanno ormai tolto la roba, la libertà e ogni oltra cosa non ci possono usurpare la laude della vera eloquenza»[46]. Es precisamente ésta la postura del Marcio interlocutor del diálogo: *curioso* en cuanto a la lengua española (que sabe hablar bien pero no escribir), Marcio representa la cultura oficial italiana, que Valdés considera como jac-

[43] Página 224 de esta edición.
[44] *Ibídem.*
[45] Puede leerse en *Opuscoli e lettere,* cit., pág. 4.
[46] Citado en Toffanin, *Il Cinquecento, Storia letteraria d'Italia,* Milán, Vallardi, 1945, pág. 71.

tanciosa. Hay un pasaje en que clarísimamente se ataca por parte de Marcio el latín de Erasmo:

V. El *Enquiridión* de Erasmo que romançó el Arcidiano del Alcor, que a mi parecer puede competir con el latino quanto al estilo.

M. Si el estilo castellano no es mejor para castellano que el latino para latino, poco hizo el que lo romançó.

V. No es possible que vosotros concedáis que uno que no sea italiano tenga buen estilo en latín[47].

Ahora bien, Marcio, por el número de intervenciones, es el principal interlocutor en el diálogo después de Valdés, por lo cual tenemos ante todo el contraste entre un español (Valdés) y un italiano (Marcio), quedando algo más en la sombra las figuras de Coriolano y de Torres. Pero mientras en Coriolano tiene Marcio un apoyo, un eco favorable, un refuerzo a lo que dice, representando los dos más o menos la misma posición, el personaje de Torres, aunque como español corrobora y apoya a Valdés, por otra parte no está en absoluto alineado con él, representando, respecto al modelo de hombre renacentista, un aspecto parcial y opuesto al pacífico Valdés, o sea, el *hombre de armas*. Torres es la realidad de esos tercios españoles que han hecho posible la difusión de la lengua castellana en Italia. Representa la falta de letras no sólo respecto a la cultura italiana, sino también frente a Valdés. Parece arriesgado interpretar (como lo hizo Boehmer) la afirmación suya de que entiende más de desordenar que de ordenar[48] como anti-militarista; pero sí es cierto que en un lugar del diálogo[49] afirma que le gustaría recopilar un libro de refranes «si no fuesse cosa contraria a mi professión», y a veces esta condición de soldado de Torres está representada con franca ironía, como cuando el soldado quiere intervenir en las sutilezas de la lengua, casi cansado de su papel:

---

[47] Página 246 de nuestra edición.
[48] Página 129 de esta edición.
[49] Página 127 de esta edición.

T. Porque no penséis que os lo sabéis vos todo, quiero yo también sutilizar mi parte, y dezir...

V. Paréceme que, si honra se gana en estas pedanterías, os avéis hecho más honra con esto que avéis dicho que yo, con todo lo que he parlado; y por mí os digo que nunca avía mirado en essos primores.

T. Agora que veo os contentan a vos, empeçaré a tenerlos por primores... y porque veáis que soy hombre de tanta conciencia que no quiero vender la hazienda agena por propia mía, sabed que esto no lo saqué de mi cabeça...

V. Aunque me maravillava que fuesse aquel primor de vuestra cosecha, como os tengo por *hombre de tanto ingenio que con él podéis suplir la falta de letras,* todavía creí que fuesse vuestro[50].

Torres, conocedor del *uso* e ignorante del *arte,* posee sin embargo cierta receptividad para asimilar la problemática cultural de la lengua, según el convencimiento valdesiano de que «tanto aprueva uno quanto alcança a entender». Es éste un motivo fundamental del diálogo, enunciado por Marcio:

T. ... nunca fui amigo destas gramatiquerías.

M. Y aun por esto es regla cierta que «tanto aprueva uno quanto alcança a entender»; vos no sois amigo de gramatiquerías, porque no sabéis nada dellas, y, si supiéssedes algo, desseariades saber mucho, y assí por ventura seríades amigo dellas.

---

[50] Página 188. Véase la opinión que tenía A. Navagiero sobre el prejuicio hispánico de incompatibilidad letras-armas: «Afirmaba que entre nosotros la situación era muy distinta [de la de Venecia o Italia], pero que no había llegado a entender el motivo. Pues siendo nuestro país riquísimo en todo, y pareciéndole que nada faltaba en sus inteligencias excepto una escrupulosa educación, tan indolentes éramos en cultivarlas que surge la sospecha que nosotros creemos que el valor bélico se deteriora con las letras y que ningún mortal puede llegar a poseer ambas virtudes», en Juan Maldonado, *Paraenesis ad litteras,* edición de E. Asensio y J. Alcina Rovira, Madrid, Fundación Universitaria Española, 1980, pág. 178.

Es significativo que estas palabras le sean dirigidas por el italiano Marcio. Se llegará a la «conversión a la gramática» de Torres, porque sólo es cuestión de querer y «ninguna cosa voluntaria es difficultosa». Claro que hay que contar con la total disponibilidad personal, como aparecía ya en dos lugares del diálogo *De Doctrina Christiana* [51]:

> AN.   ... soy enemigo destas filosofías et letras profanas...
>
> ARZ.  Cómo padre, y avéis os dado algún tiempo a estas letras?
>
> AN.   No en verdad, ni aun quisiera.
>
> ARZ.  Pues por qué estáis mal con lo que no conocéis?
>
> ARZ.  Veamos, ¿por qué no avéis sido aficionado al estudio?
>
> AN.   Yo os diré la verdad, suelen dezir: *que no alaba más uno de lo que alcança;* y como yo no alcançava del estudio sino muy poco o casi nada no podía ser afficionado a él.

Es ésta la posición inicial de Torres, distinta pero no enfrentada a Valdés, y susceptible de convertirse poco a poco a las letras, realizándose un ideal de sincretismo, del hombre integral del que había ejemplos en la antigüedad clásica:

> V.   También era Julio César de vuestra professión, pero no tuvo por cosa contraria a ella con la pluma en la mano escrivir de noche lo que con la lança hazía de día... [52].

A lo largo del diálogo se va entonces superando este prejuicio de supuesta incompatibilidad entre armas y letras, lo cual es tanto como superar el desasosiego inicial frente a la sólida tradición literaria italiana.

Era verdad que la lengua española se iba haciendo internacional («... ya en Italia assí entre damas como entre

---

[51] Edición de D. Ricart, cit., pág. 67 y pág. 113.
[52] Página 127 de esta edición.

cavalleros se tiene por gentileza y galanía saber hablar castellano»), pero también era cierto que esto se debía en gran parte a la fuerza de las armas. Valdés, sin ser soldado, también quería conquistar Italia convirtiéndola a la nueva religión interior que predicaba, y sabemos lo profunda que fue la penetración de su doctrina en determinados ambientes. Aunque el *Diálogo de la lengua* sea la única obra no religiosa de Valdés, no constituye un paréntesis. No sólo porque, como hemos visto, es de suponer que los personajes simpatizaran con la Reforma o por lo menos fueran tolerantes con las doctrinas valdesianas, sino sobre todo porque el presupuesto del diálogo es la atención y la admiración con que se escucha a Valdés, que sigue siendo el maestro. Las cuestiones de lengua más candentes y agitadas en el ámbito italiano podían a lo más sensibilizar a los españoles sobre ciertos temas, pero no sugerían de por sí el planteamiento de la obra. Si el italiano se iba afianzando de la secular rivalidad y confrontación con el latín, este problema era ajeno del todo al español del siglo XVI; si en Italia se discutía sobre uso toscano o *volgare illustre,* en el ámbito hispánico —unificado políticamente— no preocupaba gran cosa cuál fuese la modalidad del castellano más digna de constituirse en modelo. Diríamos que la defensa del uso toledano de corte es bastante secundaria en el diálogo, y tiene sentido sólo como actitud enfrentada a Nebrija. El problema era otro, y se planteaba precisamente por el contacto con Italia, con una cultura considerada superior: la falta de modelos literarios o de *auctoritas.* Valdés sabe que él mismo es, allí y entonces, entre los cuatro, la voz de la competencia y de la autoridad. Los italianos poco o nada pueden decir respecto al castellano; Torres, hispanohablante, es un hombre de armas. A la hora del bien escribir en español, se tambaleaba el sistema de la imitación (normal en la época), no pudiendo apoyarse en una tradición tan sólida como la del *Trecento* toscano:

> M.  ¿Cómo no? No tenéis por tan elegante y gentil la lengua castellana como la toscana?

V.  Sí que la tengo, pero también la tengo por más vulgar, porque veo que la toscana sta ilustrada y enriquecida por un Bocacio y un Petrarca, los quales,
siendo buenos letrados, no solamente se preciaron
de scrivir buenas cosas, pero procuraron escrivirlas
con estilo muy propio y muy elegante; y, como sabéis, la lengua castellana nunca ha tenido quien
escriva en ella con tanto cuidado y miramiento
quanto sería menester para que hombre, quiriendo
o dar cuenta de lo que scrive diferente de los otros,
o reformar los abusos que ay oy en ella, se pudiesse
aprovechar de su autoridad[53].

Valdés considera el castellano, respecto al toscano, igualmente *elegante* y *gentil,* pero al mismo tiempo más *vulgar,* o sea, falto de una adecuada literatura de textos
escritos con *cuidado y miramiento.* Esta conciencia lleva
por un lado a la admiración por las lenguas clásicas —latín y griego— y por otro al esfuerzo de crear y difundir
una mejor prosa castellana. La postura de Valdés es aquí
respetuosa hacia el italiano, pero en otros pasajes reivin-
dicará para el español —siempre respecto al italiano—
igualdad de riqueza lexical y menor *corrupción,* entendida como alejamiento de la forma etimológica latina común a las dos lenguas. Lo que fallaba para Valdés no era
la lengua, sino el uso que de ella habían hecho los autores. Su postura parece coincidir en algo con la de Garcilaso

> ... en la cual [nuestra lengua], en la verdad, hemos esta-
> do antes de agora harto pobres en libros de todas suertes
> por falta de autores, como se scribe Juan de Mena, que
> todo nuestro caudal era cuasi de la calidad de *Amadís* y
> sus desçendientes[54].

¿Cómo piensa Valdés suplir la falta de modelos? Ante
todo con una actitud verdaderamente innovadora: considerar como codificación de un rico patrimonio lingüístico

---

[53] Página 123 de esta edición.
[54] Carta dedicatoria, en *Obras,* Clásicos Castellanos, 4, pág. 208.

los antiguos refranes. Éstos, aunque nacidos entre el vulgo, son testimonio del uso auténtico y generalizado de ciertas formas léxicas y sintácticas. Se supera así la concepción humanística de ennoblecimiento de la lengua a través del latinismo y del cultismo, lo que había hecho de Mena uno de los autores españoles más conocidos por el humanismo italiano[55]. Por otra parte, no es definitivo y total el rechazo de la producción literaria tradicional en español. No cabe duda de que Valdés quiere dar a los italianos una imagen de lo hispánico distinta de la que se habían formado los prejuicios humanísticos comunes a Italia y a España. Pensemos que en el año en que se escribe el diálogo (1535) estamos en plena revolución métrica con la adopción por parte española de las estrofas y versos italianos; sin embargo, en la obra no se citan sonetos ni endecasílabos, aunque se conozca la poesía de Garcilaso, mencionado como exponente de un gusto seguro:

> V. Más quisiera satisfazer a Garcilasso de la Vega con otros dos cavalleros de la corte del Emperador que yo conozco[56].

Sin embargo, no es la poesía garcilasiana (ya conocida en Italia) la que se propone dar a conocer a los italianos, sino los metros breves de coplas cancioneriles, más o menos *sutiles* y *galanas,* una poesía que a oídos italianos del tiempo debía resultar ligeramente artificiosa, aunque llena de ingenio:

> M. ... al fin no lo negamos que los españoles tenéis excelencia en semejantes cosas[57].

No ignorando ciertamente el alcance de la revolución métrica italianista, Valdés quería dar a los italianos una perspectiva de lo español que no falsease ni ocultase las

---

[54] Para la valoración de Mena véase nuestro apartado 5.
[56] Página 172 de esta edición.
[57] Página 213 de esta edición.

expresiones poéticas de raigambre hispánica. Así, si por una parte reconoce la falta de una tradición literaria de *cuidado y miramiento,* por otra parte pone en boca del mismo Marcio unas coplas *donosas* y *sabrosas*[58], tanto que una vez el personaje Valdés se asombra:

V.   Vos sabéis más de las cosas españolas que yo...[59].

Marcio, representante de la cultura italiana, es sensible a la gracia y al donaire de estas galanterías, que llega a saberse de memoria («como el Ave María la sé de coro»), demostrando una excepcional permeabilidad que contrasta con la presunción humanística de superioridad cultural que Marcio refleja fielmente, por ejemplo, en cuanto a producción literaria en latín. Por tanto, a la vez que se reconoce la falta de *auctoritas,* tampoco se rechaza en bloque la producción tradicional escrita en el romance que Mena había calificado de «rudo y desierto». Diríamos que en tal reconocimiento por parte de Valdés hay siempre algo de excesiva y falsa humildad, transparente a través de la actitud de los italianos, admirados por estas coplillas que en el fondo aprecian. Mientras se les concede a los italianos la primacía en cuanto a literatura en latín, a la par que una reconocida *auctoritas* en cuanto a tradición literaria italiana del *Trecento,* la ilustración de la lengua española a base de autores es cuestión que queda abierta, mirando más al futuro que a ese pasado con una tradición carente de cuidado y miramiento, aunque abundante en ingenio. La inferioridad literaria del español no está reconocida pasivamente, sino que en sí misma es estímulo a producir. Valdés participa de la concepción del tiempo que ve la lengua en función de la literatura, pero no es ésta su única perspectiva. A veces considera la lengua como patrimonio objetivo, producto del uso y corrupción del latín, y en tal sentido en igualdad absoluta con lenguas hermanas, con elimina-

---

[58] Páginas 201, 231, 232.
[59] Página 201 de esta edición.

ción moderna de toda concepción jerárquica. Ninguna lengua puede llamarse superior a otra:

> ...Y aun porque cada lengua tiene sus vocablos propios, y sus propias maneras de dezir... y assí unas cosas se dizen en una lengua bien, que en otra no se pueden dezir assí bien; y en la mesma otra [ay] otras que se digan mejor que en otra ninguna[60].

Pero esto no le impide caer en la tentación, muy de su tiempo, de *medir* la grandeza de su lengua. Así, cuando afirma que la lengua prerromana hablada en España fue la griega, aunque ofrece como pruebas datos históricos, en realidad «no hace más que trasladar la alta valoración de la lengua griega por los humanistas en el siglo XVI a la historia de la lengua española» (Bahner). Se trata de establecer una ascendencia noble para su lengua, una especie de investigación de limpieza de sangre aplicada al hecho lingüístico. Tampoco se sustrae al proceder del tiempo en cuanto a las famosas disputas entre lenguas, de las que quedan como anécdota significativa los discursos pronunciados en 1498 en la corte papal por los embajadores de Italia, Francia, España y Portugal: como superioridad se consideraba la mayor aproximación al latín[61]. Este motivo de la disputa aparece en el diálogo en dos ocasiones en que se produce un verdadero desafío frente a los italianos. Una vez se trata de riqueza lexical:

> ...me bastaría el ánimo a daros dos vocablos castellanos, para los quales vosotros no tenéis correspondientes, por uno que me diéssedes toscano, para el qual yo no os diesse otro castellano que le respondiesse[62].

---

[60] Página 226 de esta edición.
[61] Ganó el discurso pronunciado en español por el padre del poeta Garcilaso de la Vega. Véase E. Buceta, «La tendencia a identificar el español con el latín», en *Homenaje a Menéndez Pidal*, Madrid, 1925, tomo I, págs. 88 y ss.
[62] Páginas 223-24 de esta edición.

En otra ocasión se tratará de la patente de nobleza que debe buscarse en el reconocimiento del origen latino de palabras en que esta etimología no se descubre fácilmente; vocablos «corrompidos» por la fonética romance, o bien que han experimentado un violento cambio de campo semántico. Aquí también la superioridad respecto al italiano es numérica, quedando pendiente esta afirmación de un estudio que Coriolano promete realizar en el ámbito de la lengua italiana. Este desafío se sitúa significativamente al final de la obra, justo antes de revelar el artificio del escribano escondido. Esta colocación estaba ya decidida al principio en el plan de estructuración de la obra («Al último haremos que nos diga su opinión sobre quál lengua tiene por más conforme a la latina, la castellana o la toscana»). La derivación del latín en la mayor parte del léxico, con las adaptaciones a unas leyes fonéticas romances debidas a transmisión más oral que escrita («de mano en mano, o por mejor dezir, de boca en boca su poco a poco se an ido corrompiendo»[63]), viene a ser un rasgo más de orgullo humanístico muy en consonancia con el ambiente italiano en que se desarrolla el diálogo.


4.   «ARTE», «USO» Y «CUIDADO»

Uno de los puntos más controvertidos del *Diálogo de la lengua* es, sin duda, la actitud polémica de Valdés contra Nebrija, no sólo abiertamente declarada en varios pasajes, sino también encubierta y animosamente presente a lo largo de la obra. La figura de Nebrija, esencial en el humanismo español, apreciada por el mismo Erasmo, es atacada con insospechada inquina por este hombre de paz que era Valdés, que según su misma afirmación, hacía «professión de estar a bien con todo el mundo». Las razones que aduce Valdés, desde una perspectiva de particularismo regionalista (Nebrija no sabía

---

[63] Página 256 de esta edición.

castellano porque era «de Andaluzía, adonde la lengua no sta muy pura»), tampoco resultan verosímiles viniendo del que hemos definido un ciudadano de Europa[64]. Valdés defiende el uso toledano-cortesano, pero ya hemos señalado el poco peso que debe asignarse a esta puntualización geográfica, acentuándose en cambio la validez del modelo «lengua de corte». Como ha observado E. Asensio, sería imposible establecer el paralelismo entre uso toledano y uso toscano:

> Si Juan de Valdés hubiese sido un remedador del Bembo habría dado al toledano la situación de privilegio que el Bembo dio al toscano. Semejante paralelismo habría hecho intolerable violencia a la realidad española. Valdés, aunque no cristalizó su pensamiento en fórmulas rotundas, consideraba como norma y arbitrio último la lengua de corte[65].

Por tanto, reduciéndose a circunstancial papel el de Toledo (sede de la corte hasta 1561), pierde peso la razón de oponerse a Nebrija aducida por Valdés, razón que por otra parte no ofrecía demasiada credibilidad en el contexto, dada la maliciosa insistencia de los amigos en provocar a Valdés sobre este tema. La cuestión queda, a mi modo de ver, abierta, a pesar del virtuosismo interpretativo de E. Asensio[66], el cual, considerando a Nebrija como pantalla, explica la animadversión valdesiana refiriéndola a otro objetivo concreto: la persona y la obra de F. Delicado, discípulo declarado de Nebrija (a la par que exaltador de *Amadís* en los prólogos a las ediciones italianas). La hipótesis, sugestiva e ingeniosa, no hace más que sustituir una incógnita por otra. Un ataque a Delicado tampoco se explica demasiado, a no ser que acudamos al puritanismo (discutible) de Valdés. Recien-

---

[64] Página 58, nota 24.
[65] E. Asensio, «Juan de Valdés contra Delicado. Fondo de una polémica», en *Studia Philologica. Homenaje ofrecido a D. Alonso*, I, Madrid, Gredos, 1960, pág. 103.
[66] *Ob. cit.*

tes y acreditados estudios sobre Delicado le incluyen de lleno en la trayectoria del erasmismo[67]; y en cuanto a la lengua, no podemos no advertir que el autor de *La loçana andaluza,* acogiéndose también al uso, guarda en el habla de los personajes el mismo «decoro» que Valdés alaba en el autor de *Celestina* en cuanto a la alcahueta y los siervos. No proponemos aquí una interpretación más acertada que la de Asensio, pero sí preferimos creer que es Nebrija, y sólo él, el blanco de Valdés. No es suficiente con las nueve veces que se menciona el *Vocabulario* nebrissense, más una vez que se menciona el *Arte de gramática castellana* (en total son diez veces, aunque Marcio prometa que «más de otras diez vezes os haré picar de la mesma manera»), sino que Nebrija, incluso sin ser mencionado, está presente como ejemplo a evitar en la crítica valdesiana de los vocablos desusados. En este largo apartado (de página 194 a 209) los analiza Valdés en orden alfabético, de *acucia* a *zaque,* y puede decirse que Nebrija es la principal fuente directa. La mayor parte de los vocablos mencionados se encuentran en el citado *Vocabulario* (el 65 por 100); es probable que incluso sea la única fuente, ya que la ampliación de la lista respecto a Nebrija está hecha citando términos que surgen por asociación espontánea e improvisación fácilmente deducible. Por ejemplo: *alevosía* (no está en Nebrija) sugerido por *aleve, alevoso* (Nebrija); *cuvil* sugerido por *cobijar* (Nebrija); de *dueño* (Nebrija) se pasa a citar el proverbio «Adonde no sta su dueño, allí sta su duelo», y del refrán se pasa a considerar el término *duelo,* que no está en Nebrija. En otra ocasión (página 199) se procede así:

— cita de *falla* (Nebrija)
— cita del refrán «Amigos y mulas fallecen a las duras» (el refrán suscita la idea de la confianza en la amistad).

---

[67] Véase la introducción de Bruno M. Damiani a F. Delicado, *Retrato de la loçana andaluza,* Madrid, José Porrúa Turanzas, 1975.

— cita de *fiuzia* y *huzia* que no están en Nebrija, pero que han acudido a la mente de Valdés, que los rechaza prefiriendo *confianza*.

Basta con estos ejemplos para reconocer en Nebrija la principal fuente de este *usus vitandum* [68]. Observaremos, en cambio, que dos veces se citan términos de Nebrija sin reprobarlos del todo [69]:

> Librixa pone *helgado* por «hombre de raros dientes»; yo nunca lo he visto usado, y desseo se usasse porque, aunque parece vocablo arávigo, no me descontenta; y no teniendo otro que sinifique lo que él, sería bien usarlo.

> *Seruenda* por «cosa tardía» nunca lo he oído ni leído, sino en Librixa, y por esto ni lo he usado ni lo usaría; no me parecería mal que se usasse, pues no tenemos otro que sinifique lo que él.

Las dos veces se trata de términos inexistentes en el uso para Valdés, pero que llenarían un hueco importante en el léxico («no teniendo / pues no tenemos otro que sinifique lo que él»).

El hecho es que Nebrija constituía el nombre más importante en la cultura de la época, al que había de tener en cuenta todo el que tocase temas de lengua. Pero Valdés se le opone abiertamente. Según L. Terracini la principal distanciación de Nebrija consiste en la conciencia valdesiana de la plena actualidad del castellano y de su autonomía respecto al latín; pero no toma en consideración la violencia con que se desacredita a Nebrija a lo largo del diálogo. Un gran estudioso valdesiano, Montesinos, se extrañaba de esta injusta difamación. Puede que sea conveniente observarla en un contexto cultural determinado. Nebrija, precisamente por la fama y difusión de sus obras, no era un autor indiscutido. No cabía duda en cuanto a sus valiosos conocimientos (que Valdés

---

[68] Más observaciones al respecto se encuentran en mi edición italiana del *Diálogo de la lengua,* cit., pág. 163.

[69] Páginas 200 y 207 de esta edición.

reconoce: «que esto nadie se lo puede negar...»), pero sí se discutía en cuanto a los resultados prácticos de su método. En el aprendizaje del latín el *Arte* de Antonio era el libro de texto más adoptado, pero se le hacía también responsable de la «barbarie» que reinaba en España al respecto. En el *Viaje de Turquía* se pregunta Pedro de Urdemalas: «¿Qué es la causa que para la lengua latina, que bastan dos años, se gastan cinco y no saben nada sino el arte de Antonio?» [70]. En la *Paraenesis ad litteras* de Juan Maldonado (1528) se disculpa al propio Nebrija responsabilizando a otros del mal uso de sus manuales:

> Los ingenios hispanos están abocados y condenados a las tinieblas para los que enseñan los rudimentos de gramática incluso en estos felices tiempos en que las letras florecen por doquier... sólo España descuida en su enseñanza la educación de quien los demás países llegarían a admirar, a condición de que emigre antes y se instale en otro mundo que favorezca su inteligencia, pese a ser más claro que la luz que nuestros ingenios no son menos aptos, ni menos capaces de saber... Por el contrario nuestros compatriotas colocan en seguida a los niños frente a la gramática de Antonio de Nebrija, y no seleccionan ciertos pasajes para que los retengan de memoria, sino que los incitan a aprenderla, como se dice, de cabo a rabo... Y no advierten los estúpidos que Antonio no odió tanto su patria como para pretender que la inteligencia de los niños ingiera todos los materiales de su gramática, cuando para estudiarlos y anotarlos apenas le bastaron a él ochenta y cinco años y sólo dio a conocer en los últimos años los puntos más escogidos. Ciertamente su intención fue desenredar para los preceptores, con un ímprobo esfuerzo, una materia vasta y extensa.... [71].

Lo que hace Valdés en su *Diálogo de la lengua* es adoptar esta misma posición crítica pero referida al *Vocabulario* y al *Arte de gramática castellana*. Se trata de atacar

---

[70] Citado por Eugenio Asensio en su introducción a Juan Maldonado, *Paraenesis ad litteras*, cit., pág. 80.

[71] Juan Maldonado, *Paraenesis*, cit., págs. 146-147.

no el saber, sino la metodología del gran andaluz. Nebrija representa el manual, el compendio farragoso al que es reacio el humanismo de Valdés. Para Nebrija la reducción a arte, a reglas, era el mayor honor que podía hacérsele a la lengua, equiparándola al latín, considerando que había llegado a la cumbre, a su grado más alto de perfección. La falta de reglas echa a perder la integridad de la lengua:

> Esta [lengua castellana] hasta nuestra edad anduvo suelta y fuera de regla; i a esta causa a recebido en pocos siglos muchas mudanças por que, si la queremos cotejar conla de oi a quinientos años, hallaremos tanta diferencia i diversidad cuanta puede ser maior entre dos lenguas[72].

Aunque su concepción había superado la creencia medieval de que la gramática de las lenguas clásicas fuera creación de los doctos, Nebrija no tenía muy clara la distinción entre lenguas vivas y lenguas muertas, queriendo regularizar el castellano al igual que el latín. En esto le sobrepasa Valdés con una visión mucho más moderna[73]:

> ...porque he aprendido la lengua latina por arte y libros, y la castellana por uso, de manera que de la latina podría dar cuenta por el arte y por los libros en que la aprendí, y de la castellana no, sino por el uso común de hablar...

> ...ya sabéis que las lenguas vulgares de ninguna manera se pueden reduzir a reglas de tal suerte que por ellas se puedan aprender; y siendo la castellana mezclada de tantas otras, podéis pensar si puede ninguno ser bastante a reduzirla a reglas...

El gran descubrimiento de Valdés es el *uso,* contrapuesto a *arte:* término que no está en los libros, sino en su experiencia de vida. Mediante el *uso* se ha impuesto la lengua

---

[72] Prólogo a la *Gramática castellana* de Nebrija, edición crítica de P. Galindo Romeo y L. Ortiz Muñoz, Madrid, 1946.

[73] Páginas 121 y 153 de esta edición.

castellana en Italia. Se busca ante todo la comprensión general: cuando «dizen algunos» o «unos dizen» se podrá discutir un término, siendo siempre el uso el criterio último de aceptación o rechazo, trátese de arcaísmos o neologismos. Valdés conoce el arte, la gramática, pero no la confunde con la lengua. Toda intención normativa no es previa, sino posterior a la observación y descripción del hecho lingüístico. Estamos a gran distancia de Nebrija.

Con todo, no se explica aún la animadversión valdesiana hacia el maestro andaluz. Es más, Valdés no rechaza la gramática tanto como quiere aparentar, y cómo han creído L. Terracini y Banher. Ya hemos visto (página 68) la «conversión a la gramática» de Torres y cómo algunas *gramatiquerías*, despreciadas pero no tanto, llegan a ser del agrado de los dialogantes. Valdés, identificado con una función didáctica congenial a él, debía ver que el uso no bastaba y no suplantaba el arte. La misma división del diálogo que trata la materia en las ocho partes en que se ordena la reflexión sobre la lengua, y un apartado de los ocho dedicado concretamente a cuestiones gramaticales, dan fe de una disposición valdesiana a reglamentar, de una necesidad práctica de estructurar la materia. No hay normas previas, pero el gran conocimiento de las lenguas consideradas como principales (griega, latina y hebrea) constituye un punto de arranque, un término de comparación, o una base de gramática comparada, como se evidencia en la respuesta a una pregunta de Torres[74]:

T. ...¿cómo hará quien no sabe conocer quándo es verbo o quándo es preposición?

V. Si no sabe latín tendrá alguna dificultad, aunque no mucha, si tiene un poco de discreción; si sabe latín no terná ninguna, porque él mesmo se lo enseñará... y todavía es mi opinión que la iñorancia de la lengua latina, que los tiempos passados ha avido en España, ha sido muy principal causa para la negligencia que avemos tenido en el escrivir bien la lengua castellana.

_____

[74] Página 156 de esta edición.

Es importante notar en este pasaje —y creemos que hasta ahora no ha sido señalada— la posición inversa a Nebrija: para Valdés el conocimiento del latín es útil para un mejor aprendizaje del castellano, mientras Nebrija al componer su *Arte de gramática castellana* afirma que ha querido hacer cosa de provecho también «para aquellos que por la lengua castellana querrán venir al conocimiento de la latina» [75].

Para Valdés la lengua no materna (y véase la alusión jocosa a los «niños de teta» que aprenden sin esfuerzo) se debe aprehender desde varios ángulos: el del *uso*, es decir, el conocimiento exhaustivo de sus particularidades; el del *arte* o la organización propia del saber gramatical, y también el del gusto, discreción, *cuidado y miramiento* de los que hablan y escriben bien. Y no basta la práctica de la lengua, sino que es necesario el aprendizaje en lecturas recomendadas, en conexión con la literatura. La complejidad del hecho lingüístico, al repercutir en múltiples facetas de la vida social y cultural, es mucho mayor que en Nebrija. Así, por ejemplo, la expansión lingüística no sólo va pareja con el imperio, sino que implica (además de *armas*), *contrataciones y mercaderías* [76], en una concepción dinámica de intercambio y mezcla.

Por supuesto, la mayor parte del *Diálogo de la lengua* consiste en puntualizaciones sobre el uso. Pero el aspecto gramatical, nada descuidado, interviene muchas veces exactamente en función propedéutica, en analogía con la enseñanza del *Alfabeto cristiano:*

> ...l'altra [raccomandazione per Giulia] è che di questo dialogo si serva come si servono della grammatica i fanciulli che imparano la lingua latina, in maniera che lo pigli come uno alfabeto cristiano, nel quale si imparano i principi della perfezione cristiana, facendo istima che, imparati questi, ha da lasciare l'alfabeto e applicare l'animo suo a cose maggiori, più eccellenti e più divine [77].

---

[75] E. A. de Nebrija, *Gramática castellana,* cit., págs. 104-105.
[76] Páginas 133 y 137 de esta edición.
[77] *Alfabeto cristiano,* edición de Croce, cit., pág. 5.

Entendemos que este pasaje, citado por L. Terracini[78], no indica, como ella sugiere, desprecio o infravaloración de la gramática, sino su elemental utilidad. En toda la enseñanza de Valdés es básico el concepto de *lacte spirituale*, o sea, alimento que pueda llegar a todos incluyendo a los no formados, religiosamente «niños», mientras el alimento que necesita cierta capacidad de asimilación se reserva para los adultos, los perfectos. Así en la lengua: será necesario que un maestro ofrezca unas normas con las que el discípulo no tropiece, y tenga los rudimentos necesarios para estar en condiciones de asimilar el complejo mundo del uso.

Claro que el conocimiento de la gramática no es bastante —como en cambio se suponía en Nebrija— para adueñarse de la lengua, para el bien hablar y escribir. Porque ésta es la primera consecuencia: en Valdés, con la importancia concedida al *uso*, han caído las barreras entre lengua hablada y lengua escrita. Es la fórmula valdesiana *escrivo como hablo*, que suele citarse *tout court*, pero adquiere todo su sentido citándola en su contexto:

> *sin afetación ninguna* escrivo como hablo; *solamente tengo cuidado* de...

La primera parte, el rechazo de la *afetación*, tan reprobada en el *Cortesano*, enlaza la posición valdesiana con la de Castiglione. En este autor también lo escrito es una forma de hablar que permanece (el que escribe no debe usar palabras distintas a cuando habla, sino que debe usar las más escogidas), formulándose en la *Lettera dedicatoria* una afirmación del todo análoga al *escrivo como hablo* de Valdés:

> e dico aver scritto nella mia [lingua] e como io parlo, ed a coloro che parlano come parl'io[79].

[78] En *Lingua*, cit., pág. 36.
[79] B. Castiglione, *Il Cortegiano*, ed. de Cian, Florencia, Sansoni, 1947, Lettera Dedicatoria II, rr. 82-83.

La última parte de la fórmula valdesiana, la salvedad del *cuidado,* introduce un elemento también cercano a Castiglione («studio», «diligenza»), pero fuertemente acentuado en Valdés, como criterio en el fondo subjetivo con una componente principal de gusto. La lengua se entiende como comunicación entre iguales, pero estos iguales, aristocráticamente lejos de lo plebeyo y vulgar, se distinguen por el *juizio* mediante el cual operan la depuración y selección del lenguaje[80]. La distancia de Nebrija no consiste tanto en la negación del *arte* a favor del *uso,* sino en integrar los dos términos y en apelar a un nuevo sistema de valores —gusto, decoro, cuidado, claridad, mesura— que podemos considerar ya renacentista.

## 5. LENGUA Y LITERATURA

La toma de conciencia por parte de Nebrija de la *cumbre* en que se encuentra la lengua va pareja con la revalorización de la poesía tradicional[81] a la que se acude con frecuencia para la ejemplificación del *arte.* Lengua y literatura son así inseparables. Lo mismo ocurría en Italia: a pesar de las diferencias obvias, en Nebrija como en Bembo la literatura se utiliza para dar ejemplos concretos del bien escribir. Pero la valoración de la literatura es absoluta en Bembo, para quien la tradición de los autores italianos del *Trecento* es sagrada. Nebrija, por su parte, al utilizar como repertorio de ejemplos a los autores españoles del siglo XV —lo mismo representantes de la poesía culta como de la tradicional—, obviamente no los pone en tela de juicio y reconoce implícitamente su validez. Pero Valdés no seguirá por este camino y para

[80] Para el binomino *ingenio* y *juizio* en Valdés, véase R. Menéndez Pidal, «El lenguaje del siglo XVI», en *La lengua de C. Colón,* Buenos Aires, Austral, 1947, págs. 49-87.

[81] Para éste y otros puntos del presente apartado véase también L. Terracini, «Tradizione illustre e lingua letteraria, problema del Rinascimento spagnolo», en su libro *Lingua,* cit.

su ejemplificación acudirá con gran libertad a los refranes, en mayor medida que a formas literarias. ¿La actitud de Nebrija no supo imponerse como la de Bembo? El hecho es que entre la generación de Nebrija y la de Valdés no puede hablarse de continuidad en este sentido. Es verdad que los términos no se han disociado: en Valdés siguen unidos los conceptos de lengua y de literatura. Pero en lugar de potenciarse mutuamente como en Nebrija, en Valdés la unión de lengua y literatura plantea diversos problemas.

En primer lugar está el profundo conocimiento, la penetración en la cultura italiana a través de los contactos directos. Tengamos en cuenta que la presencia de Valdés en Italia (de modo análogo a la de los denominados por Fucilla «primera generación de petrarquistas españoles») le hace tomar conciencia de la gran vitalidad y florecimiento de una lengua y literatura *volgare* que, en contra de las teorías de Nebrija, no coinciden con ninguna *cumbre* en el sentido político. Como ha observado Bahner, la situación italiana de grandeza literaria y decadencia política desmentía la teoría nebrissense[82].

En segundo lugar, la adopción del petrarquismo en la poesía española con la introducción de las formas métricas italianas, proceso nada gradual y bastante llamativo en sus comienzos, había puesto en duda la hasta entonces indiscutida poesía española del siglo XV. De aquí un momento de desasosiego (el *disagio* de que habla L. Terracini) frente a la producción tradicional que, sin embargo, a partir de Valdés se intentará revalorizar. La posición valdesiana al respecto es muy delicada. En el *Diálogo de la lengua* no se habla de Garcilaso, mencionado una sola vez de modo anecdótico[83]; no se habla de las innovaciones métricas que supuso la corriente italianista; al contrario, se insiste en la gracia y el do-

---

[82] Véase W. Bahner, *Lingüística española del Siglo de Oro,* Madrid, Ciencia Nueva, 1966, págs. 42-43.

[83] Ya hemos observado que se le menciona como exponente de un gusto seguro (pág. 71, nota 56).

naire de coplas, villancicos, canciones y romances tradicionales. Sin embargo, este diálogo y la figura de su autor se encuentran, en igual medida que la poesía de Garcilaso, en la línea del Renacimiento español italianista, tanto que debería verse en la fórmula valdesiana sobre la poesía «de tal manera sea verso, que parezca prosa» —por supuesto, muy lejos del prosaísmo—, una declaración de adhesión encubierta, además de al *casto romance,* a la difícil facilidad de Petrarca y del petrarquista Garcilaso.

Valdés no rechaza la producción literaria del siglo XV español (el medioevo, en Valdés como en Nebrija, sigue siendo del todo ignorado), pero debe sentirla empobrecida frente a la nueva corriente italianista del siglo XVI. A estos escritores y poetas no puede considerarlos como *auctoritas,* pero tampoco los repudia totalmente. Estamos a medio camino entre la constatación de un Garcilaso («porque yo no sé qué desventura ha sido siempre la nuestra, que apenas ha nadie escripto en nuestra lengua, sino lo que se pudiera muy bien escusar...»)[84] y el reconocimiento pleno de una nobleza intrínseca a esta tradición que se dará en Herrera[85]. Así, muchas cosas son aceptables «con retoques». Es sintomático observar que Valdés modificaría con gusto de claridad de su tiempo lo que puede resultar puro juego verbal, mero artificio cancioneril. El villancico

> Pues que os vi, merecí veros
> que si, señora, nôs viera,
> nunca veros mereciera.

debe ser modificado, según Valdés, cambiando el tiempo verbal del primer verso («Porque os vi *merezco* veros»)

---

[84] Carta a Jerónima Palova, en *Obras,* Clásicos Castellanos, 3, página 255.

[85] L. Terracini, en *Tradizione,* cit., pág. 126: «A rischio di un eccessivo schematismo, Nebrija, Valdés, Herrera, rappresentano il passaggio dall'avventata presunzione, all'affermazione delle capacità della propria lingua... al riconoscimento infine di una nobiltà della propria tradizione.»

para que la sentencia esté *clara y amorosa*[86]. Valdés no critica la galantería del villancico, sino que plantea una cuestión de claridad. La transparencia y exactitud que faltan a veces en la expresión poética se encontrarán en los refranes, «nacidos entre el vulgo», pero susceptibles de ser ennoblecidos en cuanto los asuma aristocráticamente el hombre de letras, la comunidad del bien hablar y escribir.

Esta innovación de proponer el refranero (depositario de la sabiduría y sentido común tradicionales) como modelo de lengua, asumida coherente y responsablemente por parte de Valdés, tenía sin embargo sus precedentes, sea en el ámbito español con la recopilación atribuida al marqués de Santillana —y parece que Valdés quiera aludir a ésta con las palabras «nacidos y criados entre viejas, tras del fuego hilando sus ruecas»[87]— sea, en mayor medida, en los *Adagia* de Erasmo conocidos en toda Europa. Esta preferencia por los refranes en el siglo XVI debería estudiarse teniendo en cuenta también la contemporánea moda literaria de los emblemas (la primera publicación de los *Emblemata* de Alciato en latín es de 1531); las dos corrientes, a su vez, confluyen en la dirección prevalentemente educativa de una gran parcela de la literatura renacentista.

En cuanto a Valdés, los refranes le autorizan a preferir determinados términos lexicales ya casi rechazados por el uso. En muchos casos el tiempo dará la razón al refrán:

> Mejor vocablo es *ninguno* que *nadie,* aunque a *nadie* le da reputación aquel galanísimo dicho «Quien a sí vence, a nadie teme»[88].

En la delicada operación de internacionalizar su lengua, «acomodando las palabras castellanas con las ita-

86 Página 243 de esta edición.
87 Página 127 de esta edición.
88 Página 204 de esta edición.

lianas», es decir, escogiendo entre dos términos los homófonos con el italiano (*salario* y no *acostamiento, enfermo* y no *doliente, fenestra* y no *ventana, conviene* y no *cumple, comprar* y no *mercar,* etc.), serán también los refranes los que le autoricen a esta libertad de elección.

Ahora bien, la importancia adquirida por los refranes en la ejemplificación va pareja con el debilitamiento de la fuerza ejemplar de la literatura. Ya el concepto de literatura ha cambiado. El aspecto poético-métrico era preponderante en Nebrija, mientras que en Valdés lo que se elabora es un modelo de prosa, no de poesía. Las inclinaciones de Valdés, se ha dicho ya, no eran especialmente poéticas. «...no se descubren en él cualidades poéticas marcadas» (Montesinos). Pero no cabe reprochárselo; Valdés, como muchos escritores y críticos de nuestro tiempo, no se siente poeta, pero es un gran lector de poesía. En la reseña literaria del último apartado del diálogo aparecen los nombres más destacados de la poesía del siglo XV, citándose entre los mejores las *Coplas a la muerte de su padre* de Jorge Manrique, coincidiendo el gusto valdesiano con el de un lector moderno. Su actitud es avanzada: el «leer en metro» se reserva para los que tengan ya un dominio total de la lengua, no es aconsejable didácticamente a los que son «aprendizes», o sea, a los destinatarios de la obra valdesiana. El lenguaje poético, sometido a varios artificios y a la servidumbre de la rima (pág. 243), no puede servir como modelo de lengua de cultura en la que debe procurarse evitar la innaturalidad y la afectación.

No renunciando al concepto de lengua literaria, elaborado por el siglo XVI italiano, Valdés oscila entre el formalismo imitativo de Bembo y las soluciones eclécticas de Castiglione. El primero le convence tratándose de la literatura italiana, pero es inaplicable al español. Al principio del diálogo, muy cerca de la mención de Bembo, el interlocutor Torres propone a Valdés un modelo de estilo: los libros de *Amadís,* ya muy conocidos en Italia y que inspirarán el *Amadigi* de B. Tasso. El juicio valdesiano sobre esta novela no resulta del todo negativo desde el punto de vista literario, sobresaliendo *Amadís* en la selva de libros de caballería que el autor confiesa haber leído en su juventud. Con todo, no vale como modelo de lengua, ni en sus libertades sintácticas, ni en sus arcaísmos léxicos. La lengua literaria no puede proponerse tan sólo la imitación de un modelo todavía por venir, sino más bien la adecuación a determinados criterios renacentistas que son los especificados en el *Cortegiano*.

Si tuviéramos que resumir en una sola fórmula los ideales clasicistas elaborados por Valdés respecto a la lengua —y el diálogo ha sido definido «clásico» por L. Terracini—, deberíamos centrarnos en la *medietas* entre exigencias distintas:

*a*)  Entre tradición española de brevedad («todo el bien hablar castellano consiste en que digáis lo que queréis con las menos palabras que pudiéredes») y ornato retórico que supone el *encarecimiento*. A este último corresponden los equilibrados binomios de la prosa valdesiana: *cuidado y miramiento, plebeyo y vulgar, cortés y bien criado, chistes y donaires, razonable y honesta*, etcétera. Este mismo criterio estilístico lo encontramos en su obra de traductor bíblico, como podemos ver en una observación valdesiana del «Comentario» *A los Romanos*, capítulo V: «En sentencia es lo mesmo que ha dicho, pero usando de otros términos, i de otros vocablos, encareze más lo que quiere dezir.»

*b*)  Entre naturalidad y llaneza («buena y clara sentencia», «más llano y más castellano») por una parte, y por otra *primores* que Valdés guarda escrupulosamente, como la diferencia entre el vocativo «señora mía» y «mi señora» (pág. 153).

*c*)  Entre arcaísmos que desecha con cautela (¡muchos están en los refranes!) y neologismos que admite con gran libertad, en consonancia con la actitud de Castiglione.

*d*)  Entre prosa densa y significativa de «cosas» (influencia de Erasmo) y formalismo de tipo italiano (la elegancia del bien decir, como Petrarca y Boccaccio que

«no solamente se preciaron de escrivir buenas cosas, pero procuraron escrivirlas con estilo muy propio y muy
elegante» (pág. 123).

*e)* Entre *ingenio* (invención) y *juizio* (selección de lo
inventado) con inclinación hacia el segundo término,
preferido declaradamente[89].

*f)* Entre relativa aceptación de la precedente tradición literaria y actitud crítica que la juzga con los presupuestos de la época.

Este último punto es el más tratado en el diálogo y
constituye la última sección, dedicada a crítica de libros
y autores[90]. Se trata del precedente más inmediato al
escrutinio de la biblioteca de don Quijote. La crítica se
realiza en presencia de los interlocutores italianos y obviamente desde la perspectiva de la lengua: «...resta que
nos digáis qué libros castellanos os parece podemos leer
para hazer buen estilo, y también de quáles tenéis por
bien que nos guardemos», dice Coriolano. Según estos
presupuestos debería faltar la poesía, pero no falta «porque digamos de todo»; en presencia de los italianos le interesa afirmar la existencia de una notable tradición poética en castellano. Los nombres de poetas son muchos y
conocidos; algunas valoraciones, sin embargo, revelan
un nuevo gusto. De Mena se aprecian las coplas amorosas y no el ambicioso poema *Las trescientas,* en el que se
le reprocha al poeta la mezcla de vocablos *grosseros* con
cultos y forzados latinismos, violenta mezcla por la cual
el lenguaje poético, oscuro y difícil, se divorcia completa-
mente de la lengua hablada. Es la inversión que Valdés
reprocha a cierta poesía, el no adecuar las palabras a las
cosas, sino las cosas a las palabras: «...y assí no dizen lo
que querrían, sino lo que quieren los vocablos que
tienen».

[89] Véase pág. 83, nota 80.
[90] Recordemos que algunos consejos de lecturas están ya en el primer
diálogo valdesiano, el *De Doctrina Christiana;* obviamente se trataba
de lecturas piadosas.

En la literatura en prosa distingue Valdés las obras traducidas de otras lenguas y las escritas en español; las consideraciones sobre las primeras son sin duda las más interesantes. Valdés, que prefería que se conocieran las obras en su versión original, era él mismo traductor y no ignoraba el enriquecimiento espiritual o cultural que las traducciones aportaban, dando a conocer a autores que de otra forma quedarían ignorados; consideraciones de este tipo se encuentran también en Erasmo en su correspondencia con Alonso Fernández, traductor castellano de su *Enquiridión*.

Algunas de las traducciones que en el *Diálogo de la lengua* afirma no haber leído las ha aconsejado como libros devotos en su *De Doctrina Christiana* [91]; por tanto, su afirmación de «no haber leído» debe interpretarse quizá como escasa apreciación de estas obras en el momento en que escribe el diálogo. Una de estas traducciones que Valdés «no ha leído» es la del *Cortesano* realizada por Boscán: en este caso quizá haya dicho la verdad, ya que es posible que al conocer bien la obra original (publicada en 1528) se desinteresara de la magnífica traducción. Boehmer supone que tomó visión de la obra manuscrita, todavía inédita; pero no se trata más que de una conjetura. Nos parece significativo que Valdés rechace las traducciones del italiano: las que claramente alaba son el *Boecio de consolación* y el *Enquiridión,* ambas del latín. Alaba las traducciones de obras de una lengua clásica que, de no realizarse, habrían quedado para un círculo muy restringido de humanistas, lo cual no respondía a la finalidad de las dos obras, libros ambos de gran edificación moral. Asimismo, los ejemplos de versión literal o libre, como descartable o válida, son tomados de *Adelphi* y *Andria* de Terencio, es decir, pertenecen también al patrimonio de las letras latinas. No parece aventurado concluir que son de este tipo las traducciones justificadas para Valdés; se trata o de dar a cono-

---

91 Se trata de: *Epístolas, Evangelios y sermones del año; Cartuxanos; San Gerónimo* (se citan las *Epístolas* y no las *Vidas de los padres*).

cer a los clásicos o de comunicar una doctrina de salvación a los que no saben latín. Las traducciones también están en función del ideal erasmiano de letras y santidad.

En cuanto a las obras escritas en castellano, a pesar de no perderse de vista la finalidad didáctica de que enseñen a «hazer buen estilo», a través del orden de enumeración y de observaciones extralingüísticas apunta un embrional esbozo de historia crítica, realizada a partir de un gusto renacentista por la naturalidad y el decoro, de la tendencia a la anécdota sabrosa, y de la exigencia formal de claridad. Hay en las preferencias valdesianas razones de coherencia, verosimilitud y moralismo que son también propias de la visión erasmista de la literatura. Así, se divide la crítica en pecados de estilo (*ingenio, forma*) y pecados «en las cosas» (*juizio, verosimilitud*), aspectos que no van necesariamente unidos, pero que pueden adscribirse a un criterio general de decoro, como por ejemplo en la *Celestina,* en que las críticas formales («el amontonar de vocablos algunas vezes tan fuera de propósito como *Magnificat a maitines...*») son comparables a la de las «cosas»: los personajes de la alcahueta y los siervos, perfectos en su lenguaje, guardan el *decoro,* mientras no lo guarda Melibea, dejándose tan pronto vencer «no sólo a amar, pero a gozar del deshonesto fruto del amor». En cambio, en la *Valeriana* de Mosén Diego de Valera nada hay que objetar en cuanto al estilo, pero en las «cosas» falta credibilidad y verosimilitud y, lo que es peor, para Valdés se trata de una actitud deshonesta en el fondo («falta de juizio»), ya que el autor no se ha preocupado de cribar los datos que se le ofrecían:

> ...pues es assí que la prudencia del que scrive consiste en saber aprovecharse de lo que ha leído, de tal manera que tome lo que es de tomar y dexe lo que es de dexar; y el que no haze esto muestra que tiene poco juizio y, en mi opinión tanto, pierde todo el crédito[92].

---

[92] Página 254 de esta edición.

La ojeada que ha echado Valdés a la prosa castellana abarca un lapso de tiempo relativamente breve: ante todo la tradición narrativa caballeresca, con los primeros grandes logros y degeneración posterior; después, como correspondía a su formación, un breve *excursus* historiográfico; en último lugar, con tres grandes obras *(Celestina, Cuestión de amor, Cárcel de amor)* llega a tocar el campo propio de una producción más marcadamente humanística, bastante difundida en Italia. Pero al tiempo que se reconoce esta producción, se la descubre no válida para la «natural propiedad y puridad de la lengua», no son más que *librillos:*

> ...pero todos essos librillos, como están escritos sin el cuidado y miramiento necessario, tienen algunas faltas por donde no se pueden alabar como alabaréis entre los griegos... y en latín...[93].

La confrontación con el latín y el griego había sido también tópica en la literatura italiana, y de ésta el italiano había salido airoso en el siglo XVI. La confrontación del español con las lenguas clásicas, que no había preocupado hasta entonces, se impone ahora siguiendo el ejemplo italiano, y resulta desmoralizadora: en cuanto a autores es vana pretensión competir. La lengua castellana competirá con el latín en cuanto a propiedades intrínsecas, a la par que recibirá del mismo latín una patente de nobleza de origen; pero los autores dignos de estar a la altura de la lengua están por venir. En palabras de L. Terracini «Italia, con el planteamiento de sus *questione della lingua,* ha provocado en España el surgir de una especie de *questione della letteratura*».

---

93   Página 255 de esta edición.

# III

# Problemas del texto

## 1. EL AUTOR DEL «DIÁLOGO DE LA LENGUA»

A Valdés, como es lógico, no se le conoció en su tiempo más que por su actividad de reformador religioso. Si en algún caso se comenta que fue *fornito di vaga erudizione di lingua*[1], esto no pasa de ser una mera curiosidad, un detalle aislado. La singularidad de que el *Diálogo de la lengua* sea obra profana y aparentemente alejada de los polémicos motivos religioso-políticos del erasmismo español, que no posea en sí un «mensaje» como este tipo de literatura, la ha hecho ver durante mucho tiempo desvinculada del nombre de su legítimo autor.

En la época de Valdés la obra nunca fue dada a la imprenta, aunque la publicación seguramente estaba en las intenciones del autor: al final del diálogo, cuando se descubre la estratagema del escribano que ha ido anotando el coloquio de los cuatro, Marcio dice «pienso darlo a todos los que lo querrán, y aun, si me pareciere, lo haré imprimir»[2]. Ya muerto Valdés, a la hora de publicar en Venecia alguna obra suya, a sus seguidores les interesó más el *Alfabeto cristiano* (1545); la imagen del filólogo era secundaria para los valdesianos.

El *Diálogo de la lengua* quedó entonces manuscrito, y quedará prácticamente olvidado durante dos siglos. La

---

[1] Véase pág. 38.
[2] Página 262 de esta edición.

primera edición es de 1737, cuando aparece como obra anónima, en los *Orígenes* de Mayans[3]. Pueden haber contribuido a este arrinconamiento de la obra, y a su difusión limitada y clandestina, las anécdotas anticlericales de las que está salpicado vivazmente el coloquio, como «...vedme aquí más obediente que un fraile descalço quando es conbidado para algún vanquete»[4], expresión que se encuentra cambiada en «como un cordero manso» en los manuscritos de Londres y del Escorial. Es increíble que estos chistes pudieran representar durante siglos los lugares conflictivos del diálogo, pero pensemos que se han llegado a suprimir hasta en una edición moderna[5]. La sombra de la Inquisición se cernió sobre Valdés hasta ese punto. El, que era partidario de modificar y corregir las obras ajenas, pudo no ver con desagrado que la suya fuese retocada, no necesariamente por sus enemigos, sino por todos cuantos quisieran de tal manera darle una apariencia más ortodoxa.

En el siglo XVII Uztarroz, en su obra *Progressos de la historia en el reyno de Aragón y elogios de Gerónimo Zurita su primer coronista* (Salamanca, 1680)[6], menciona un *Diálogo de las lenguas: es una obra muy curiosa, y digna de la estampa...* indicándonos que era una curiosidad conocida por pocos. Como hemos dicho, se editó en 1737, con el título también *de las lenguas*[7], como *de incierto autor,* por el erudito Mayans, quien no duda que el manuscrito del que sacó la edición fue el mismo que había pertenecido a Zurita. No se menciona para nada a Valdés, lejos de pensar que pueda ser suya esta obra, la cual se incorpora, por tanto, a la historia literaria española como de autor anónimo.

---

[3] *Orígenes de la lengua española, compuestos por varios autores, recogidos por Don Gregorio Mayans i Siscar, bibliothecario del rei nuestro señor,* Madrid, Juan de Zúñiga, 1737.

[4] Página 131 de esta edición.

[5] J. H. Perry, *Diálogo de las lenguas by Juan de Valdés,* ed. Janet H. Perry M. A., University of London Press King's College, 1927.

[6] Tomo III, cap. IV.

[7] El plural *lenguas* figura en los manuscritos de Londres y del Escorial.

El nombre de Juan de Valdés como autor de este diálogo aparece por primera vez en estudiosos no católicos, primero el cuáquero Luis de Usoz y Río que ofrece en 1860 una edición con el título exacto *Diálogo de la lengua,* y en el subtítulo: *reimpreso conforme al manuscrito de la Biblioteca Nazional, único que el Editor conoze. Por apéndize va una carta de A. Valdés.* Usoz da una noticia clara sobre las actividades de Juan en Nápoles[8] y por primera vez investiga las condiciones ambientales y las circunstancias en que surgió el diálogo, considerando unidos en la figura de Valdés los dos aspectos del reformador y del filólogo.

Unos años más tarde es también un protestante, gran estudioso de textos heterodoxos españoles, E. Boehmer, quien publica el *Diálogo de la lengua* atribuyéndolo a Juan, autor del que llega a conocer y a editar también gran parte de la producción religiosa. En 1895, en la revista *Romanische Studien,* publica una edición muy cuidada y realizada con gran rigor científico.

Casi contemporáneamente a los estudios de Boehmer, la *Historia de los heterodoxos españoles* de Menéndez y Pelayo trazaba una semblanza de nuestro autor desde la perspectiva del catolicismo más intransigente. Los juicios sobre nuestro heterodoxo conquense nos parecen francamente parciales, cuando no injustos. Casi como contrapeso a la intolerancia hacia el hombre Valdés, don Marcelino no escatima alabanzas —a veces exageradas— al estilo del *Diálogo de la lengua* que le atribuye. Si de parte protestante había venido el descubrimiento del valor literario del Valdés escritor, diríamos que la parte católica no quiso quedar atrás en reconocer ecuánimemente sus méritos.

Antes de la edición boehmeriana y de la semblanza delineada por Menéndez y Pelayo, el historiador F. Caballero, en el tomo IV de sus *Conquenses ilustres* (1875), brindaba la primera biografía de los hermanos Valdés,

---

[8] Véase mi edición italiana del *Diálogo de la lengua,* cit., página LXXXII.

atribuyendo también a Juan el diálogo de *Mercurio y Carón* (de Alfonso, como descubriría después M. Bataillon). Parecía así más verosímil que el *Diálogo de la lengua* no resultara una parcela aislada de literatura profana en la vasta producción religiosa. Era ésta seguramente una pieza que no parecía encajar del todo en el conjunto; de este modo Caballero restablecía la proporción.

Otra solución habría sido la de que Valdés sólo hubiese escrito literatura religiosa. Para formular esta posibilidad bastaba con encontrar otro autor para el *Diálogo de la lengua*. De esto se encargó el erudito agustino padre Miguélez, el cual pretendió probar que Juan López de Velasco, secretario de Felipe II y uno de los compiladores del manuscrito del diálogo que se encuentra en la biblioteca del Escorial, era nada menos que el mismo autor del *Diálogo de la lengua* [9]. Los argumentos del padre Miguélez fueron refutados eficazmente por Cotarelo [10] y más tarde por J. H. Perry, que resume en un capítulo de su edición la cuestión del autor, muy actual en sus tiempos.

La tesis del padre Miguélez, aunque no convenció del todo, dejó otra vez en duda la paternidad de la obra. Azorín, por ejemplo, creyó a pies juntillas al padre:

> Modelo nos parece la obra del erudito agustino de trabajos ingeniosos y amenos... el *Diálogo de la lengua* no es de Valdés; las pruebas alegadas por el erudito agustino son decisivas; la simple lectura de unas páginas del *Diálogo* y otras de Valdés lo dice también... Quien ha

---

[9] M. Minguélez. O. S. A., «Sobre el verdadero autor del *Diálogo de las lenguas*», en *La ciudad de Dios*, CXII, Madrid, 1918.

[10] E. Cotarelo y Mori, «Una opinión nueva acerca del autor del *Diálogo de la lengua*», en *Boletín de la Real Academia Española*, V, 1918, 121-151; «Cuestión literaria: ¿Quién fue el autor del *Diálogo de la lengua*?», *ibídem*, VI, 1919, págs. 473-524, 671-699 *(continuación)*; *ibídem*, VII, 1920, 10-47 *(continuación)*, y la respuesta del padre Miguélez, «Sobre el verdadero autor del *Diálogo de las lenguas*, Contestación al académico Sr. Cotarelo», en *La ciudad de Dios*, CXIII, 1919.

escrito estas páginas [las del *Diálogo*] era, en efecto, excelente político y hombre de mundo[11].

La cuestión era, naturalmente, que el Valdés reformador heterodoxo no podía ser a la vez *excelente político* ni tampoco *hombre de mundo*. Azorín —que desde luego podía permitírselo— se fio sin más de su olfato de lector. Quizá si hubiera podido leer las finas páginas de Bataillon sobre el nicodemismo de Valdés, o hubiera cotejado con paciencia cuantas expresiones, giros, núcleos sintagmáticos tiene el diálogo en común con algunas de las obras religiosas —sobre todo con las que también se estructuran en diálogo—, puede que no hubiera opinado así; pero prefería las impresiones de lectura.

En 1928 F. de B. San Román publicó el testamento del humanista Alvar Gómez de Castro a la biblioteca de la Catedral de Toledo, una de cuyas disposiciones reza

> Ansí mesmo la Gramática de Romance de Antonio de Nebrija quiero que se enquaderñe con el diálogo de valdés de la lengua española, q̃ tengo escrito de mano, y que se ponga en la librería de la dicha sta yglesia, lo qual ella mandará enquadernar en tablas, pues es libro raro para guardarse allí, y si en esto oviere olvido, mando q̃ a mi costa se enquaderne y se ponga en dicho lugar[12].

La cierta identificación del manuscrito con el existente en la Biblioteca Nacional de Madrid, y el hecho de que su propietario lo llame abiertamente *de valdés* vino a disipar toda incertidumbre sobre la cuestión del autor, restituyéndose a Juan de Valdés la legítima paternidad de la obra.

Añadamos, por curiosidad, que no se llegó a cumplir la cláusula de la encuadernación junto con la gramática

---

[11] Azorín, *De Granada a Castelar,* cit., págs. 302-303.
[12] F. de B. San Román, «El testamento del humanista Alvar Gómez de Castro», en *Boletín de la Real Academia Española*, XV, 1928, páginas 543-66.

de Nebrija. Esta última figura en un catálogo de la biblioteca de la Catedral de 1591, en el que ya no aparece el diálogo valdesiano. Valdés sin duda hubiera preferido las cosas como fueron: su obra manuscrita se descubrió y publicó en el siglo de las luces y será conocida como distinta y en cierto sentido opuesta al *Arte* del filólogo andaluz.

## 2. LA TRADICIÓN MANUSCRITA

Los únicos autógrafos valdesianos que se conservan son las cartas al cardenal Gonzaga, descubiertas en el Archivo de Mantua en 1928. Con ser éstas un documento importante también desde el punto de vista ortográfico —ya que nos permiten averiguar hasta qué punto Valdés observaba sus propias normas—, echamos de menos, como siempre a la hora de publicar una obra inédita en su tiempo, la existencia de un manuscrito autógrafo del diálogo. Éste debió existir, ya que a pesar de la ficción literaria del escribano que registra un coloquio realmente ocurrido, creemos firmemente que el mismo Valdés redactó la obra, que tiene su estilo inconfundible.

Pero a este diálogo le cupo la misma suerte que a las restantes obras valdesianas: transmisión clandestina a través de copistas que estaban vinculados a círculos culturales restringidos y en contacto con la Reforma. La transmisión manuscrita, como es sabido, se expone a toda clase de errores de copia e incluso a interpolaciones de otras manos que requieren un estudio particular para establecer un texto que sea lo más cercano posible al supuesto autógrafo, labor propia de especialistas. He realizado personalmente este trabajo en mi edición crítica del *Diálogo de la lengua* y, por tanto, aquí será suficiente con unas indicaciones generales.

El texto nos ha llegado a través de tres manuscritos que se encuentran en Londres, Madrid y El Escorial (podemos llamarlos con las iniciales *L, M, E*). Los tres son poco posteriores a la muerte de Valdés, de la segunda mitad del siglo XVI.

En general suele creerse que el manuscrito londinense fue el utilizado por Mayans en su primera edición; personalmente tengo grandes dudas al respecto, después de realizar un cotejo minucioso de *L* con el texto mayansiano. Hay lecciones de la edición que no se explican con el conocimiento de *L* como única fuente, ni por simples conjeturas del insigne erudito. Es posible que el que Mayans tuvo en sus manos fuera un texto muy semejante a *L,* acaso otro manuscrito que estuvo algún tiempo en la Biblioteca Nacional, perdiéndose luego [13]. Después de esta edición de Mayans todas las ediciones posteriores, menos una, se basan en el manuscrito de Madrid. Es éste, sin lugar a dudas, el más correcto y fidedigno, aunque presenta varios problemas. Se compiló por tres amanuenses en dos distintos momentos y según dos distintas fuentes; tiene numerosas intervenciones de otras manos.

Estas últimas son de tres tipos. Algunas son censuras que consisten en la supresión y sustitución de las anécdotas anticlericales (el texto así censurado pasó a los manuscritos *E, L*); en uno de estos casos desgraciadamente un censor irrespetuoso arrancó dos hojas, originando una laguna de cierta extensión en el texto. Se trata de la anécdota (o anécdotas) relativa al conde de Ureña [14]. De manos distintas de los censores son algunas glosas y comentarios al margen, de cierto interés. Por último, deben distinguirse de glosas y censuras, por su importancia, las manos que aportan verdaderas correcciones al texto en base a otro texto más moderno y mejor. Entre estas «buenas» correcciones tenemos la sustitución del nombre del personaje *Pacheco* por el de *Torres,* y las res-

---

[13] G. Ticknor, *Historia de la literatura española,* traducción de P. de Gayangos y E. de Vedia, Madrid, 1851-56 (3.ª ed., Boston, 1864), tomo II, pág. 512, se habla de «El ejemplar de Londres, más antiguo que los dos que se conservan en nuestra Biblioteca Nacional...». Estamos en 1851; en 1860 Usoz buscó en la Biblioteca Nacional y sólo encontró un manuscrito, el que nosotros conocemos.

[14] Véase *Sales españolas,* cit., pág. 103.

pectivas iniciales P→T digna de considerarse al mismo nivel, por lo cual creímos bien adoptar por primera vez la lección *Torres,* creyendo que pueda expresar la voluntad del autor.

Textos muy inferiores al manuscrito de Madrid y derivados seguramente de una fuente común son el manuscrito londinense y el del Escorial. Este último se intentó revalorizar sólo por parte del padre Miguélez; en realidad, está cuajado de errores, siendo sin duda el peor de los testimonios conservados. El de Londres ha sido editado íntegramente por J. H. Perry, quien en ningún momento acude al manuscrito madrileño, conservando incluso las supresiones y sustituciones de los chistes anticlericales.

Al realizar el análisis minucioso de cada manuscrito deduciendo la posible relación entre ellos *(stemma)* a través del estudio de los errores, tuve que descartar los manuscritos *E* y *L* y valorar debidamente *M*. En él no todas las manos que intervinieron sobre la primera redacción de los copistas pueden considerarse al mismo nivel; al corregir, lo mismo puede desvirtuarse el texto (como hacen los censores) como también puede que se sigan indicaciones del mismo autor —esta posibilidad en nuestro caso no puede descartarse, ya que se ha demostrado, por las filigranas del papel, que el manuscrito es de proveniencia italiana y se cree que haya pertenecido algún tiempo al círculo intelectual de los Vergara— o, por lo menos, una fuente más próxima al autógrafo.

Tras este estudio que ocupa la introducción a mi edición valdesiana de 1967 era necesario volver a fundamentar el texto en el manuscrito de Madrid, siguiendo el ejemplo de Usoz, Boehmer y Lapesa.

# Esta edición

Con respecto a mi precedente edición italiana del *Diálogo de la lengua* —ya poco asequible, como hemos dicho—, ésta no quiere mejorarla, ya que reproduce sustancialmente el mismo texto fijado en 1967. Obviamente se tiene en cuenta la *Correzione degli errori* de 1972, y se corrigen además otras erratas de imprenta que en esa ocasión no vimos. Lo que se pretende aquí es ofrecer un texto atendible sin que el lector deba seguir paso a paso al estudioso en la paciente y a veces ingrata tarea de establecerlo. No tratándose aquí de una edición crítica en el sentido estricto del término, se ha suprimido el aparato de variantes a pie de página, señalándose las de mayor importancia sólo en contadas ocasiones. Se suprimen asimismo las indicaciones de la correspondencia con los folios del manuscrito. Respecto a las notas, también han sufrido una reducción, no tanto en el número, cuanto en las referencias de interés puramente erudito, a favor de una lectura más ágil.

En cuanto a la introducción al texto, no sobrará aclarar que he querido hacer algo totalmente diferente. Si hay una cosa en común a las dos introducciones es sólo el entusiasmo con que he trabajado en el tema de Valdés. En mi libro del 67, como le correspondía a una tesis doctoral, creo que realicé, guiada por un gran maestro, y con un método riguroso, un trabajo en muchos aspectos impecable, en el que no faltan, a mi parecer, ingenuidad y pedantería. En esta ocasión he emprendido la labor sin más directrices que las que yo me pudiera proponer[1] y sin adherirme de lleno a ningún método, por escepticismo, tendiendo a un estudio literario más que filológico. Me he acercado libremente a la vida y a la obra de Valdés creyendo tener, con unos años más, un mayor conocimiento de las relaciones literarias hispanoitalianas de la época.

---

[1] Indicaciones bibliográficas particularmente preciosas debo a la cortesía y amabilidad de Paola Stocco y del profesor Antonio Prieto.

# Bibliografía selecta*

## a) Ediciones del *Diálogo de la lengua*

MAYANS. *Diálogo de las lenguas*, en *Orígenes de la lengua española, compuestos por varios autores, recogidos por Don Gregorio Mayans i Siscar, bibliothecario del rei nuestro señor*, Madrid, Juan de Zúñiga, 1737.
— *Orígenes de la lengua española... y reimpresos... con un prólogo de D. J. E. Hartzenbusch... y Notas... por D. Eduardo de Mier*, Madrid, Suárez, 1873.
USOZ. *Diálogo de la lengua (tenido azia el A. 1533), publicado por primera vez el año de 1737. Ahora reimpreso conforme al manuscrito de la Biblioteca Nazional, único que el Editor conoze. Por apéndize va una carta de A. Valdés*, Madrid, Imprenta de J. Martín Alegría, 1860.
BOEHMER. Juan de Valdés, *Diálogo de la lengua* und Refranes, al cuidado de E. Boehmer, en *Romanische Studien*, VI, 1895, Heft XXII, 339-420.
— Juan de Valdés, *Diálogo de la lengua*, publicado por J. Moreno Villa, Madrid, Calleja, 1919 (reimpresión de la edición de Boehmer).

---

* Indicamos, en primer lugar, las ediciones existentes del *Diálogo de la lengua*. De las otras obras de Valdés registramos, salvo excepciones, una edición antigua y una moderna, si existe; omitimos las numerosas traducciones, sobre todo al inglés (que atestiguan la difusión europea del autor), aconsejando consultar la copiosa bibliografía y la obra de Nieto, cit. La restante bibliografía comprendida en el apartado *c)* no pretende ser exhaustiva, sino indicar las fuentes críticas y filológicas de la presente edición.

MONTESINOS. Juan de Valdés, *Diálogo de la lengua,* edición y notas de J. F. Montesinos, Madrid, Espasa-Calpe, Clásicos Castellanos, 86, 1926. (Reimpresiones: 1928, 1946, 1953; de esta última citamos.)

PERRY. *Diálogo de las lenguas by Juan de Valdés,* Edited with Introduction and Appendices by Janet H. Perry, M. A., University of London Press, King's College, 1927.

CORSO. Juan de Valdés, *Diálogo de la lengua,* prólogo y notas de F. F. Corso, Buenos Aires, Perlado, 1940.

LAPESA. Juan de Valdés, *Diálogo de la lengua,* selección, estudio y notas por R. Lapesa, Zaragoza, Clásicos Ebro, 1954.

TERRACINI. Juan de Valdés, *Diálogo de la lengua,* introduzione e commento di Lore Terracini, Collezione di testi e manuali per l'Istituto di Filologia Romanza dell'Università di Roma, Módena, Società tipografica modenese, 1957.

BARBOLANI. Juan de Valdés, *Diálogo de la lengua,* edizione critica a cura di Cristina Barbolani de García, Mesina-Florencia, Editrice G. D'Anna, 1967.

LOPE BLANCH. Juan de Valdés, *Diálogo de la lengua,* edición de Juan M. Lope Blanch, Madrid, Clásicos Castalia, 1969.


## b) Obras de Juan de Valdés

*Doctrina Christiana.* Diálogo de Doctrina Christiana, nuevamente compuesto por un Religioso, Dirigido al muy ilustre señor Don Diego López Pacheco, Marqués de Villena, Alcalá de Henares, Miguel de Eguía, 1529.

— Juan de Valdés, *Diálogo de Doctrina Christiana (Reproduction en fac-similé de l'exemplaire de la Bibliothèque Nationale de Lisbonne* [edition d'Alcalá de Henares, 1529], avec une introduction et des notes par Marcel Bataillon), Coimbra, Imprenta da Universidade, 1925. (La introducción en traducción española salió con el título «Juan de Valdés», en *Luminar,* VII, 1945, págs. 1-60.)

*Doctrina Christiana y Salterio.* Juan de Valdés, *Diálogo de Doctrina Christiana y el Salterio traducido del hebreo en romance castellano,* transcripción, introducción y notas de Domingo Ricart, México, Universidad Nacional Autónoma de México, 1964.

*Alfabeto cristiano.* Alphabeto Christiano, che insegna la uera uia d'acquistare il lume dello Spirito Santo (Segue, del medesimo autore): *In che maniera il christiano ha da studiare nel suo proprio libro, et che frutto ha da trahere dallo studio, et come la santa scrittura gli serve come interprete, o commentario,* per Nicolò Boscarini, ad istantia di Marco Antonio Magno, Vinegia, 1545.

— Juan de Valdés, *Alfabeto Cristiano, Dialogo di J. de V. con Giulia Gonzaga,* Introduzione, note e appendici di B. Croce, Bari, Laterza, 1938. (El apéndice II, págs. 153-172, contiene las *Lettere inedite di Juan de Valdés al Segretario di Stato Cobos* sobre Giula Gonzaga y la administración española de Nápoles [1539-1540].)

*Comentario a los Salmos. Comentario a los Salmos, escrito por Juan de Valdés en el siglo XVI, y ahora impreso por primera vez,* edición de Manuel Carrasco, Madrid, Librería Nacional y Extranjera, 1885.

*Considerazioni. Le cento e dieci diuine considerationi del S. Giovañi Valdesso: nelle quali si ragiona delle cose più utili, più necessarie, e più perfette della Christiana professione,* con lettera introduttiva di Celio Secondo Curione, Basilea, MDL.

— *Le centro e dieci divine considerazioni di Giovanni Valdesso,* reimpresión de la edición de Basilea por E. Boehmer, Halle en Sajonia, 1860, seguido de *Cenni biografici sui fratelli Giovanni e Alfonso di Valdesso.*

— *Ziento y diez consideraziones de Juan de Valdés, primera vez publicadas en castellano el a. 1855 por Luis de Usoz i Río, ahora correjidas nuevamente con mayor cuidado,* en Reformistas Antiguos Españoles, XVII, Londres, Spottiswoode, 1863. (Es una traducción al español de Usoz.)

— Juan de Valdés, *Le Cento e dieci divine considerazioni* a cura di E. Cione, Milán, Bocca, 1944.

*Trattatelli. Sul principio della dottrina cristina. Cinque trattatelli evangelici di Giovanni Valdesso,* ristampati dall'edizione romana del 1545, a cura di E. Boehmer, Halle an der Saale, Schwabe, 1870.

*Traditos.* Juan de Valdés, *Tratadtos,* edición de E. Boehmer, Bonn, Carlos Georgi, 1880 (se trata de 39 Consideraciones conservadas en español más la *Summa de la predicazión cristiana,* o sea, el primero de los *Trattatelli* conservado en español).

— *XVII Opuscules by Juan de Valdés,* Minor Works, Translated from the Spanish and Italian and edited by John T. Betts, Trübner & Co., Ludgate Hill, Londres, 1882 (comprende los *Trattatelli y Tratadtos*).

*Comentario a los Romanos. Comentario o declaración breve y compendiosa sobre la epístola de San Paulo Apóstol a los Romanos,* en Venecia, en casa de Juan Philadelpho, 1556 (el lugar de imprenta es falso, se cree impreso en Ginebra).

*Comentario a los Corintios. Comentario o declaración familiar y compendiosa sobre la primera epístola de San Paulo Apóstol a los Corinthios, muy útil para todos los amadores de la piedad Christiana, compuesto por Juan V. V. pío y sincero Theólogo,* en Venecia, en casa de Juan Philadelpho, 1557 (falso).

— *La epístola de San Pablo a los Romanos i la Iª a los Corintios. Ambas traduzidas i comentadas por Juan de Valdés. Ahora fielmente reimpresas por L. Usoz i Río,* en Reformistas Antiguos Españoles, X i XI, Londres, Spottiswoode, 1856.

*Evangelio. El Evangelio según San Mateo declarado por Juan de Valdés. Ahora por primera vez publicado* por E. Boehmer, Madrid, Librería Nacional y Extranjera, 1880.

*Lacte spirituale. Lacte spirituale,* ed. de Basilea, Giacomo Parco, 1549 (atribuido a Valdés).

— *Qual maniera si dovrebbe tenere a informare infino dalla fanciullezza i figliuoli dei Christiani delle cose della religione* (versión italiana del *Lacte*) publicado por E. Boehmer en *Rivista cristiana,* X, 3-13, Florencia, 1882.

*Due lettere.* E. Boehmer en *Rivista Cristiana,* X, Florencia, 1882, págs. 93-96, y Nuova Serie, II, 1900, pág. 87-89, publicó *dos cartas* de Valdés, una en latín a Dantisco y otra al cardenal Gonzaga, esta última traducida al italiano.

*Cartas.* J. F. Montesinos, *Cartas inéditas· de Juan de Valdés al Cardenal Gonzaga,* en Anejos de la *Revista de Filología Española,* XIV, 1931, págs. 183-191 (publicado anteriormente en *Volkstum und Kultur der Romanen,* I, 1928).

## c) Obras y estudios consultados

*Actas del Coloquio interdisciplinar «Doce consideraciones sobre el mundo hispano-italiano en tiempos de Alfonso y Juan de Valdés»* (Bolonia, abril de 1976). Anexos de *Pliegos de cordel,* I, Roma, Publicaciones del Instituto Español de Lengua y Literatura de Roma, 1979. (Contiene, entre muchas aportaciones interesantes: E. Asensio, *Exégesis bíblica en Es-*

paña. *Encuentro de Fray Cipriano de Huerga con Juan de Valdés en Alcalá,* págs. 241-62; C. Barbolani, *Los diálogos de Juan de Valdés: ¿Reflexión o improvisación?,* págs. 135-152, que se encuentra ahora condensado en *Historia y crítica de la literatura española,* dirigida por F. Rico, vol. II, página 195, Barcelona, Editorial Crítica, 1981.)

*Actes du Colloque international de Sommières «Aspects du Libertinisme au XVIᵉ siècle»,* París, Vrin, 1974. (Contiene: M. Bataillon, *Juan de Valdés nicodemite?,* págs. 93-105.)

ALONSO, A., *Castellano, español, idioma nacional: historia espiritual de tres nombres,* Buenos Aires, Losada, 1942; «Examen de las noticias de Nebrija sobre antigua pronunciación española», en *Nueva Revista de Filología Hispánica,* III, I, 1949.

AMABILE, L., *Il Santo Officio della Inquisitione in Napoli, Narrazioni con molti documenti inediti,* 2 vols., Città di Castello, 1892.

ASENSIO, E., «Juan de Valdés contra Delicado. Fondo de una polémica», en *Studia Philologica,* I. *Homaneje ofrecido a Dámaso Alonso,* Madrid, Gredos, 1960, págs. 101-103.

AZORÍN, «Du Bellay y Velasco», en *De Granada a Castelar, Obras Completas,* Aguilar, 1961, pág. 305.

BAHNER, W., *Lingüística española del Siglo de Oro,* Madrid, Ciencia Nueva, 1966.

BATAILLON, M., *Erasmo y España,* traducción española de A. Alatorre, México, Fondo de Cultura Económica, 1950 (la edición francesa es de 1937); «Alfonso de Valdés auteur du *Diálogo de Mercurio y Carón*», en *Homenaje a Menéndez Pidal,* I, págs. 403-415, Madrid, 1929; recensión a: J. de Valdés, *Diálogo de la lengua* (ed. J. F. Montesinos), en *Bulletin Hispanique,* XXXI, 1929, págs. 163-166.

BEMBO, P., *Prose della volgar lingua,* a cura di C. Dionisotti, Turín, UTET, 1931.

BERKOWITZ, H. C., «The *Quaderno de refranes castellanos* of Juan de Valdés», en *Romanic Review,* XVI, 1925.

BOEHMER, E., *Spanish Reformers of Two Centuries from 1520: Their Lives and Writings, according to the late Benjamin B. Wiffen's Plan, and with the Use of his Materials, described by Eduard Boehmer...,* 3 vols., Estrasburgo-Londres, Bibliotheca Wiffeniana, 1874-1904; *Lives of the Twin Brothers, Juan and Alfonso de Valdés,* Londres, 1883 (aparecido con el título *Cenni biografici sui fratelli Giovanni e Alfonso di Valdesso* como apéndice a la edición italiana de las *Consideraciones,* Halle en Sajonia, 1860).

BOEHMER, E., y BENRATH, K., «Valdés, Juan de», en *Realencyclopädie für protestantische Theologie und Kirche,* Lipsia, 1908, págs. 380-390.

BOTTA, C., *Storia d'Italia continuata da quella del Guicciardini fino al 1789,* París, Baudry, 1832, vol. II (libro VIII).

BUCETA, E., «La tendencia a identificar el español con el latín. Un episodio cuatrocentista», en *Homenaje a Menéndez Pidal,* I, 1926, págs. 85-108; «De algunas composiciones hispano-latinas en el siglo XVII», en *Revista de Filología Española,* XIX, 1932, págs. 388-414.

CABALLERO, F., *Noticias biográficas y literarias de Alfonso y Juan de Valdés,* en el tomo IV de *Conquenses ilustres,* Madrid, Oficina Tipográfica del Hospicio, 1875.

CANTIMORI, D., «Atteggiamento della vita culturale italiana nel secolo XVI di fronte alla Riforma», en *Rivista storica italiana,* serie V, vol. I, fac. III, 1936; *Eretici italiani del cinquecento. Richerche storiche,* Florencia, Sansoni, 1939; *La Riforma in Italia,* en el volumen *Questioni di storia moderna* al cuidado de E. Rota, Milán, Marzorati, 1951, págs. 181-208.

CANTÙ, C., *Gli eretici d'Italia,* Turín, Unione tipografica editrice, 1865-67.

CARRASCO, M., *Alfonso et Juan de Valdés, leur vie et leurs écrits religieux. Étude historique,* Ginebra, Schuchardt, 1880.

CASTIGLIONE, B., *Il Cortegiano,* ed. de Cian, Florencia, Sansoni, 1947.

CASTRO, A., *Aspectos del vivir hispánico. Espiritualismo, mesianismo, actitud personal en siglos XIV al XVI,* Santiago de Chile, Cruz del Sur, 1949.

CIONE, E., *Juan de Valdés, La sua vita e il suo pensiero religioso,* Bari, Laterza, 1938.

COROMINAS, J., *Diccionario crítico etimológico de la lengua castellana,* ts. I-IV, Madrid, Gredos, 1954-57; *Breve diccionario etimológico de la lengua castellana,* Madrid, Gredos, 1961; «Notas de lingüística italo-hispánica», en *Nueva Revista de Filología Hispánica,* X, 1956, págs. 137-186.

CORREAS, G. DE, *Vocabulario de refranes y frases proverbiales que juntó el Maestro,* Madrid, Real Academia Española, 1924.

COTARELO y MORI, E., «Una opinión nueva acerca del autor del *Diálogo de la lengua*», en *Boletín de la Real Academia Española,* V, 1918, págs. 121-151; «Cuestión literaria:

¿Quién fue el autor del *Diálogo de la lengua?*», *ibídem,* VI, 1919, págs. 473-524; 671-699 (continuación); *ibídem,* VII, 1920, págs. 10-47 (continuación).

CROCE, B., *La lingua spagnola in Italia,* Roma, Loescher, 1895; «Una data importante nella vita di Juan de Valdés», en *Archivio storico per le province napoletane,* XXVIII, I, 1903, págs. 151-153, después en *La Spagna nella vita italiana durante la Rinascenza,* Bari, Laterza, 1922 (en traducción española: *España en la vida italiana del Renacimiento,* Buenos Aires, Imán, 1945); «Un dialogo fra Giulia Gonzaga e Giovanni di Valdés», en *La critica,* XXXV, 1938, págs. 385-394 (reimpreso después como introducción al *Alfabeto cristiano*).

ERASMI ROTERODAMI, D., *Opera omnia,* Lugduni Batavorum, Cura et impensis, Petri Vander, AA. MDCCIII; *Obras escogidas* por L. Riber, Madrid, Aguilar, 1964; *Enquiridion o Manual del cavallero christiano,* traducción de Alonso Fernández de Madrid, edición de D. Alonso con prólogo de M. Bataillon, en *Anejos de Revista de Filología Española,* XIV, Madrid, 1932.

FARINELLI, A., *Italia e Spagna,* Turín, Bocca, 1929.

FITZPATRICK, J. J., «El *Diálogo de la Lengua.* Observaciones sobre el lenguaje y la sociedad», en *Cuadernos Americanos,* XVII, 6, México, 1958, págs. 173-181.

GARCÍA BLANCO, M., *La lengua española en la época de Carlos V,* Santander, Universidad Internacional Menéndez Pelayo, 1958, págs. 45-52.

GARCILASO DE LA VEGA, *Obras,* ed. de T. Navarro Tomás, Madrid, Clásicos Castellanos, 3, 1958.

GILLY, C., «Juan de Valdés: Übersetzer und Bearbeiter von Luthers Schriften in seinem *Diálogo de Doctrina*», en *Archiv für Reformationgeschichte,* 74, 1982, págs. 257-305.

GINZBURG, C., *Il nicodemismo,* Turín, Einaudi, 1970.

GONZÁLEZ PALENCIA, A., «Julia Gonzaga, Carlos V y Juan de Valdés», en *Del «Lazarillo» a Quevedo,* Madrid, CSIC, 1946, páginas 165-174.

GUITARTE, G. L., «"Dexemplar" en el *Diálogo de la lengua* (sobre un fondo de Erasmo y Nebrija)», en *Filología,* XVII, Buenos Aires, 1977, págs. 161-206.

HAMILTON, R., «J. de V. and some Renaissance Theories of Language», en *Bulletin of Hispanic Studies,* XXX, 1953, páginas 125-133.

109

HUARTE, A., «Para la biografía de los hermanos Valdés», en *Revista de Filología Española,* XXI, 1934, págs. 167-68.

LAPESA, R., *Historia de la lengua española,* III, Madrid, Escelicer, 1955.

LIDA DE MALKIEL, M. R., *Juan de Mena, Poeta del prerrenacimiento español,* México, El Colegio de México, 1950; «Los grecismos del español según J. de V.», en *Boletín del Colegio de Graduados de la Facultad de Filosofía y Letras,* VIII, Buenos Aires, 1938, págs. 53-57.

LONGHURST, J. E., *Erasmus and the Spanish Inquisition. The Case of J. de Valdés,* University of New Mexico, Publications in History, J. Albuquerque, 1950.

LOPEZ, P., *Il movimento valdesiano a Napoli,* Nápoles, Fiorentino Editrice, 1976.

MACRÌ, O., *Fernando de Herrera,* Madrid, Gredos, 1959; «Nuevas adiciones al *Diccionario* de J. Corominas», en *Boletín de la Biblioteca de Menéndez Pelayo,* XXXVIII, 1962.

MALDONADO, J., *Paraenesis ad litteras,* edición de E. Asensio y J. Alcina Rovira, Madrid, Fundación Universitaria Española, 1980.

MARTÍNEZ MILLÁN, M., «La familia Valdés en Cuenca», *Diario de Cuenca,* 4-15, agosto, 1972.

MENÉNDEZ PELAYO, M., *Historia de los heterodoxos españoles,* Madrid, CSIC, 1946-48.

MENÉNDEZ PIDAL, R., «El lenguaje del siglo XVI», en *La lengua de C. Colón,* Buenos Aires, Austral, 1947, págs. 49-87.

MEOZZI, A., «Studi su Juan de Valdés», en *Rassegna Bibliografica della Letteratura Italiana,* 47, 1939, págs. 200-215.

MEREGALLI, F., *Presenza della letteratura spagnola in Italia,* Sansoni, 1975.

MESEGUER FERNÁNDEZ, J., «Nuevos datos sobre los hermanos Valdés», en *Hispania,* XVII, Madrid, 1957, págs. 369-394.

MIGLIORINI, B., *La questione della lingua,* Questioni e correnti di storia letteraria, Milán, Marzorati, 1949.

MIGUÉLEZ, M., O.S.A., «Sobre el verdadero autor del *Diálogo de las lenguas»,* en *La ciudad de Dios,* CXII, Madrid, 1918 (extracto); «Sobre el verdadero autor del *Diálogo de las lenguas.* Contestación al académico Sr. Cotarelo», *ibídem,* 1919.

MORREALE, M., «La antítesis paulina entre la letra y el espíritu en la traducción y comentario de J. de Valdés (Rom. 2, 29 y 7, 6)», en *Estudios bíblicos,* XIII, 1954, págs. 167-183; «J. de V. as Translator and Interpeter of St. Paul: The concept of "Gnosis"», en *Bulletin of Hispanic Studies,*

XXXIV, 1957, págs. 89-94; «El *Diálogo de las cosas ocurridas en Roma* de A. de Valdés», en *Boletín de la Real Academia Española*, XXXVII, CLII, septiembre-diciembre de 1957, págs. 394-417; «¿Devoción o piedad?» Apuntaciones sobre el léxico religioso de Alfonso y Juan de Valdés», en *Revista portuguesa de Filología,* VII, Coimbra, 1956, páginas 365-388; *Castiglione y Boscán, Anejos del Boletín de la Real Academia Española,* Madrid, 1959; «Sentencias y refranes en los diálogos de Alfonso Valdés», en *Revista de Literatura,* XII, 23-34, Madrid, 1957, págs. 3-14.

NEBRIJA, E. A. DE, *Gramática castellana,* edición crítica de P. Galindo Romero y L. Ortiz Muñoz, Madrid, 1946; *Vocabulario español-latino por E. A. de Nebrija* (facsímil), Madrid, Real Academia Española, 1951.

NIETO, José, C., *Juan de Valdés and the origins of the spanish and italian Reformation,* Ginebra, Droz, 1970; citamos de *Juan de Valdés y los orígenes de la Reforma en España e Italia,* traducción española de V. Simón y A. Álvarez, México, Fondo de Cultura Económica, 1979.

O'KANE, E. S., *Refranes y frases proverbiales españolas de la Edad Media, Anejos del Boletín de la Real Academia Española,* Madrid 1950.

*Opuscoli e lettere di riformatori italiani del Cinquecento,* a cura di E. Paladino, Bari, Laterza, 1913.

ORTOLANI, O., *Pietro Carnesecchi,* Florencia, Le Monnier, 1963.

PASCAL, A., «Studi Valdesiani», en *Bollettino della Società di Studi valdesi,* a. LVII, 1938.

PERCAUTI, A., «Giulia Gonzaga e il movimento valdesiano in Italia nel Sec. XVI», en *Studium,* 39, 1953, págs. 169-179.

PIDAL, P. J., «De Juan Valdés, y de si es el autor del *Diálogo de las lenguas»,* en *Revista Hispano-americana,* Madrid, 1848; después, en *Antología española* dirigida por don Carlos Ochoa, Madrid, 1861, y en *Estudios literarios,* II, Madrid, 1890.

RICART, D., *Juan de Valdés y el pensamiento religioso europeo en los siglos XVI y XVII,* México, El Colegio de México, 1958.

ROSSO, G., *Istoria delle cose di Napoli sotto l'impero di Carlo V, incominciando dall'anno 1526 per insino all'anno 1537 scritta per modo di Giornale da Gregorio Rosso autore di quei medesimi tempi,* Napoli, nella Stamperia di G. Gravier, 1770.

*Sales españolas o agudezas del ingenio nacional,* recogidas por A. Paz y Meliá, Madrid, Biblioteca de Autores Españoles, 1964.

SANROMÁN, F. DE B., «El testamento del humanista Alvar Gómez de Castro», en *Boletín de la Real Academia Española,* XV, 1928, págs. 543-66.

SANTA TERESA, FRAY D. DE, *Juan de Valdés. Su pensamiento religioso y las corrientes espirituales de su tiempo,* Roma, Analecta Gregoriana, 1957.

SCHLATTER, W., *Die Brüder Alfonso und Juan de Valdés, Zwei Lebens bilder aus der Geschichte der Reformation in Spanien und in Italien,* Basilea, Reich, 1901.

SEGRE, A., *Un registro di lettere del cardinale Ercole Gonzaga (1535-36) con un appendice di documenti inediti (1520-48),* al cuidado de A. Segre, Turín, Bocca, 1912.

SERRANO Y SANZ, M., «Pedro Ruiz de Alcaraz, iluminado alcarreño del siglo XVI», en *Revista de Archivos, Bibliotecas y Museos,* VI, 1903, págs. 1-16 y 126 y ss.; «Juan de Vergara y la Inquisición de Toledo», *ibídem,* VII, 1903.

STERN, E., *Alfonso et Juan de Valdés. Thèse presentée à la Faculté de Théologie protestante de Strasbourg...* Estrasburgo, Silbermann, 1869.

TELLECHEA IDÍGORAS, J. L., «Declaración inédita del santo patriarca Ribera sobre las *Consideraciones* de Juan de Valdés», en *Hispania Sacra,* XII, Madrid, 1960, págs. 455-463; «Juan de Valdés y Bartolomé Carranza, La apasionante historia de un papel», en *Revista española de teología,* XXI, 1961, págs. 289-324.

TERLINGEN, G. H., *Los italianismos en español desde la formación del idioma hasta principios del siglo XVII,* Amsterdam, 1943.

TERRACINI, L., *Lingua come problema nella letteratura spagnola del Cinquecento,* Turín, Stampatori, 1979 (contiene trabajos de épocas diversas, entre ellos *Tradizione illustre e lingua letteraria, problema del Rinascimento spagnolo [da Nebrija a Morales]* de 1964).

TICKNOR, G., *Historia de la literatura española,* traducción de P. de Gayangos y E. de Vedia, Madrid, 1851-56 (3.ª ed., Boston, 1864).

TOFFANIN, G., *Il Cinquecento,* Storia letteraria d'Italia, Milán, Vallardi, 1945.

TORRES NAHARRO, B. DE, *Propalladia,* editado por J. E. Gillet, I-IV, Pensylvania, 1943-1951.

Usoz, L., y Wiffen, B., *Reformistas Antiguos Españoles*, 21 vols., Madrid-Londres, 1855-63.

Ustarroz, J. F. A. de, y Dormer, P. J., *Progressos de la historia en el reyno de Aragón y elogios de Gerónimo Zurita su primer coronista*, 1.ª ed., Salamanca, 1680; 2.ª ed., Zaragoza, 1878.

Valdés, A. de, *Diálogo de Mercurio y Carón*, ed. de J. F. Montesinos, Madrid, 1947, Clásicos Castellanos, 1947; *Diálogo de las cosas ocurridas en Roma*, ed. de J. F. Montesinos, Clásicos Castellanos, 1946.

Vilanova, A., «Preceptistas de los siglos XVI y XVII», en *Historia General de las Literaturas Hispánicas*, Barcelona, 1953, vol. III.

Wiffen, B., *Life and Writings of Juan de Valdés, otherwise Valdesso, Spanish Reformer in the sixteenth Century*, Quaritch, Londres, 1865.

Zarco Cuevas, J., O.S.A., *Catálogo de los manuscritos castellanos de la Real Biblioteca del Escorial*, Madrid, Imprenta Helénica, 1924; «Testamentos de Alonso y Diego de Valdés», en *Boletín de la Real Academia Española*, XIV, 1927, páginas 679-685.

*Diálogo de la lengua*

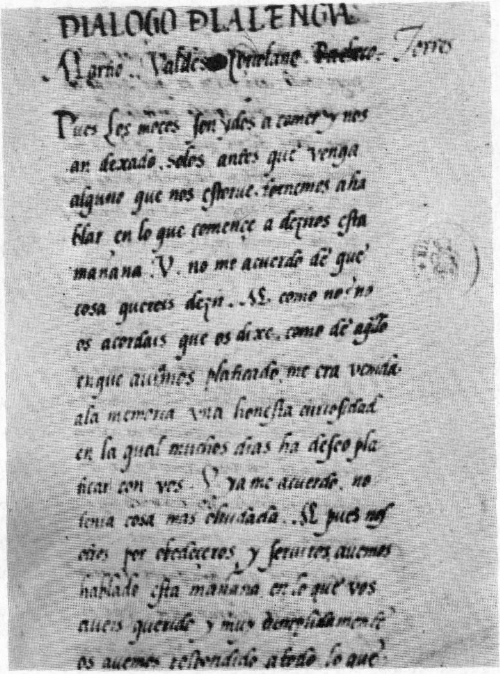
DIALOGO D LA LENGUA
Marcio. Valdés. Coriolano. Pacheco. Torres
Pues los moços son idos a comer y nos
an dexado solos antes que venga
alguno que nos estorue. tornemos a ha
blar en lo que comence a deziros esta
mañana. V. no me acuerdo de que
cosa quereis dezir. M. como no. no
os acordais que os dixe, como de aquello
en que auemos platicado me era venida
ala memoria una honesta curiosidad
en la qual muchos dias ha deseo pla
ticar con vos. V. ya me acuerdo, no
tenia cosa mas oluidada. M. pues nos
otros por obedeceros y seruiros auemos
hablado esta mañana en lo que vos
aueis querido y muy cumplidamente
os auemos respondido a todo lo que

*Página del «Diálogo de la lengua», Biblioteca Nacional.*

# *Diálogo de la lengua* [1]

MARCIO - VALDÉS - CORIOLANO - TORRES [2]

M.  Pues los moços son idos a comer y nos an dexado solos, antes que venga alguno que nos estorve, tornemos a hablar en lo que comencé a deziros esta mañana.

V.  No me acuerdo de qué cosa queréis dezir.

M.  ¿Cómo no? ¿No os acordáis que os dixe cómo, de aquello en que avíamos platicado, me era venida a la memoria una honesta curiosidad, en la qual muchos días ha desseo platicar con vos?

V.  Ya me acuerdo; no tenía cosa más olvidada.

M.  Pues nosotros por obedeceros y serviros avemos hablado esta mañana en lo que vos avéis querido y muy cumplidamente os avemos respondido a todo lo que nos avéis preguntado [3], cosa justa es que,

---

[1] Es el título del manuscrito de Madrid; los de Londres y del Escorial tienen el plural *las lenguas*. Véase nuestra introducción, III, 2.

[2] Para el nombre del cuarto personaje, véase nuestra introducción, pág. 99. La edición de Lope Blanch, cit., tiene *Pacheco,* sin tener en cuenta las razones aducidas por mí a favor de *Torres;* L. Terracini, en su libro *Lingua,* cit., ha cambiado *Pacheco* en *Torres* no sin cierto desasosiego, como si se tratara de un «addio a un vecchio amico».

[3] Probablemente no se trata de alusión a una obra valdesiana (Usoz pensó en las *Consideraciones*), sino de un artificio literario referido genéricamente a la frecuencia con que Valdés se reunía con sus amigos y al ambiente de apacibles conversaciones en que se desarrollaba su actividad religiosa.

siendo vos tan cortés y bien criado con todo el mundo como todos dizen que sois, lo seáis también con nosotros, holgando que hablemos esta tarde en lo que más nos contentará, respondiéndonos y satisfaziéndonos a las preguntas que os propornemos, como nosotros avemos hecho a las que vos nos avéis propuesto.

V.  Si no adornárades esta vuestra demanda con tanta retórica[4], liberalmente me ofreciera a obedeceros; agora, viendôs venir ataviado en vuestra demanda con tantas razones, sospechando me queréis meter en qualque[5] cosa enojosa, no sé qué responderos, si primero no me dezís claramente qué es lo que queréis de mí.

M.  Lo primero que de vos queremos es que, sin querer saber más, nos prometáis ser obediente a lo que os demandaremos.

V.  Confiando en vuestra discreción que no querréis de mí cosa que no sea razonable y honesta, os prometo ser obediente.

M.  No me contento con esso y quiero que a todos tres nos deis vuestra fe que lo haréis assí.

V.  ¿A qué propósito me queréis obligar tan estrechamente? ¿Avéisos por ventura concertado todos tres para el mohíno? Ora sus[6], sea lo que fuere, digo que os doy mi fe que responderé como mejor supiere a todo lo que esta tarde me querréis preguntar. ¿Estáis contentos?

M.  Yo por mi parte estoy contentíssimo.

C.  A mí harto me basta.

T.  Pues para mí no era menester más que la primera promessa.

---

[4] *Alfabeto cristiano*, ed. de Croce,cit., f. 4r: [Giulia:] «hora lasciando da parte le rethoriche vane, et le cerimonie inutili, le quali fra noi sono soverchie...».

[5] *qualque,* it. *qualche*, 'algún, alguna', es indudablemente un italianismo.

[6] *Ora sus,* it. *orsù*, 'ea pues'.

V.   Sus pues, començad a preguntar, que me tenéis confuso hasta saber qué misterios son éstos que queréis entender de mí.

M.   ¿Misterios? Y cómo, ¡si bien supiéssedes!

V.   Sea lo que fuere, acabad ya; por amor de Dios, dezidlo.

M.   Soy contento. Bien os devéis acordar cómo, al tiempo que agora ha dos años[7] partistes desta tierra para Roma, nos prometistes a todos tres que conservaríades y entreterníades nuestra amistad, como avéis hecho, con vuestras continuas cartas. Agora sabed que, después de vos ido, nosotros nos concertamos desta manera: que qualquiera de nosotros que recibiesse carta vuestra la comunicasse con los otros, y esto avemos hecho siempre assí, y con ello avemos tomado mucho descanso, passatiempo y plazer, porque con la lición refrescávamos en nuestros ánimos la memoria del amigo ausente, y con los chistes y donaires, de que continuamente vuestras cartas venían adornadas[8], teníamos de qué reír y con qué holgar; y, notando con atención los primores y delicadezas que guardávades y usávades en vuestro escrivir castellano, teníamos sobre qué hablar y contender, porque el señor Torres, como hombre nacido y criado en España presumiendo saber la lengua tan bien como otro, y yo, como curioso della desseando saberla assí bien escrivir como la sé hablar, y el señor Coriolano como buen cortesano quiriendo del todo entenderla (porque, como veis, ya en Italia assí entre damas como entre cavalleros se tiene por gentileza y galanía saber hablar castellano), siempre hallávamos algo

---

[7] Véase nuestra introducción, I, 2. Para este período de la biografía valdesiana es importante la Introducción de J. F. Montesinos, *Cartas*, cit.

[8] La predilección por las anécdotas elegantes e ingeniosas, a veces anticlericales, se manifiesta especialmente entre los erasmistas y forma parte del gusto del siglo XVI español; véase *Sales españolas*, cit.

que notar en vuestras *Cartas,* assí en lo que pertecía a la ortografía, como a los vocablos, como al estilo; y acontecía que, como llegávamos a topar algunas cosas que no avíamos visto usar a otros[9], a los quales teníamos por tan bien hablados y bien entendidos en la lengua castellana quanto a vos, muchas veces veníamos a contender reziamente quando sobre unas cosas y quando sobre otras, porque cada uno de nosotros o quería ser maestro o no quería ser discípulo. Agora que os tenemos aquí, donde nos podéis dar razón de lo que assí avemos notado en vuestra manera de scrivir, os pedimos por merced nos satisfagáis buenamente a lo que os demandaremos: el señor Torres, como natural de la lengua, y el señor Coriolano, como novicio en ella, y yo, como curioso della[10].

V. Si me dixérades esto antes de comer, pusiéradesme en dubda si lo dezíades de verdad o no, pero, considerando que es después de comer y creyendo que con mostraros hombre del palacio avéis querido celebrar vuestro combite, me resuelvo en no creeros nada de lo que dezís, y digo que, si queréis saber algo de mí, devéis dexar los donaires por agora,

---

[9] El argumento del diálogo se motiva por esta curiosidad de los amigos que piden explicaciones sobre algunas particularidades observadas en las cartas de Valdés. La forma dialogada le permite una mayor libertad de exposición y una menor rigidez sistemática.

[10] Dos de estos tres tipos de Nebrija, *Gramatica,* cit., págs. 104-105: «Para tres géneros de ombres se compuso el Arte del castellano: primeramente para los que quieren reduzir en artificio y razón la lengua que por luengo uso desde niños deprendieron [Valdés: *natural*], después para aquellos que por la lengua castellana querrán venir al conocimiento de la latina [Valdés: no los considera] ... daremos introducciones de la lengua castellana para el tercero género de ombres, los cuales de alguna lengua peregrina querrán venir a conocimiento de la nuestra [Valdés: *novicio*].» En Nebrija falta, por tanto, el *curioso,* que corresponde al personaje de Marcio, el italiano que tiene la inquietud cultural de escudriñar las particularidades de una lengua que ya conoce. Marcio ha dado ya en las primeras líneas del diálogo la definición de la obra como *honesta curiosidad.*

pues sabéis que si yo tomo la mano, ganaréis conmigo «lo que suele ganar un cossario con otro»[11].

C. Mejor manera de burlar me parece la vuestra, pues, quiriendo «hazer del juego maña», pensáis libraros de la fe que nos avéis dado; y engañáisos, porque de ninguna manera os la soltaremos si primero no nos respondéis muy entera y cumplidamente a todo lo que os preguntáremos sobre la materia propuesta, en la qual se os ha dicho realmente lo que en vuestra ausencia passava y lo que queremos de vos.

V. ¿Queréis que os diga la verdad? Aun con todo esso pienso que me burláis.

T. Si no queréis creer a ellos, creedme a mí, que todo lo que os dizen es la pura verdad.

V. Más quisiera que fuera la pura mentira, porque me parece cosa tan fuera de propósito ésta que queréis que apenas oso creeros.

M. Maravíllome mucho que os parezca cosa tan estraña el hablar en la lengua que os es natural. Dezidme, ¿si las cartas de que os queremos demandar cuenta fueran latinas, tuviérades por cosa fuera de propósito que os demandáramos cuenta dellas?

V. No, que no la tuviera por tal.

M. ¿Por qué?

V. Porque he aprendido la lengua latina por arte y libros, y la castellana por uso, de manera que de la latina podría dar cuenta por el arte y por los libros en que la aprendí, y de la castellana no, sino por el uso común de hablar; por donde tengo razón de juzgar por cosa fuera de propósito que me queráis demandar cuenta de lo que sta fuera de toda cuenta.

M. Si os demandássemos cuenta de lo que otros escriven de otra manera que vos, terníades razón de scusaros, pero demandándôsla de lo que vos escri-

---

[11] Modo proverbial asimilado a la conversación. En las *Cartas en refranes* de Blasco de Garay se encuentra: «De cossario a cossario no se pueden ganar sino los barriles.»

121

vís de otra manera que otros, con ninguna razón os podéis escusar.

V. Quando bien lo que dezís sea assí, no dexaré de scusarme, porque me parece cosa fuera de propósito que queráis vosotros agora que perdamos nuestro tiempo hablando en una cosa tan baxa y plebeya[12] como es punticos y primorcicos de lengua vulgar, cosa a mi ver tan agena de vuestros ingenios y juizios[13] que por vuestra honra no querría hablar en ella, quando bien a mí me fuesse muy sabrosa y apazible.

M. Pésame oíros dezir esso. ¿Cómo? ¿Y paréceos a vos que el Bembo perdió su tiempo en el libro que hizo sobre la lengua toscana?

V. No soy tan diestro en la lengua toscana que pueda juzgar si lo perdió o lo ganó; séos dezir que a muchos he oído dezir que fue cosa inútil aquel su trabajo.

M. Los mesmos que dizen esso os prometo se aprovechan muchas vezes dessa que llaman cosa inútil, y ay muchos que son de contraria opinión, porque admiten y apruevan las razones que él da por donde prueva que todos los hombres somos más obligados a ilustrar y enriquecer la lengua que nos es natural y que mamamos en las tetas de nuestras madres[14], que no la que nos es pegadiza y que aprendemos en libros. ¿No avéis leído lo que dize sobrêsto?

V. Sí que lo he leído, pero no me parece todo uno.

---

[12] El juicio negativo expresado con estas palabras *baxa y plebeya* tiene un carácter ligeramente moralista; véase *Alfabeto cristiano*, cit., f. 7v: [Valdés:] «Coteste tali persone terranno gli animi bassi, et plebei, et perciò si daranno pace di cose, basse, et plebee.»

[13] *ingenios y juizios* forman aquí un binomio sinonímico de términos del *encarecimiento* (véase nuestra introducción, II, 1), mientras en otro lugar del diálogo (pág. 245) serán separados y contrapuestos.

[14] Imagen usada por Dante en su *De vulgari eloquentia* (recogida por Bembo y Castiglione) que, en Valdés, conecta con la doctrina del *lacte spirituale* (véase nuestra introducción, pág. 82).

M. ¿Cómo no? ¿No tenéis por tan elegante y gentil la lengua castellana como la toscana?

V. Sí que la tengo, pero también la tengo por más vulgar, porque veo que la toscana sta ilustrada y enriquecida por un Bocacio y un Petrarca, los quales, siendo buenos letrados, no solamente se preciaron de scrivir buenas cosas, pero procuraron escrivirlas con estilo muy propio y muy elegante; y, como sabéis, la lengua castellana nunca ha tenido quien escriva en ella con tanto cuidado y miramiento quanto sería menester para que hombre, quiriendo o dar cuenta de lo que scrive diferente de los otros, o reformar los abusos que ay oy en ella, se pudiesse aprovechar de su autoridad.

M. Quanto más conocéis esso, tanto más os devríades avergonçar vosotros, que por vuestra negligencia ayáis dexado y dexéis perder una lengua tan noble, tan entera, tan gentil y tan abundante[15].

V. Vos tenéis mucha razón, pero esso no toca a mí.

M. ¿Cómo no? ¿Vos no sois castellano?

V. Sí que lo soy.

M. Pues ¿por qué esto no toca a vos?

V. Porque no soy tan letrado ni tan leído en cosas de ciencia quanto otros castellanos que muy largamente podrían hazer lo que vos queréis.

M. Pues ellos no lo hazen y a vos no os falta abilidad para poder hazer algo, no os devríades escusar dello, pues, quando bien no hiziéssedes otra cosa que despertar a otros a hazerlo, haríades harto, quanto más que aquí no os rogamos que scriváis, sino que habléis; y, como sabréis, «palabras y plumas el viento las lleva».

T. No os hagáis, por vuestra fe, tanto de rogar en una cosa que tan fácilmente podéis cumplir, quanto más aviéndola prometido y no teniendo causa justa

---

[15] *noble* y *gentil* se oponen a *vulgar y plebeyo; entera* significa menos corrompida que otras lenguas neolatinas respecto a las correspondientes formas latinas; *abundante* alude a la riqueza lexical.

con que scusaros, porque lo que dezís de los autores que os faltan para defenderos no es bastante, pues sabéis que para la que llamáis ortografía y para los vocablos os podéis servir del autoridad del *Vocabulario* de Antonio de Librixa y, para el estilo, de la del libro de *Amadís de Gaula*[16].

V. Sí, por cierto, muy grande es el autoridad dessos dos para hazer fundamento en ella, y muy bien devéis aver mirado el *Vocabulario* de Librixa, pues dezís esso.

T. ¿Cómo? ¿No os contenta?

V. ¿Por qué queréis que me contente? ¿Vos no veis que, aunque Librixa era muy doto en la lengua latina (que esto nadie se lo puede quitar), al fin no se puede negar que era andaluz y no castellano, y que scrivió aquel su *Vocabulario* con tan poco cuidado que parece averlo escrito por burla? Si ya no queréis dezir que hombres imbidiosos por afrentar al autor an gastado el libro.

T. En esso yo poco m'entiendo, pero ¿en qué lo veis?

V. En que, dexando aparte la ortografía, en la qual muchas vezes peca, en la declaración que haze de los vocablos castellanos en los latinos se engaña tantas vezes que sois forçado a creer una de dos cosas: o que no entendía la verdadera sinificación del latín (y ésta es la que yo menos creo) o que no alcançava la del castellano, y ésta podría ser, porque él era de Andaluzía, donde la lengua no sta muy pura.

T. Apenas puedo creer esso que me dezís, porque a hombres muy señalados en letras he oído dezir todo el contrario.

V. Si no lo queréis creer, id a mirarlo y hallaréis[17] que

---

[16] Sobre la posibilidad de que esta animadversión hacia Nebrija y *Amadís* encubra la polémica con F. Delicado, véase nuestra introducción, II, 4.

[17] La lista de vocablos que sigue está en orden alfabético menos la última forma, *rejalgar,* que quizá habría que desplazar entre *ración*

por *aldeano* dize VICINUS, por *brío en costumbres* MOROSITAS, por *cecear* y *ceceoso* BALBUTIRE y BALBUS; por *loçano* LASCIUUS, por *maherir* DELIGERE, por *moço para mandados* AMANUENSIS, por *mote* o *motete* EPIGRAMMA, por *padrino de boda* PARANIMPHUS, por *ración de palacio* SPORTULA, por *sabidor de lo suyo solamente* IDIOTA, por *villano* CASTELLANUS y por *rejalgar* ACONITUM. No os quiero dezir más porque sé que entendéis poco de la lengua latina y porque me parece bastan estos vocablos para que, si los entendéis, creáis que los hombres de letras que dezís no devían tener tantas como vos pensáis, o no lo devían aver mirado con tanta atención como yo, y para que veáis que no me puedo defender con el autoridad de Librixa.

T.　Confiesso que tenéis razón.

V.　Es tanta que, si bien la entendiéssedes, soy cierto me terníades antes por modesto en el notar poco, que por insolente en el reprehender mucho. Mas quiero que sepáis que aún ay otra cosa por qué no estoy bien con Librixa en aquel *Vocabulario,* y es ésta: que parece que no tuvo intento a poner todos los vocablos españoles, como fuera razón que hiziera, sino solamente aquéllos para los quales hallava vocablos latinos o griegos que los declarassen [18].

T.　Abasta lo dicho; yo estava muy engañado.

V.　Pues, quanto al autor de *Amadís de Gaula,* quánta autoridad se le deva dar, podéis juzgar por esto: que hallaréis, si miráis en ello, que en el estilo peca muchas vezes con no sé qué frías afetaciones [19] que

---

*de palacio* y *sabidor de lo suyo solamente.* Montesinos observó que Valdés no cita todas las traducciones de Nebrija, el cual con *vicinus* da *paganus;* con *balbus, blesus;* con *lasciuus, elegans.*

[18] Valdés no le perdona a Nebrija el haber ignorado el aspecto *abundante* de la lengua que, gracias a las aportaciones del árabe y del hebreo, es lexicalmente más rica que el latín y el griego.

[19] Las *afetaciones* de Amadís, sobre las que volverá a insistir al final del diálogo, consisten en formas arcaicas lejanas del estilo coloquial valdesiano de naturalidad y llaneza.

le contentan, las quales creo bien que o se usavan en el tiempo que él escrivió (y en tal caso no sería dino de reprehensión) o que quiso acomodar su estilo al tiempo en que dize que aconteció su historia, y esto sería cosa muy fuera de propósito, porque él dize que aquella su historia aconteció poco después de la passión de nuestro Redentor; y la lengua en que él escrive no se habló en España hasta muchos años después[20]. Esto mesmo se puede dezir de los vocablos. Quanto a la ortografía, no digo nada, porque la culpa se puede atribuir a los impressores y no al autor del libro.

M.   Ora sus, no perdamos tiempo en esto; si no tenéis libros en castellano con cuya autoridad nos podáis satisfazer a lo que de vuestras *Cartas* os preguntaremos[21], a lo menos satisfazednos con las razones que os mueven a escrivir algunas cosas de otra manera que los otros, porque puede ser que éstas sean tales, que valgan tanto quanto pudiera valer el autoridad de los libros; quanto más que, a mi parecer, para muchas cosas os podréis servir del *Quaderno de refranes castellanos* que me dezís cogistes entre amigos estando en Roma, por ruego de ciertos gentiles hombres romanos.

T.   Muy bien avéis dicho, porque en aquellos refranes se vee muy bien la puridad de la lengua castellana.

C.   Antes que passéis adelante, es menester que sepa yo qué cosa son refranes.

V.   Son proverbios o adagios.

C.   ¿Y tenéis libro impresso dellos?

V.   No de todos, pero siendo muchacho me acuerdo aver visto uno de algunos mal glosados[22].

---

20 Valdés es aquí exponente de un erasmiano criterio de verosimilitud llevado a sus extremas consecuencias.

21 A la falta de *auctoritas* se suplirá con *razones* que a su vez encontrarán un fundamento en el *uso*, en la lengua común testimoniada por los *refranes*.

22 Parece ser que alude Valdés a la colección *Refranes famosísimos y provechosos glosados*, Burgos, 1509. En H. C. Berkowitz,

C. ¿Son como los latinos y griegos?

V. No tienen mucha conformidad con ellos, porque los castellanos son tomados de dichos vulgares, los más dellos nacidos y criados entre viejas, tras del fuego[23] hilando sus ruecas; y los griegos y latinos, como sabéis, son nacidos entre personas dotas y están celebrados en libros de mucha dotrina. Pero, para considerar la propiedad de la lengua castellana, lo mejor que los refranes tienen es ser nacidos en el vulgo.

T. Yo os prometo, si no fuesse cosa contraria a mi professión, que me avría algunos días ha determinadamente puesto en hazer un libro en la lengua castellana como uno que diz que Erasmo ha hecho en la latina, allegando todos los refranes que hallasse, y declarándolos lo menos mal que supiesse, porque he pensado que en ello haría un señalado servicio a la lengua castellana.

V. También era Julio César de vuestra professión, pero no tuvo por cosa contraria a ella con la pluma en la mano escrivir de noche lo que con la lança hazía de día, de manera que la professión no os escusa. ¿No avéis oído dezir que «las letras no embotan la lança»?[24].

T. Vos dezís muy bien y yo lo conozco; dadme a mí el sujeto que tuvo César, que scrivía lo que él hazía y no lo que otros dezían, y estonces veréis si tengo por deshonra escrivir; pero porque parece que scrivir semejantes cosas a ésta pertenece más a hombres de haldas que de armas, no me he querido poner en ello.

---

«The *Quaderno de refranes castellanos* of Juan de Valdés», en *Romanic Review,* XVI, 1925, págs. 74-75.

[23] Esta expresión recuerda la colección atribuida al marqués de Santillana, pero puede que sea un tópico en el tiempo de Valdés (Boehmer).

[24] La expresión se encuentra por primera vez como refrán en G. de Correas, *Vocabulario de refranes y frases proverbiales que juntó el Maestro,* Madrid, Real Academia Española, 1924.

V.    Pues aunque yo no hago professión de soldado, pues tampoco soy hombre de haldas, pensad que no os tengo de consentir me moláis aquí preguntándome niñerías de la lengua; por tanto me resuelvo con vosotros en esto que, si os contentan las cosas que en mis *Cartas* avéis notado, las toméis y las vendáis por vuestras, que para ello yo os doy licencia; y que, si os parecen mal, las dexéis estar, pues para mí harto me basta aver conocido por vuestras respuestas que avéis entendido lo que he querido dezir en mis cartas.

M.    Porque lo que en vuestras *Cartas* avemos notado es de calidad que ni lo podemos tomar por bueno, porque no todos lo aprovamos del todo, ni lo podemos desechar por malo, porque ay cosas que nos satisfazen y ay otras que no entendemos, es menester que en todo caso nos deis cuenta, no solamente de lo que avéis escrito, pero aun de lo que dello depende o puede depender. Vuestra fe y palabra nos avéis dado y, aunque no queráis, la avéis de cumplir.

V.    «No se haría más en el monte de Toroços» o, como acá dezís, «en el bosque de Bacano»[25]; y pues, como dizen en mi tierra, «donde fuerça viene, derecho se pierde», yo me determino en obedeceros. Empeçad a preguntar, que yo os responderé. Pero ya que assí lo queréis, será bien que todos tres os concertéis en el orden que queréis llevar en vuestras preguntas, porque no os confundáis en ellas; ha-

---

[25] G. M. Vergara Martín, *Diccionario Geográfico Popular de Cantares, Refranes,* etc., Madrid, 1925: «Monte de Torozos. Provincia de Valladolid. ¡A robar al monte de Torozos! Fórmula con la que suele despedirse a la persona que ha abusado de la confianza depositada en ella, y a la que no se quieren consentir más irregularidades.» El bosque de Bacano es el correspondiente italiano del monte de Torozos («como acá dezís»). Baccano es un pueblo del Lacio que está en los montes Sabatini, que en el siglo XVI era famoso por los bandidos que lo infestaban. Véase F. Delicado, *Retrato,* cit., pág. 335.

zedlo assí, y entre tanto me salliré yo al jardín a tomar un poco de aire.

M. Muy bien dezís; en merced os lo tenemos; andad con Dios, que presto os llamaremos[26].

T. Pues avemos cogido y prendado a Valdés, aún no lo dexemos de ninguna manera sin que primero lo esaminemos hasta el postrer pelo; porque yo lo tengo por tal, que ninguna cosa escrive sin fundamento, y apostaría que tiene en sus *Papeles* notadas algunas cosillas sobrêsta materia de que le queremos hablar. Esto creo assí, porque no vi en mi vida hombre más amigo de scrivir; siempre en su casa «sta hecho un San Juan Evangelista»[27], la péñola en la mano, tanto que creo escrive de noche lo que haze de día, y de día lo que ensueña de noche.

M. Bien dezís; y pues vos, que sois el más diestro en la lengua, sabréis mejor lo que conviene preguntar, a vos toca ordenarlo de manera que no nos confundamos.

T. Antes yo me remito a qualquiera de vosotros que sois leídos, que yo más m'entiendo de desordenar que de ordenar[28].

M. Si os queréis governar por mí, haremos desta manera. En la primera parte le preguntaremos lo que sabe del origen o principio que an tenido assí la lengua castellana como las otras lenguas que oy se hablan en España; en la segunda lo que pertenece a la gramática[29]; en la tercera lo que le avemos

---

[26] En el manuscrito de Madrid un comentador anotó en el margen la palabra *Carmina* interpretando erróneamente este pasaje como versos.

[27] La representación es popular y juega aquí con la homonimia San *Juan-Juan* de Valdés. En México llaman todavía «evangelistas» a los escribanos públicos.

[28] Probablemente es una manera cortés de eludir la responsabilidad, ya que parecen muy forzadas las interpretaciones anticlerical o antibelicista del personaje que entiende más «de desordenar que de ordenar».

[29] El campo de la «gramática» para Valdés es muy amplio y confusamente delimitado. Generalmente, la gramática valdesiana es com-

notado en el escrivir unas letras más que otras; en la quarta la causa que lo mueva a poner o quitar en algunos vocablos una sílaba[30]; en la quinta le pediremos nos diga por qué no usa de muchos vocablos que usan otros; en la sesta le rogaremos nos avise de los primores que guarda quanto al estilo[31]; en la sétima le demandaremos su parecer acerca de los libros que stan escritos en castellano. Al último haremos que nos diga su opinión sobre quál lengua tiene por más conforme a la latina, la castellana o la toscana. De manera que lo primero será del origen de la lengua, lo segundo de la gramática, lo tercero de las letras (adonde entra la ortografía), lo quarto de las sílabas, lo quinto de los vocablos, lo sesto del estilo, lo sétimo de los libros, lo último de la conformidad de las lenguas. ¿Conténtaos esta manera de proceder?

T. Es la mejor del mundo, con tal condición que la guardemos de tal manera que ninguno se pueda sallir della.

C. Yo desseo siempre prevenir por no ser prevenido, y assí querría que pusiéssemos escondido en algún lugar secreto un buen escrivano, para que notasse los puntos principales que aquí se dixessen, porque podría ser que con este principio engolosinássemos a Valdés de tal manera que le hiziéssemos componer qualque diálogo[32] de lo que aquí platicaremos.

M. Avéislo pensado muy bien; hágase assí: poned a messer Aurelio que, como sabéis, es entendido en entramas lenguas, y ordenadle lo que ha de hazer,

---

parada, refiriéndose a reglas existentes en otras lenguas, observando evoluciones y tendencias lingüísticas heredadas o innovadas o en común con el latín, el griego y el hebreo.

[30] Las partes de las *letras* y *sílabas* están tratadas en este mismo orden en Nebrija.

[31] *Estilo* es término todavía no muy usado en el tiempo de Valdés; en otro lugar del diálogo (pág. 221) se propone como neologismo que se desea introducir entre otras palabras que tiene el latín.

[32] *qualque diálogo,* véase nota 5 de esta edición.

mientras que yo voy a llamar a Valdés, que lo veo passear muy pensativo; pero mirad que mandéis que el casero ste a la puerta, para que, si viniere alguno, sea quien fuere, diga que no estamos aquí, porque no nos estorven; y, porque los que vinieren lo crean y se vayan con Dios, mandad que los moços se passen a jugar hazia la parte de la mar, porque de otra manera no haríamos nada.

C. Dezís muy bien; presto será hecho.

V. Ora sus, vedme aquí «más obediente que un fraile descalço quando es conbidado para algún vanquete»[33].

M. Soy cierto que la plática no puede andar sino bien y, porque no perdamos tiempo, con licencia destos señores quiero yo tomar la mano.

T. Yo por mí tanto recibiré merced que vos hagáis todas las preguntas principales, de manera que nosotros dos andemos sobresalientes.

M. Aceto la merced, y començando a preguntar, digo, señor Valdés, que lo primero que querría saber de vos es de dónde tuvieron origen y principio las lenguas que oy se hablan en España, y principalmente la castellana, porque, pues avemos de hablar della, justo es que sepamos su nacimiento.

V. Muy larga me la levantáis; quanto que esto más es querer saber historias que gramática, y, pues vosotros holgáis desto, de muy buena gana os diré todo lo que acerca dello he considerado. Estad atentos, porque sobrêllo me digáis vuestros pareceres. Y, porque la lengua que oy se habla en Castilla, de la qual vosotros queréis ser informados, tiene parte de la lengua que se usava en España antes que los romanos la enseñoreassen, y tiene también alguna parte de la de los godos que sucedieron a los romanos, y mucha de la de los moros,

---

[33] Expresión chistosa anticlerical de tipo erasmiano, que fue corregida por uno de los censores en el manuscrito de Madrid, y que falta en los de Londres y del Escorial.

que reinaron muchos años, aunque la principal parte es de la lengua que introduxeron los romanos, que es la lengua latina, será bien que primero esaminemos qué lengua era aquella antigua que se usava en España antes que los romanos viniessen a ella.

Lo que por la mayor parte los que son curiosos destas cosas tienen y creen, es que la lengua que oy usan los vizcaínos es aquella antigua española. Esta opinión confirman con dos razones harto aparentes: la una es que, assí como las armas de los romanos, quando conquistaron la España, no pudieron passar en aquella parte que llamamos Vizcaya, assí tampoco pudo passar la lengua al tiempo que, después de averse hecho señores de Spaña, quisieron que en toda ella se hablasse la lengua romana. La otra razón es la disconformidad que tiene la lengua vizcaína con qualquiera de las otras lenguas que el día de oy en España se usan, por donde se tiene casi por cierto que aquella nación conservó juntamente con la libertad su primera lengua. Desta mesma opinión fui yo un tiempo, y creí que cierto fuesse assí, porque la una razón y la otra me contentaron; pero aviéndolo después considerado mejor, y aviendo leído un poco más adelante, soy venido en esta opinión: que la lengua que en España se hablava antiguamente era assí griega[34] como la que agora se habla es latina; quiero dezir que, assí como la lengua que oy se habla en Castilla, aunque es mezclada de otras, la mayor y más principal parte que tiene es de la lengua latina, assí la lengua que estonces se hablava, aunque tenía mezcla de otras, la mayor y más principal parte della era de la lengua griega. En esta opinión he

---

[34] La idea del origen del castellano del griego no es una novedad de Valdés, sino que tiene ilustres precedentes en Vergara y en algunos humanistas franceses (véase M. Bataillon, *Erasmo y España,* cit., pág. 303, nota 10).

entrado por dos puertas. La una es leyendo a los historiadores, porque hallo que griegos fueron los que más platicaron en España, assí con armas como con contrataciones, y ya sabéis que estas dos cosas son las que hazen alterar y aun mudar las lenguas; quanto más que se lee que griegos vinieron a abitar en España, por donde es de creer que, no solamente guardaron su lengua, pero que la comunicaron con las otras naciones, las quales, por ser, como es, rica y abundante, la devieron de acetar. La otra puerta por donde soy entrado en esta opinión es la consideración de los vocablos castellanos, porque, quando me pongo a pensar en ellos, hallo que muchos de los que no son latinos o arávigos son griegos, los cuales creo sin falta quedassen de la lengua antigua, assí como quedaron también algunas maneras de dezir, porque, como sabéis, el que habla en lengua agena siempre usa algunos vocablos de la suya propia, y algunas maneras de dezir.

M. Cosa nueva es para mí, no lo que toca a las historias, sino lo que dezís que la lengua castellana tenga tanto de la griega, y, si no me lo tuviéssedes a mal, no lo querría creer hasta ver primero cómo lo prováis.

V. Aunque el creer sea cortesía, yo huelgo que desto que os he dicho no creáis más de lo que viéredes.

M. Acetamos la licencia, y mirad que no os admitiremos los vocablos griegos que la lengua castellana ha tomado de la sagrada escritura, como son *escandalizar, atesorar, evangelio, apóstol*[35], ni otros que son como anexos a éstos, assí como *ciminterio* y *martilojo,* ni tampoco los que parece sean de la medicina, como *cristel, paroxismo, efímera, gargarismo,* porque quiero que en sí muestren su antigüe-

---

[35] Los cuatro términos se encuentran en las traducciones y comentarios valdesianos a las cartas de San Pablo *A los Romanos* y *A los Corintios.*

dad, porque de otra manera no valerá nada vuestra razón.

V. Bien me podría servir de alguno de los que avéis dicho, pero no quiero sino dexarlos por no contender, y deziros algunos otros que a mi ver muestran ser antiguos assí bien que bastan harto para que creáis que lo que digo es verdad; éstos son *apeldar*[36] por *huir*, *malatía* por *enfermedad*[37], *cillero* por 'el lugar donde ponden la harina'[38], *fantasía* por *presunción*[39], *gaçafatón* por 'cosa mal dicha', *tío*, *rávano*[40], *cara, carátula, cadira* por *silla*[41]; también creo que quedassen del griego *trévedes* y *chimenea*, y aun *brasa* y *abrasar*, porque BRASO quiere dezir *hiervo*, y *açomar, masa, moço, mesta, cañada, barrio, cisne, pinjado, artesa, tramar, truhán, mandra, celemín, glotón, tragón* y *tragar*[42]. Ay también algunos que comiençan en *pan-*, y tienen del griego, como son *pantuflos*[43], *pandero, panfarrón*, y otros muchos que deve aver en que yo no he mirado; ay también otros vocablos que, aunque

---

[36] El sentido de 'huir' se explica con el figurado *apeldar* sobrentendiendo «a la fuga», y era normal en el tiempo de Valdés, como observa Corominas.

[37] Corominas explica el término como italianismo temprano, por la abundancia de leprosos en el Levante.

[38] Valdés hace derivar *cillero* directamente de χοῖλον, sin tener en cuenta el latín *cellarium*. Nebrija, *Vocabulario español-latino*, por E. A. de Nebrija, ed. facsímil de la Real Academia Española, Madrid, 1951, registra *cillero* en varias acepciones, entre las cuales «Cillero donde algo guardan. cellarium. i».

[39] *fantasía* se cita en otro lugar entre los neologismos de origen italiano (véase nota 274).

[40] *rávano*. Nebrija, *Vocabulario:* «Rávano ierva o raíz. radix. icis» y «Rávano este mesmo en griego. rhaphanus».

[41] En castellano antiguo significaba 'silla', derivado de *cathedra*.

[42] Todos los vocablos de este lugar, con excepción de *masa* y *abrasar*, se encuentran casi en el mismo orden en una lista de palabras que sigue el texto del diálogo en el manuscrito madrileño, escrita por uno de los copistas del diálogo.

[43] Corominas observa que «los humanistas de varios países tuvieron la idea de derivar *pantufla* del griego; quizá el que antes lo publicó fue Valdés (1535) quien, por lo demás, no precisa la idea».

tienen del latín, parecen claramente ser forjados a la sinificación de otros griegos que sinifican lo que ellos; destos es *dexemplar,* que en algunas partes de Spaña usan por *disfamar;* el qual vocablo creo yo sea forjado desta manera: que soliendo dezir, como el griego dize PARADIGMA que quiere dezir EXEMPLUM, el español, quiriendo hablar latín, habló a su modo y dixo *dexemplar;* así como el francés, porque, hablando su lengua, por *sí* dice OUI-DA, quando viene a hablar latín, no se contenta con dezir ITA, sino añádele el -DA de su lengua y dize ITA-DA[44]. Esto me parece que os deve bastar quanto a los vocablos. Quanto a las maneras de dezir, si miráis en ello, hallaréis muy muchas.

M. Ea, dezid algunas.

V. Porque Luciano, de los autores griegos en que yo he leído[45], es el que más se allega al hablar ordinario, os daré dél los exemplos.

M. Más los quisiera de Demóstenes.

V. Y aun yo holgara de dároslos siquiera de Isócrates, pero contentáos con que os dé de lo que tengo. Quando en castellano queremos dezir que 'uno tiene bien de bivir' dezimos que *tiene buena passada;* desta mesma manera, quiriendo dezir esto mesmo, dize Luciano CE DIARCI TON PORON[46]; y en castellano, quiriendo dezir 'nuestra hazienda' o 'su hazienda' dezimos *lo nuestro o lo suyo* («Quien da lo suyo antes de su muerte, merece que le den con un

---

[44] Valdés alude a un calco semántico y morfológico del griego al español *(dexemplar* es a παραδειγματιζειν como *exemplo* a παράδειγμα). El pasaje, que yo llegué a suponer lagunoso, en realidad sólo poco claro, ha sido elucidado extraordinariamente por el magnífico artículo de Guilermo L. Guitarte, «*Dexemplar* en el *Diálogo de la lengua* (sobre un fondo de Erasmo y Nebrija)», en *Filología,* XVII, Buenos Aires, 1977.

[45] Sobre Luciano, que influye en Valdés a través de Erasmo, véase nuestra introducción, II, 2.

[46] Las citas de Luciano pertenecen al *Sueño,* caps. I, II y III.

maço en la frente»[47], adonde dize *lo suyo* por 'su hazienda') y Luciano en la mesma sinificación dize TA IMETERA[48]. También, si en castellano amenazamos a un moço o muchacho, quiriendo dezir que lo castigaremos, dezimos «Pues si yo te empieço», y de la mesma manera dize Luciano MU CATIRXATO[49], que quiere dezir *me empeçó,* por 'me dio'. Para confirmación desta mi opinión, aliende de lo dicho, puedo también alegar la conformidad de los artículos y otras cosas, si no os contentáis con lo alegado.

M.   Antes abasta harto lo que avéis dicho, y de verdad parece harto aparente y razonable esta vuestra opinión, y yo tanto de oy más la terné también por mía, y lo mesmo creo que harán estos dos señores. Agora, presuponiendo que es assí como vos dezís, que la lengua que en España se hablava antes que los romanos, aviéndola enseñoreado, le introduxessen su lengua, era assí griega como es latina la que agora se habla, proseguid adelante.

V.   La vida me avéis dado[50] en no querer contender sobrêsto, porque por no porfiar me dexara vencer, haziendo mi cuenta que «más vale quedar por necio que ser tenido por porfiado». Pero mirad que, si alguno querrá dezir[51] que la lengua vizcaína es en España aun más antigua que la griega, yo tanto[52] no curaré de contender sobre lo contrario, antes diré que sea mucho en buena hora assí como lo

---

[47] Proverbio que se encuentra ya en Santillana con una ligera variante.

[48] En Luciano significa exactamente «nuestros recursos».

[49] La cita de Luciano nos ayuda a restituir la lección *me dio,* o sea, *me pegó,* en lugar de *por medio* que no nos convence. La autora de la corrección que aceptamos es J. H. Perry.

[50] Expresión muy frecuente en Valdés, también en *Alfabeto cristiano,* cit., 27r: «Con questo m'havete data la vita intieramente, perchè mi tenevate molto impaurita»; 51v: «G. Come m'avete dato la vita con questo»; 53v; «G. Con questo mi date la vita...»; 58r: «G. La vita m'havete dato con questo...»

[51] Construcción sintáctica normal en italiano.

[52] *Yo tanto,* 'en cuanto a mí', 'por mi parte', italianismo.

dirá, con tanto que a mí me conceda el señor Torres lo que digo.

T. No os concederé yo tan presto lo que avéis concluido, porque Gayo Lucio y los tres Cipiones, Claudio Nerón y Sempronio Graco, siendo romanos, latinos y griegos, no hablaran con turdetanos, celtiberos, o iberos y cántabros por intérpretes, si la lengua antigua de Spaña fuera griega, ni los mercadantes de Fenicia avían necessidad de intérprete en el contratar de sus mercaderías con los antiguos de Spaña, antes que cartagineses y romanos la combatiessen.

V. Abasta que la lengua latina, como he dicho, desterró de Spaña a la griega, la qual assí mezclada y algo corrompida se platicó en España hasta la venida de los godos, los quales, aunque no desterraron la lengua latina, todavía la corrompieron con la suya, de manera que ya la lengua latina tenía en España dos mezclas, una de la griega, según mi opinión, y otra de los godos. El uso desta lengua assí corrompida duró por toda España, según yo pienso, hasta que el rey don Rodrigo en el año de setecientos y diez y nueve, poco más o menos, desastradamente la perdió, quando la conquistaron ciertos reyes moros que passaron de África, con la venida de los quales se començó a hablar en España la lengua aráviga, eceto en Asturias, en Vizcaya y Lepuzca, y en algunos lugares fuertes de Aragón y Cataluña, las quales provincias los moros no pudieron sujuzgar, y assí se salvaron muchas gentes de los cristianos, tomando por amparo y defensión la aspereza de las tierras, adonde, conservando su religión, su libertad y su lengua, estuvieron quedos hasta que en Asturias, adonde se recogió mayor número de gente, alçaron por rey de Spaña al Infante don Pelayo, el qual con los suyos començó a pelear con los moros, y, ayudándoles Dios, ivan ganando tierra con ellos, y assí como los sucessores deste rey sucedían en el reino, assí también sucedían en la guerra contra los moros, ganándoles quando una cibdad y quando otra, y quando un reino y quando otro. Esta conquista, como creo sabéis, duró hasta el año de mil y quatrocientos y noventa y dos, en el qual año los Reyes Católicos de gloriosa memoria, ganando el reino de Granada, echaron del todo la tiranía de los moros de toda España. En este medio tiempo no pudieron tanto conservar los españoles la pureza de su lengua[53], que no se mezclasse con ella mucho de la aráviga, porque, aunque recobravan los reinos, las cibdades, villas y lugares, como todavía quedavan en ellas muchos moros por moradores, quedávanse con su lengua; y, aviendo durado en ella hasta que pocos años ha el Emperador les mandó se tornassen cristianos o se saliessen de Spaña, conversando entre nosotros, annos pegado muchos de sus vocablos. Esta breve historia os he contado, porque, para satisfazeros a lo que me preguntastes, me pareció convenía assí. Agora, pues avéis visto cómo, de la lengua que en España se hablava antes que conociesse la de los romanos, tiene oy la castellana algunos vocablos y algunas maneras de dezir, es menester que entendáis cómo de la lengua aráviga ha tomado muchos vocablos; y avéis de saber que, aunque para muchas cosas de las que nombramos con vocablos arávigos tenemos vocablos latinos, el uso nos ha hecho tener por mejores los arávigos que los latinos; y de aquí es que dezimos antes *alhombra* que *tapete,* y tenemos por mejor vocablo *alcrevite* que *piedra sufre,* y *azeite* que *olio,* y, si mal no m'engaño, hallaréis que para solas aquellas cosas que avemos tomado de los moros no tenemos otros vocablos con que nombrarlas que los arávigos, que ellos mesmos, con las mesmas cosas,

---

[53] Aquí el concepto de *mezcla* se opone al de *pureza,* mientras en otros casos constituye motivo de orgullo, como medio de enriquecimiento del patrimonio lingüístico.

nos introduxeron[54]; y, si queréis ir avisados, hallaréis que un *al-* que los moros tienen por artículo, el qual ellos ponen al principio de los más nombres que tienen, nosotros lo tenemos mezclado en algunos vocablos latinos, el qual es causa que no los conozcamos por nuestros. Pero, con todos estos embaraços y con todas estas mezclas, todavía la lengua latina es el principal fundamento de la castellana, de tal manera que, si a vuestra pregunta yo uviera respondido que el origen de la lengua castellana es la latina, me pudiera aver escusado todo lo demás que he dicho; pero mirad que he querido ser liberal en esta parte, porque me consintáis ser escasso en las demás.

T.   Creo yo, según lo que conozco de vuestra condición, que, aunque os roguemos seáis escasso, seréis liberal, especialmente desta mercancía en que con la liberalidad no se desmengua el caudal.

M.   No os ha respondido mal; y vos nos avéis muy bien satisfecho a nuestra pregunta, porque, assí vuestra opinión acerca de la primera lengua, como acerca de la corrupción de la latina, parece no se puede negar; pero, pues tenemos ya que el fundamento de la lengua castellana es la latina, resta que nos digáis de dónde vino y tuvo principio que en España se hablassen las otras quatro maneras de lenguas que oy se hablan: como son la catalana, la valenciana, la portuguesa y la vizcaína.

V.   Diréos no lo que sé de cierta ciencia, porque no sé nada desta manera, sino lo que por conjeturas alcanço, y lo que saco por discreción; por tanto me contento que vosotros a lo que dixere deis el crédito que quisiéredes; y, con este presupuesto, digo que dos cosas suelen principalmente causar en una provincia diversidades de lenguas: la una es no es-

---

[54] Concepción moderna de relación entre palabras y cosas, repetida también en la pág. 193.

tar toda debaxo de un príncipe, rey o señor, de donde procede que tantas diferencias ay de lenguas, quanta diversidad de señores; la otra es que, como siempre se pegan algo unas provincias comarcanas a otras, acontece que cada parte de una provincia, tomando algo de sus comarcanas, su poco a poco se va diferenciando de las otras, y esto no solamente en el hablar, pero aun también en el conversar y en las costumbres. España, como sabéis, ha estado debaxo de muchos señores, y es assí que, dexado a parte que aun hasta Castilla estuvo dividida, no ha muchos años que Cataluña era de un señor al qual llamavan conde, y Aragón era de otro señor al qual llamavan rey; los quales dos señores vinieron a juntarse por casamientos, y después por armas conquistaron el reino de Valencia que era de moros; y, andando el tiempo, lo uno y lo otro vino a juntarse con Castilla; y los reinos de Granada y Navarra tenían también sus señoríos, aunque ya agora, a su despecho, el uno y el otro están debaxo de la corona de Castilla; y Portugal, como veis, aun agora sta apartada de la corona de Spaña, teniendo como tiene rey de por sí. La qual diversidad de señoríos pienso yo que en alguna manera aya causado la diferencia de las lenguas, bien que qualquiera dellas se conforma más con la lengua castellana que con ninguna otra; porque, aunque cada una dellas ha tomado de sus comarcanos, como Cataluña que ha tomado de Francia y de Italia, y Valencia que ha tomado de Cataluña, todavía veréis que principalmente tiran al latín, que es, como tengo dicho, el fundamento de la lengua castellana, de la qual, porque os tengo dicho todo lo que sé y puedo dezir, no curo de hablar más. De la vizcaína querría saberos dezir algo, pero, como no la sé ni la entiendo, no tengo que dezir della sino solamente esto, que, según he entendido de personas que la entienden, también a ella se le an pegado muchos vocablos latinos, los quales no se conocen, assí por lo que les an añadido, como por la manera con que los pronuncian. Esta lengua es tan agena de todas las otras de Spaña, que ni los naturales della son entendidos por ella poco ni mucho de los otros, ni los otros dellos.

La lengua catalana diz que era antiguamente lemosina, que es agora lenguadoc; hase apurado tomando mucho del latín, sino que no le toma los vocablos enteros; y tomando algo del francés puro, y también del castellano y del italiano. La valenciana es tan conforme a la catalana, que el que entiende la una entiende casi la otra, porque la principal diferencia consiste en la pronunciación que se llega más al castellano, y assí es más intelegible al castellano que la catalana. La portuguesa tiene más del castellano[55] que ninguna de las otras, tanto que la principal diferencia que a mi parecer se halla entre las dos lenguas es la pronunciación y la ortografía.

M. Siendo esto que dezís assí, ¿cómo en Aragón y Navarra, aviendo sido casi siempre reinos de por sí, se habla la lengua castellana?

V. La causa desto pienso que sea que, assí como los cristianos que se recogieron en Asturias debaxo del rey don Pelayo ganando y conquistando a Castilla conservaron su lengua, assí también los que se recogieron en algunos lugares fuertes de los montes Pirineos y debaxo del rey don Garci Ximénez, conquistando a Aragón y Navarra conservaron su lengua, aunque creo que también lo aya causado la mucha comunicación que estas dos provincias an siempre tenido en Castilla. Y la causa

---

[55] En el caso del portugués se da sólo una de las *dos cosas* enunciadas en la pág. 139, o sea, que las causas de la diferenciación son sólo las de tipo político; por tanto, en el esquema valdesiano no cabe ni considerarlo una lengua aparte, como el vascuence, ni explicarlo con el criterio de *mezcla* debida a posición geográfica intermedia entre dos naciones.

por que, según yo pienso, en el Andaluzía y en el reino de Murcia la vezindad de la mar no ha hecho lo que en las otras provincias, es que los castellanos conquistaron estas provincias en tiempo que ya ellos eran tantos que bastavan para introducir su lengua, y no tenían necessidad del comercio de otras naciones para las contrataciones que sustentan las provincias.

M. Bien me satisfazen essas razones, y, quanto a esto, con lo dicho nos contentamos, y assí queremos que dexéis aparte las otras quatro lenguas y nos digáis solamente lo que toca a la lengua castellana.

V. Si me avéis de preguntar de las diversidades que ay en el hablar castellano entre unas tierras y otras, será nunca acabar, porque, como la lengua castellana se habla no solamente por toda Castilla, pero en el reino de Aragón, en el de Murcia con toda el Andaluzía, y en Galizia, Asturias y Navarra, y esto aun hasta entre la gente vulgar, porque entre la gente noble tanto bien se habla en todo el resto de Spaña, cada provincia tiene sus vocablos propios y sus maneras de dezir; y es assí que el aragonés tiene unos vocablos propios y unas propias maneras de dezir, y el andaluz tiene otros y otras, y el navarro otros y otras, y aun ay otros y otras en tierra de Campos, que llaman Castilla la Vieja, y otros y otras en el reino de Toledo. De manera que, como digo, nunca acabaríamos.

T. No os queremos meter en ese labirinto; solamente, como a hombre criado en el reino de Toledo y en la corte de Spaña[56], os preguntaremos de la lengua que se usa en la corte, y, si alguna vez tocaremos algo dessotras provincias, recibiréislo en paciencia.

V. Mientras me mandárades acortar la materia y no alargarla, de buena voluntad os obedeceré.

---

[56] Sobre el uso toledano, véase nuestra introducción, II, 4.

M.  ¿Creéis que la lengua castellana tenga algunos vocablos de la hebrea?[57]

V.  Yo no me acuerdo sino de solo uno, el qual creo se le aya pegado de la religión; éste es *abad*, de donde viene *abadessa, abadía* y *abadengo*.

C.  Este último vocablo es muy nuevo para mí; no passéis adelante sin dezirme qué quiere dezir *abadengo*.

V.  Porque en la lengua castellana de *real* se dice realengo 'lo que pertenece al rey', quisieron los clérigos, con su acostumbrada humildad, por parecer a los reyes, que de *abad* se llamase *abadengo* 'lo que pertenece al abad o abadía'.

T.  ¿Paréceos a vos que fueron muy necios?

V.  No m'empacho con clérigos. También *saco* por *costal* o *talega* es hebreo, de donde lo ha tomado el castellano, assí como casi todas las otras lenguas que an sucedido a la hebrea.

M.  ¿Ay algunos vocablos deduzidos de la lengua italiana?

V.  Pienso yo que *jornal, jornalero* y *jornada* an tomado principio del GIORNO que dezís acá en Italia[58]; es verdad que también se lo puede atribuir assí Cataluña.

T.  Verdaderamente creo sea assí como dezís; nunca avía mirado en ello.

V.  Bien creo que aya también algunos otros vocablos tan propios castellanos que, sin tener origen de ninguna otra lengua, con el tiempo an nacido en la provincia.

---

[57] Esta pregunta de Marcio hizo suponer (padre Miguélez, J. H. Perry) que una lista de vocablos castellanos derivados del hebreo, que se encuentra en los manuscritos de Londres y del Escorial, fuese del mismo autor del diálogo y constituyese una integración a éste; hipótesis desmentida por Cotarelo, *Una opinión nueva acerca del autor del «Diálogo de la lengua»*, cit., pág. 145.

[58] *Jornada* es provenzalismo; Valdés no asegura («pienso yo... es verdad que...») la proveniencia italiana.

M.  Quanto al origen de la lengua basta harto saber lo que nos avéis dicho. Agora querríamos saber de vos, en lo que pertenece a la gramática, qué conformidad tiene la lengua castellana con las otras lenguas de que ha tomado vocablos con que ataviarse y componerse.

V.  Muy larga me la levantáis, si queréis meterme en reglas gramaticales[59]; pero, porque no digáis que no os obedezco, diré lo que assí de presto se me ofrecerá.

M.  Nosotros nos contentamos con esso.

V.  Quanto a la conformidad, digo que se conforma la lengua castellana con la griega en esto, que tiene, como ella, sus artículos[60].

T.  ¿A qué llamáis artículos?

V.  A *el, la* y *lo, los* y *las*.

T.  Ya lo entiendo.

M.  ¿De qué manera usáis destos artículos?

V.  *El* ponemos con los nombres masculinos diziendo el hombre, y *la* ponemos con los nombres femeninos diziendo *la muger;* y *lo* juntamos a los nombres neutros diziendo *lo bueno;* pero déste solamente tenemos singular, y no plural como de los otros, que tenemos *los* para masculino, diziendo *los hombres,* y *las* para femerino, diziendo *las mugeres.*

C.  ¿Y para los otros casos tenéis artículos?

V.  Para el genitivo masculino tenemos *del*, diziendo *del hombre,* y para el femenino *de la*, diziendo *de la muger.* Aunque yo creo, assí en el un género como en el otro, sobre el artículo del nominativo se añade un *de,* sino que en el masculino se pierde

---

[59] El autor rehúye por temperamento de las pedanterías gramaticales, pero sus relaciones con la gramática son muy complejas; véase nuestra introducción, II, 4.

[60] Con miras a ennoblecer el castellano se aplica el concepto de *conformidad* sólo con el griego, el hebreo y el latín, es decir, las lenguas ilustres.

la *e,* y por no dezir *deel hombre* dezimos *del hombre.*

T. Sin dubda creo que sea assí.

V. Estos mesmos artículos sirven para el ablativo, porque quando dezimos «Del lobo un pelo y ésse de la frente», aquel *del lobo* sta en ablativo. De la mesma manera en el dativo y acusativo ponemos sobre el artículo del nominativo una *a,* sino que en el masculino perdemos la *e,* diziendo «Dixo el asno al mulo: ¡harre allá! orejudo», adonde aquel *al* sta por *a el.* En el femenino no se pierde nada, porque dezimos «Dixo la sartén a la caldera: ¡tira allá! cul-negra»[61]. De la mesma manera hazemos en el artículo neutro que en femenino, porque assí poniendo un *de* sobre el artículo del nominativo formamos el del genitivo y ablativo, y poniendo una *a* formamos el del dativo y acusativo, porque dezimos *de lo* para genitivo y ablativo, y *a lo* para dativo y acusativo: «De lo contado come el lobo», etcétera; y assí como en el singular dezimos *el, del* y *al* en el género masculino, y *la, de la* y *a la* en el femenino, assí en el plural en el masculino dezimos *los, de los* y *a los,* y en el femenino *las, de las* y *a las;* el artículo neutro ya he dicho que no tiene plural.

M. Harto basta lo dicho quanto a la conformidad de los artículos; proseguid adelante.

V. Con la lengua hebrea se conforma la castellana en no variar los casos, porque en el singular tienen todos ellos una sola terminación, y en el plural otra, assí como *bueno* y *buenos, hombre* y *hombres.* Con la mesma lengua se conforma en poner en muchos vocablos el acento en la última, y en usar algunas vezes el número singular por el plural; y assí dize *mucha naranja, passa o higo,* por *muchas naranjas, passas o higos.* Confórmase también en juntar el pronombre con el verbo, diziendo

---

[61] Los dos proverbios están documentados en Correas, pág. 156.

*dadle y tomaráse* como parece por este refrán: «Al ruin dadle un palmo, y tomaráse quatro»[62]. Con la lengua latina se conforma principalmente en algunas maneras de dezir, y en otras, como avéis oído, se conforma con la griega. Confórmase también con el latín en el *a.b.c,* aunque difieren en esto, que la lengua castellana tiene una *j* larga que vale por *gi,* y tiene una que nosotros llamamos *cerilla,* la cual haze que la *c* valga por *z*[63]; tiene más una *tilde* que en muchas partes puesta sobre la *n* vale tanto como *g.*

T.   De manera que, según esso, podremos bien dezir que el *a.b.c.* de la lengua castellana tiene tres letras más que el de la latina.

C.   Aun hasta en esto queréis ganar honra; sea mucho en buena hora.

V.   Quanto a la gramática, con deziros tres reglas generales que yo guardo, pensaré aver cumplido con vosotros; las quales a mi ver son de alguna importancia para saber hablar y escrivir bien y propiamente la lengua castellana.

T.   Conmigo tanto, y aun sin dezir ninguna, cumpliríades.

M.   ¿Por qué?

T.   Porque nunca fui amigo destas gramatiquerías.

M.   Y aun por esto es regla cierta que «tanto aprueva uno quanto alcança a entender»; vos no sois amigo de gramatiquerías, porque no sabéis nada dellas, y, si supiéssedes algo, desseariades saber mucho, y assí por ventura seríades amigo dellas.

T.   Puede ser que sería assí, no lo contradigo. Dezid vos vuestras tres reglas; quiçá, sabidas, aprovaré la gramática.

---

[62] Documentado en esta forma en Correas, pág. 37. En Santillana tenemos *al judío* en lugar de *al ruin.*

[63] Nebrija, *Gramática,* cit., pág. 22 «... de manera que pues la *c* puesta debaxo aquella señal, muda la sustancia dela pronunciación, ia no es *c,* sino otra letra».

V.  La primera regla es que miréis muy atentamente si el vocablo que queréis hablar o escrivir es arávigo o latino, porque, conocido esto, luego atinaréis cómo lo avéis de pronunciar o escrivir.

M.  Sta bien, pero esso más pertenece para la ortografía y pronunciación que para la gramática.

V.  Assí es la verdad, yo os digo lo que se me ofrece; ponedlo vosotros en el lugar que quisiéredes.

M.  Bien dezís, pero sería menester que nos diéssedes alguna regla la qual nos enseñasse hazer diferencia entrêssos vocablos.

V.  Quanto que yo no os sabría dar más que una noticia confusa, la qual os servirá más para atinar que para acertar [64].

M.  Con essa nos contentaremos; dezídnosla.

V.  Quanto a lo primero, presuponed que por la mayor parte todos los vocablos que viéredes que no tienen alguna conformidad con los latinos y griegos son arávigos; en los quales casi ordinariamente veréis *h, x* o *z* [65], porque estas tres letras son muy anexas a ellos, y de aquí procede que los vocablos que tienen *F* en el latín, convertidos en el castellano, la *F* se torna en *h,* y assí de FAUA dezimos *hava;* y aun por la mesma causa en muchas partes de Castilla convierten la *S* latina en *x,* y por *sastre* dizen *xastre;* lo mesmo hazen comúnmente convirtiendo la *C* latina en *z,* y assí por FACIUNT dizen *hazen;* las quales todas son pronunciaciones que tienen del arávigo, pero son tan recibidas en el castellano que, si no es en el *sastre* y otros como él, en los demás se tiene por mejor la pronunciación y escritura aráviga que la latina. Esto os he dicho porque, si viéredes un vocablo con una destas tres

---

[64] Valdés distinguía entre *atinar* y *acertar,* dando al segundo un sentido más concreto.

[65] Aquí Valdés está en un error; la larga convivencia con el árabe no aportó modificaciones en el sistema fonológico del español, influyendo cuantiosamente en otros aspectos, como el léxico.

letras, no penséis luego que es arávigo hasta aver esaminado si tiene esta mudança de letras o no. Quanto a lo demás, sabed que casi siempre son arávigos los vocablos que empieçan en *al-*, como *almohada, alhombra, almohaça, alhareme;* y los que comiençan en *az-*, como *azaguán, azar, azagaya;* y los que comiençan en *col-*, como *colcha, colgajo, cohecho;* y los que comiençan en *ça-*, como *çaherir, çaquiçamí, çafio;* y los que comiençan en *ha-*, como *haxa, haragán, harón;* y los que comiençan en *cha-, chi-, cho-, chu-*, como *chapín, chinela, choça, chueca;* y los que comiençan en *en-*, como *enhelgado, enhaziado, endechas;* y los que comiençan en *gua-*, como *Guadalherza, Guadalquevir, Guadarrama;* y éstos por la mayor parte son nombres de ríos o de lugares; y los que comiençan en *xa-, xe-*, como *xáquima, xerga.* De los vocablos latinos enteros no es menester daros regla, pues sin ella vosotros los conoceréis, como también atinaréis en los corrompidos poniendo en ello un poco de diligencia y trabajo; pero advertid que, assí como en los vocablos arávigos no sta bien al castellano aquel pronunciar con la garganta que los moros hazen[66], assí tampoco en los vocablos latinos no conviene pronunciar algunas cosas tan curiosamente como las pronunciáis los latinos; esto digo por la superstición con que algunos de vosotros hablando castellano, pronunciáis la *s*[67].

M. Digo que tenéis mucha razón, y que tengo este aviso por muy bueno, considerando que tampoco nosotros pronunciamos en el latín los vocablos que tenemos de la lengua griega y de la hebrea con

---

[66] Se trata de la que Galateo, en el *De educatione,* notaba como «crassam arabum aspirationem».

[67] Para los términos *curiosamente* y *superstición,* véase la nota 25, 6-12, pág. 143, de mi edición crítica. A Valdés, como es obvio, le chocaba la poca naturalidad con que los italianos pronuncian la *s* final de palabra.

aquella eficacia y vehemencia que los pronuncian los griegos y hebreos.

V. La segunda regla consiste en saber poner en cada vocablo su propio artículo; quiero dezir juntar con el nombre masculino y neutro sus propios artículos, y decir: «El abad de donde canta de allí yanta» y «Al ruin quando lo mientan luego viene»[68]; y juntar con el nombre femenino los artículos femeninos, diziendo assí: «La muger y la gallina por andar se pierde aína»[69], y «El polvo de la oveja alcohol es para el lobo»[70]; de manera que ni al nombre masculino pongáis artículo femenino, ni juntéis con el femenino artículo masculino.

M. ¿En qué conoceremos nosotros, entre los vocablos, quál es de un género y quál de otro?

V. Essa regla no os la sabré yo dar, porque nunca me he parado a pensarla; bien es verdad que he notado esto: que por la mayor parte los vocablos latinos guardan en el castellano el mesmo género que en el latín, y digo por la mayor parte, porque ay muchos que no lo guardan assí como son los nombres de árboles, que en latín son, como sabéis, casi todos femeninos, y en castellano son casi todos masculinos, y los de la fruta son los más femeninos; pero por lo más ordinario veréis que los nombres en castellano guardan el género que en el latín desta manera: que los nombres acabados en -a, serán femeninos, y assí por el consiguiente.

M. Pues ¿por qué no ponéis *la* por artículo a todos los nombres femeninos?[71]

---

[68] Es curioso que no se cite, como se promete, el artículo neutro.
[69] No documentado anteriormente a Valdés.
[70] Documentado ya en Santillana.
[71] Nebrija, *Gramática,* cit., pág. 68: «Mas avemos aquí de mirar que cuando algún nombre feminino comiença en *a,* porque no se encuentre una *a* con otra i se haga fealdad enla pronunciación, en lugar de *la* ponemos *el,* como *el agua, el águila, el alma, el açada;* si comiença en alguna delas otras vocales porque no se haze tanta fealdad, indiferente mente ponemos *el* o *la,* como *el enemiga, la ene-*

V.  Sí, *la* ponemos a todos, sacando aquellos que comiençan en *a,* assí como *arca, ama, ala,* con los quales juntamos *el,* diziendo *el arca, el ama, el ala.* Esto hazemos por evitar el mal sonido que hazen dos *aes* juntas, y de verdad parece mejor dezir «El mal del milano, *el ala* quebrada y el papo sano» que no *la ala.*

M.  ¿No sería mejor, por no caer en el inconveniente que parece sea poner artículo masculino al nombre femenino, perder la *a* del artículo y dezir *l'arca, l'ama, l'ala?*

V.  No me parecería mal si se usasse, pero como no se usa, yo por mí no lo osaría dezir ni escrivir.

M.  Pero, ¿no os parecería mal adonde lo viéssedes escrito?

V.  No, de ninguna manera. Esto es quanto a los vocablos que o son latinos o tienen alguna parte del latín; quanto a los otros, no os sabría dar regla ninguna. El mesmo cuidado que avéis de tener en poner bien el artículo del nominativo conviene que tengáis en poner el del genitivo y acusativo, estando sobre aviso de hablar siempre desta manera: «Del monte salle quien el monte quema»[72] y «Del lobo un pelo y ésse de la frente»[73], y «Lo que da el nieto al agüelo»[74] y «Allegadora de la ceniza y derramadora de la harina»[75].

C.  Paréceme que os aprovecháis bien de vuestros refranes, o como los llamáis.

V.  Aprovéchome dellos tanto como dezís, porque, aviendôs de mostrar por un otro exemplo lo que quiero dezir, me parece sea más provechoso amos-

---

*miga,* pero enel plural siempre les damos el artículo delas hembras, como *las aguas, las enemigas...*»

[72] Proverbio que se encuentra también en la pág. 238.

[73] Documentado ya en Santillana.

[74] La forma completa es «Lo que da el nieto al abuelo; lo que no es bueno».

[75] Con ligeras variantes se encuentra ya en el *Corbacho,* en Santillana, etc.

trároslo por estos refranes, porque oyéndolos los aprendáis, y porque más autoridad tiene un exemplo destos antiguos que un otro que yo podría componer.

C. Bien sta, pero yo no entiendo los más dellos.

V. Abasta que entendáis el propósito para que los digo; la sentencia otro día la entenderéis.

C. Aceto la promessa; y dezidme si tenéis por cosa de mucha importancia la observancia destos artículos.

V. Yo os diré de que tanta, que en Castilla tenemos por averiguado que un estrangero, especialmente si no sabe latín, por maravilla sabe usar propiamente dellos, tanto que ay muchos vizcaínos en Castilla que después de aver estado en ella quarenta o cinquenta años, y sabiendo del resto[76] muy bien la lengua, muchas vezes pecan en el uso de los artículos[77]. Por tanto os aconsejo que miréis muy bien en ello.

M. Assí lo haremos como lo dezís, por obedeceros.

V. Hazedlo por lo que os cumple, que a mí poco me importa. Más me cumple acabar esta jornada de oy, y por esto passo a la tercera regla; ésta es que en la pronunciación de los vocablos miréis bien en qué sílaba ponéis el acento, porque muchas vezes el acento haze variar la sinificación del vocablo, como parece en este refrán que dize: «Dure lo que durare, como cuchara de pan», adonde, si ponéis el acento en las últimas sílabas del *dure* y *durare*, no diréis nada, porque haréis al uno pretérito y al otro futuro; pero, si en el *dure* ponéis el acento en la *u*, y en el *durare* en la *a*, la sentencia estará buena[78];

---

[76] *del resto*, 'por otra parte', 'además'; italianismo.

[77] Como es sabido, el vascuence no tiene más que un artículo para los dos géneros.

[78] Nótese cómo los ejemplos citados pertenecen a formas verbales, como también hacía Nebrija, *Gramática*, cit., II, 2: «... como diziendo *amo*, esta palabra es indiferente a *io amo* i *alguno amó*. Esta am-

y, si diziendo «Quien haze un cesto hará ciento», en el *haze* ponéis el acento en la última haciéndolo imperativo, gastaréis la sentencia[79], y por el contrario si diziendo «Quien sufrió calló y vido lo que quiso»[80] en el *calló* ponéis el acento en la *a,* haziéndolo presente, no diréis nada. Esto mesmo acontece en otros muchos verbos, como en *burlo* y *lloro,* diziendo: «Quien con su mayor burló, primero riyó y después lloró»[81]; y por esta causa, quando yo escrivo alguna cosa con cuidado, en todos los vocablos que tienen el acento en la última, lo señalo con una rayuela. Bien sé que ternán algunos ésta por demasiada y superflua curiosidad, pero yo no me curo, porque la tengo por buena y necesaria.

M. Luego ¿ésta es la causa que os mueve a señalar los acentos como hazéis?

V. Esta mesma.

M. Pues yo os certifico que ésta de los acentos es una de las principales cosas con que yo venía armado contra vos, y parécéme lo que sobrêsto dezís tan bien, que no puedo dexar de aprovarlo, aunque hasta aquí me parecía cosa bien demasiada.

V. Huélgome de averos satisfecho antes que me lo preguntássedes.

M. ¿Y querríades que todos usassen este señalar de acentos en el escrivir?

V. Sí querría, a lo menos los que scriven libros de importancia y los que scriven cartas familiares a

---

bigüidad i confusión de tiempos i personas áse de distinguir por aquella señal, poniéndola sobre la primera sílaba de *amo,* cuando es dela primera persona del presente del indicativo, o enla última sílaba, cuando es dela tercer persona del tiempo passado acabado del mesmo indicativo».

[79] *gastaréis,* italianismo, 'echaréis a perder', 'estropearéis'.

[80] El proverbio no se encuentra en esta forma más que en Valdés, y resulta de difícil interpretación.

[81] Refrán que Boehmer encuentra en la recopilación Vallés, *Libro de Refranes Compilado por el orden del ABC,* Çaragoça, 1549.

personas que no son naturales de Castilla, porque a poca costa les enseñarían cómo an de leer lo que les escriven.

M. ¿Tenéis alguna regla cierta para esto de los acentos?

V. Ninguna tengo que salga siempre verdadera; es bien verdad que por la mayor parte los verbos que tienen el acento en la última son terceras personas o de pretérito, como *amó,* o de futuro, como *enseñará.*

M. ¿Avéis notado alguna otra regla que pertenezca al acento?

V. Ninguna, porque ya sabéis que las lenguas vulgares de ninguna manera se pueden reduzir a reglas de tal suerte que por ellas se puedan aprender; y siendo la castellana mezclada de tantas otras, podéis pensar si puede ninguno ser bastante a reduzirla a reglas. Y porque me avéis preguntado de la gramática, y pertenece también a ella saber juntar el pronombre con el nombre, quiero que sepáis que la lengua castellana siempre quiere el pronombre delante del nombre, si no es quando el nombre sta en vocativo, que estonces el pronombre sigue al nombre. De manera que, hablando bien, avéis de dezir *mi señor* y *mi señora, mi padre* y *mi madre,* quando están en nominativo, pero si estos nombres están en vocativo avéis de dezir *señor mío* y *señora mía, padre mío* y *madre mía.* Mas quiero sepáis que, si estando estos nombres en vocativo, ponéis el pronombre antes que el nombre, hazéis que la cortesía sea mucho menor, y de aquí es que ay muy gran diferencia de scrivir a una dama «Señora mía» o «Mi señora», porque, luego que de industria os apartáis del propio estilo de la lengua en que habláis o escrivís, mostráis tener por inferior a la persona con quien habláis, o a quien escrivís.

M. ¿Tenéis que essa regla sea siempre verdadera?

V. Yo por tal la osaría vender; bien puede ser que tenga alguna ecepción de que yo no me acuerde.

T. Mirad cómo habláis, porque *ecepción,* pues yo no lo entiendo[82], no es vocablo puro castellano.

V. Tenéis razón, pero, pues me hazéis hablar en esta materia en que yo no he visto cómo otros castellanos an hablado, es menester que sufráis me aproveche de los vocablos que más a propósito me parecerán, obligándome yo a declararos los que no entendiéredes; y assí digo que tener ecepción una regla es tener algunas cosas que sallen de aquella orden que la regla pone.

T. Ya lo entiendo, y soy contento de sufriros el uso destos vocablos, pero con la condición que dezís.

V. También pertenece a la gramática el saber juntar el pronombre con el verbo, en lo qual veo un cierto uso, no sé de dónde sea nacido, y es que muchos dizen *poneldo* y *embialdo* por dezir *ponedlo* y *embiadlo;* porque el *poned* y *embiad* es el verbo, y el *lo* es el pronombre, no sé qué sea la causa por que lo mezclan desta manera; yo, aunque todo se puede dezir, sin condenar ni reprehender nada, todavía tengo por mejor que el verbo vaya por sí y el pronombre por sí, y por esto digo: «Al moço malo, ponedle la mesa y embiadlo al mandado»[83]. La mesma razón ay en dezir *ayudarte ha* por *ayudárate*[84]; yo siempre digo: «Ayúdate y ayudaráte Dios»[85]. Lo mesmo es *sacarte ha* o *sacaráte,* como diziendo: «Cría cuervo, y sacaráte el ojo»[86].

T. ¿Qué me daréis y diré que, con lo que avéis dicho, estoy ya un poco aficionado a la gramática, y me va ya pareciendo bien?

V. ¿Qué? lo que dizen las viejas en mi tierra: «Un

---

[82] *Ecepción:* documentado por Corominas ya desde 1342.

[83] Refrán documentado en Santillana.

[84] En Correas el refrán citado a continuación tiene la forma «ayudarte ha» contraria a Valdés.

[85] No documentado en esta forma anteriormente a Valdés.

[86] Documentado por primera vez en Santillana, pero con «sacarte ha».

correverás y otro que te hallarás»[87], porque veáis en quánto tengo que os parezcan mal o bien.

T. Vos me avéis respondido como yo merecía; proseguid adelante.

V. No tengo más que proseguir, ni vosotros os podréis quexar que no os he dicho hartas gramatiquerías.

M. No, que no nos quexamos de lo dicho; pero quexarémonos si no nos dezis más.

V. Quexáos quanto quisiéredes, que a mí no se me ofrece otra cosa que deziros.

M. Según esso, no devéis aver leído el *Arte de Gramática Castellana* que diz que compuso vuestro Antonio de Librixa para las damas de la Serenísima Reina doña Isabel de inmortal memoria.

V. Assí es verdad que no lo he heído[88].

M. ¿Por qué?

V. Porque nunca pensé tener necessidad dél, y porque nunca lo he oído alabar; y en esto podéis ver cómo fue recibido y cómo era provechoso que, según entiendo, no fue imprimido más que una vez.

T. No importa; basta lo dicho quanto a lo que pertenece a la gramática; mejor haréis en demandar lo que pertenece al poner en los vocablos más unas letras que otras.

V. ¿De qué os reís?

M. Ríome de ver quán contra vuestra voluntad os hazemos hablar en estas niñerías, y huélgome de considerar la paciencia con que las tratáis.

V. Dexad hazer; que algún día también yo me reiré de vosotros, o mal m'andarán las manos[89].

---

[87] El refrán es la respuesta a la pregunta de Torres «¿Qué medaréis...?» y, en efecto, se encuentra en forma de pregunta y respuesta en la colección Vallés, cit., y en Correas. *Correverás* es 'juguete para niños, que se mueve por resorte', como explica Lapesa, página 60, de su edición valdesiana, cit.

[88] Quizá Valdés quiera eludir la cuestión, para no tener que dar un juicio negativo. Nada asegura que no haya tomado visión de la obra de Nebrija.

[89] Véase *Cartas,* ed. Montesinos, cit., XXIX, 45: «... y juro a

M.   A vuestro plazer, siempre me precié de tomar fia-
     do; agora me dezid: ¿por qué unas vezes escrivís
     *a* con *h* y otras sin ella?

V.   Por hazer diferencia de quando es verbo a quando
     es preposición; y assí siempre que es verbo la escri-
     vo con *h,* y digo: «Quien ha buen vezino ha buen
     maitino»[90], y también «Quien asnos ha perdido, cen-
     cerros se le antojan»[91]; y quando es preposición escrí-
     vola sin *h,* diziendo «A buen callar llaman Sancho»,
     y también «A carne de lobo, salsa de perro»[92], y
     «A perro viejo no cuz cuz». Pero muy mejor veréis
     la diferencia que ay en el escrivir *a* sin *h* o con
     ella en este refrán: «Quien lengua ha, a Roma va»;
     y para que veáis mejor lo que importa escrivir *a*
     con aspiración o sin ella, mirad este refrán que dize
     «Quien no aventura no gana»[93], el qual algunos no
     entienden por hallar escrita la primera *a* del *aven-*
     *tura* con aspiración, porque piensan ser razón que
     quiere dezir: «quien no tiene ventura no gana»; en
     lo qual ya vosotros veis el engaño que reciben.

T.   Esso sta bien dicho, pero ¿cómo hará quien no sa-
     be conocer quando es verbo o quando es preposi-
     ción?

V.   Si no sabe latín terná alguna dificultad, aunque no
     mucha, si tiene un poco de discreción; si sabe latín
     no terná niguna, porque él mesmo se lo enseñará.
     Bien es verdad que ay algunos que, aunque saben
     latín, son tan descuidados en el escrivir que ningu-
     na diferencia hazen en escrivir de una manera o de

---

Dios y a esta + que o mal me andarán las manos o él conocerá lo que
le importa tratar bien o mal a sus amigos...».

[90] El refrán está documentado en Santillana.

[91] Documentado en Santillana con la variante «Quien bueys ha
menos, cencerros se le antojan».

[92] Boehmer lo encuentra en la colección Vallés, cit., en la forma
«A carne de lobo diente de perro».

[93] Refrán encontrado en Encina por E. S. O'Kane, *Refranes y
frases proverbiales españolas de la Edad Media,* Anejos del *Boletín
de la Real Academia Española,* Madrid, 1950.

otra, y todavía es mi opinión que la iñorancia de la lengua latina, que los tiempos passados ha avido en España, ha sido muy principal causa para la negligencia que avemos tenido en el escrivir bien la lengua castellana.

M. Sin falta deve ser assí; mas he notado en vuestras cartas que en algunos vocablos unas vezes ponéis *a* al principio, y otras no, diziendo *cevadado* y *acevadado, sentado* y *asentado, donde* y *adonde, llegado* y *allegado, ruga* y *arruga, vezado* y *avezado,* etcétera.

V. Si avéis bien mirado en ello, hallaréis que pongo *a* cuando el vocablo que precede acaba en consonante, y no la pongo quando acaba en vocal[94]; y assí escriviendo este refrán pongo: «Haz lo que tu amo te manda, y siéntate con él a la mesa» y no *y asiéntate;* como también en éste: «El abad de donde canta, d'allí yanta»[95], y no *de adonde.* Pero si no precede vocal, veréis que siempre pongo la *a,* como aquí: «¿Adónde irá el buey que no are?», y aquí: «Allégate a los buenos y serás uno dellos.»

T. Mucha observancia es éssa, y mucho cuidado es menester para guardarla.

V. Assí es verdad; y aun por esso no os digo yo lo que otros hazen, sino lo que yo procuro guardar, desseando ilustrar y adornar mi lengua. El que no quisiere tomar este trabajo, déxelo estar, que no por esso se irá al infierno.

T. Bien sta, pero vos juzgaréis que el que no guarda lo que vos, no escrive bien castelano.

V. Quanto a esso, yo sé bien lo que haré.

M. A mí tanto no me suena bien una *a* que algunos de vosotros ponéis en ciertas partes, como será diziendo *atán bueno;* y, como dize vuestro Cancionero general: «¡O qué dichos atán vanos!» Yo no sé cómo os suena a vos esto; sé que nunca os lo veo usar.

---

[94] En las *Cartas,* cit., no vemos siempre observada esta norma valdesiana.

[95] Refrán que aparece tres veces en el diálogo.

V.  Pues esso os deve bastar por respuesta, y sabed que aquella *a* es superflua, y que en coplas la ponen por henchir el verso los ruines trobadores.

M.  Bien me plaze esso; pero ¿por qué scrivís *truxo,* escriviendo otros *traxo?*

V.  Porque es a mi ver más suave la pronunciación, y porque assí lo pronuncio desde que nací.

M.  ¿Vos no veis que viene de TRAXIT latino?

V.  Bien lo veo, pero yo quando escrivo castellano no curo de mirar cómo escrive el latín.

T.  En esso tenéis razón, porque yo siempre me acuerdo oír dezir «Fue la negra al baño, y *truxo* que contar un año» y no «*traxo*».

M.  No oso admitiros este *truxo.*

V.  ¿Por qué?

M.  Porque veo y siento que muchos cortesanos, cavalleros y señores dizen y escriven *traxo.*

V.  Por la mesma razón que ellos escriven su *traxo* escrivo yo mi *truxo;* vosotros tomad el que quisiéredes.

M.  Sta bien, assí lo haremos; pero dezidme, por qué vos escrivís siempre *e* donde muchos ponen *a?*

V.  ¿En qué vocablos?

M.  En éstos: dezís *rencor* por *rancor, renacuajo* por *ranacuajo, rebaño* por *rabaño.*

V.  A esso no os sabré dar otra razón sino que porque assí me suena mejor, y he mirado que assí escriven en Castilla los que se precian de scrivir bien.

M.  ¿Por qué en los vocablos que comienzan en *s* unas vezes ponéis *e* y otras no? ¿Hazéislo por descuido o por observancia?

V.  Antes, ésta es una de las cosas principales en que miro quando escrivo[96], porque ni apruevo por bueno lo que hazen los que, quiriendo conformar la lengua castellana con la latina, en los semejantes vocablos quitan siempre la *e* donde la latina no la pone; ni tampoco lo que hazen los que siempre la po-

---

[96] Aquí Valdés parece partidario de un cuidado particular en la lengua escrita, que no se requiere en igual medida en la hablada.

nen, porque tengo por mejor, para conservar la gentileza de mi lengua, hazer desta manera: que si el vocablo que precede acaba en *e,* no la pongo en el que se sigue, y assí digo «Casa de sgremidores» y no *de esgremidores,* y «El socorro de Scalona» y no *de Escalona;* y si el vocablo precedente no acaba en *e,* póngola en el que se sigue, y assí digo: «De los escarmentados se levantan los arteros»[97].

M.  Bien me satisfaze esso, y primor es dino de ser alabado. Pero ¿a qué propósito ponéis unas vezes en *esta, este, esto, e* al principio y otras no, aunque el vocablo precedente no acabe en *e?*

V.  Yo os diré; porque, como sabéis, unas vezes *está, esté* y *estó* son verbos y tienen una sinificación, y otras vezes son pronombres demostrativos y tienen otra sinificación, hame parecido, por no hazer tropeçar al letor, poner la *e* quando son pronombres, porque el acento sta en ella, y quitarla quando son verbos, porque, estando el acento en la última, si miráis en ello, la primera *e* casi no se pronuncia, aunque se scriva.

C.  Mostradnos esso por algunos exemplos.

V.  Soy contento. Si tengo de scrivir «En salvo sta el que repica» o «Quien bien sta no se mude» no scrivo *está;* pero si tengo de scrivir «Si tras éste que ando, mato, tres me faltan para quatro», o «Si désta escapo y no muero, nunca más bodas al cielo»[98], no escrivo *ste* ni *sta*[99].

C.  Ya lo entiendo muy bien.

M.  A la fe que es gentil primor éste; porque a mí tanto muchas vezes me haze tropeçar, leyendo, el no saber assí de presto conocer si aquel *esta* es pronombre o verbo; especialmente que algunas vezes vienen a caer dos juntos, de los quales el uno es

---

[97] En la *Celestina* encontramos la variante «E la esperiencia e escarmiento haze los hombres arteros.»

[98] Documentado en la colección Vallés, cit.

[99] Esta norma no se observa por Valdés en sus *Cartas,* cit.

pronombre y el otro verbo, que os hazen desatinar, como aquí: «Esta esta tierra tan estragada, etc.»

T. No os puedo dezir sino que, aunque no lo he visto usar sino a vos, me parece bien, pero no me obligaría a guardarlo.

M. En esso vos haréis como quisiéredes; abasta que os parezca bien. En algunos vocablos avemos mirado que muchos de vosotros ponéis *i* donde otros ponen *e*.

V. Dezid algunos.

M. *Vanedad* o *vanidad, envernar* o *invernar, escrevir* o *escrivir, aleviar* o *aliviar, desfamar* o *disfamar,* etc.

V. Si bien avéis mirado en ello, en todos éssos pongo yo siempre *i* y no *e,* porque me parece mejor; y porque siempre lo he usado assí, y veo que los más primos en el escrivir hazen lo mesmo. Los que hazen el contrario, por ventura es por descuido.

M. Por descuido no puede ser, porque Librixa en su *Vocabulario* los escrive con *e*[100].

V. No me aleguéis otra vez para la lengua castellana el autoridad de Librixa andaluz, que me haréis perder la paciencia.

M. Soy contento, pero tampoco vos no os atuféis porque hombre os diga lo que le haze dubdar, pues al fin se conforma con lo que vos dezís.

V. En esso tanto ninguna razón tenéis[101]; vos queréis que os sufra yo vuestras preguntas malas o buenas, y no me queréis sufrir a mí mi cólera sin razón o con ella.

T. Sea desta manera: que vos nos sufráis a nosotros nuestras preguntas y que nosotros os suframos a vos vuestra cólera. ¿Sois contento?

V. Contentíssimo; porque os hago saber que para mí no ay igual tormento que no poderme enojar o

---

100 Aquí Valdés sólo tuvo presentes las formas en *e*, que condenaba, sin reconocer que en Nebrija a menudo coexisten con las formas en *i*.

101 Para el uso italiano de *tanto,* véase nota 52.

mostrar enojo por lo que oigo o veo que no es según mi fantasía.

M. Bien es que nos declaréis vuestra condición, y pues assí es, dexad hazer a mí[102]: ¿quál es mejor dezir, *taxbique* o *texbique, fraila* o *freila, trasquilar* o *tresquilar*?[103].

V. Yo, en essos vocablos y en los semejantes a ellos, por mejor tengo usar la *a* que la *e*, y, si avéis mirado en ello, siempre la uso, y creo cierto hazen lo mesmo los que scriven con cuidado.

M. Pues Librixa...

V. No aya más Librixa por vuestra vida.

M. Picastes; pues más de otras diez vezes os haré picar de la mesma manera.

V. Buen tiempo tenéis; pues algún día me vernéis a la melena[104].

C. ¿Cómo es esso? ¿Qué quiere dezir «a la melena»?

V. No me he obligado a declararos los vocablos que hablo, sino a daros cuenta de lo que scrivo.

M. Tiene razón; dexadme dezir: ¿por qué scrivís *salliré* por *saldré* que scriven otros?

V. Porque viene de *sallir*.

M. Agora os quiero meter en un laberinto de donde avréis menester para descabulliros otro que palabras. Tres maneras de *íes*[105] tenéis en la lengua castellana: una pequeña, otra larga, y otra griega, de las quales, si mal no me engaño, usáis indiferentemente, lo qual tengo por gran falta de vuestra lengua, si no me dais alguna razón para ello.

---

[102] *dexad hazer a mí* parece italianismo sintáctico en la época de Valdés.

[103] A pesar de la preferencia valdesiana por *trasquilar,* en el *De Doctrina Christiana,* cit., f. 85r, puede leerse *tresquilado.*

[104] Expresión que se encuentra frecuentemente como metáfora de «yugo».

[105] Los autógrafos valdesianos muestran oscilaciones muy lejos de la claridad de las reglas que aquí propone el autor, sobre todo para la *i* vocal, representada con los tres signos *i, y* o *j.*

V. No avéis dicho mal en llamarlo laberinto, pero estad atentos, que pienso quedaréis satisfechos, porque os mostraré cómo cada *i* déstas tiene su lugar propio donde ninguna de las otras sta bien; y porque la *i* pequeña es más general, quiero hazer desta manera: que os diré destôtras primero, y, visto lo que se puede saber déstas, ternéis por dicho lo de la pequeña.

T. Dezís muy bien.

V. Quanto a la *j* larga, ya al principio os dixe cómo suena al castellano lo que al toscano *gi,* de manera que stará bien en todos los lugares que uviere de sonar como vuestra *gi,* y mal en los que uviere de sonar de otra manera; sta bien en *mejor, trabajo, jugar, jamás, naranja,* y assí en todos los vocablos que tienen este *ja, jo, ju.*

T. ¿Y en los que tienen *je?*

V. En éssos no.

T. ¿Cómo no? ¿Queréis que scrivamos *gente* de la manera que scrivimos *gerra?*

V. No quiero yo tal, porque *guerra* lo avéis de scrivir con *u,* y *gente* no.

T. ¿De manera que queréis pronunciemos la *g* con la *e* siempre como en *gente?*

V. Sí que lo quiero, porque assí es el dever.

T. Hágase assí; pero ¿por qué vos algunas vezes ponéis *gi* en lugar de *j* larga?

V. Porque essas vezes será escriviendo a algún italiano, por acomodarme a su lengua, por ser mejor entendido[106].

M. No me parece bien que por acomodaros a la lengua agena saquéis la vuestra de sus quicios.

V. Vos tenéis razón, quando de tal manera la sacasse de sus quicios o quiciales, que el natural de mi lengua no me entendiesse; pero, si me entiende tanto escriviendo *megior* como *mejor,* no me parece que

---

[106] En las *Cartas,* cit., tenemos muchos casos del tipo *megior* (XX, 14; XXXI, 26), *personagio* (VIII, 21), *alogiar* (III, 22), etc.

es sacar de quicios mi lengua, antes adornarla con el agena, mostrando que es tan general que, no solamente es entendida de los naturales, pero aun de los estraños.

M. Dezís muy bien; passemos adelante; ya nos avéis dicho de la *j* larga; dezidnos agora de la griega.

V. En ésta ay mayor dificultad, pero avéis de saber que la *y* griega tiene dos lugares adonde necessariamente se pone, y donde ninguna de las otras estará bien, y uno donde se pone impropiamente. El uno de los dos es quando la *y* es consonante; el otro quando es conjunción. El impropio es quando se pone en fin de la parte; en todos los otros lugares, creedme que no sta bien.

M. Mostrándonos esso por exemplos avréis cumplido enteramente vuestra promessa.

V. Largamente os lo mostraré; siempre que la *y* es consonante yo pongo la griega, como será en *mayor, reyes, leyes, ayuno, yunque, yerro;* algunas vezes parece que esta *y* griega afea la escritura, como es en *respondyó, proveyó*[107], y otros desta calidad; pero yo no me curo de la fealdad, teniendo intento a ayudar la buena pronunciación; y con el que querrá hazer de otra manera no contenderé. Desta mesma *y* griega uso quando *ay* es verbo y quando es enterjeción, y no quando es adverbio, porque stonces escrivimos *aí;* y quando es adverbio *oy,* y no quando es verbo, porque stonces escrivimos *oí.* También escrivimos *ya* y *yo,* porque la *y* es consonante. Quando es conjunción ponemos también *y* griega, diziendo *César y Pompeyo,* etc. Impropiamente se pone en fin de algunos vocablos, adonde es vocal, como en *assý, casy* y *ally*[108]; en

---

[107] Valdés era entonces partidario de la forma *respondyó,* quizá aludiendo a que esta *i* estaba más consonantizada que en la pronunciación italiana. No seguimos su indicación por ser escritura prácticamente inexistente en el manuscrito de Madrid.

[108] Norma no respetada en las *Cartas,* cit.

M.  todas las otras partes yo pongo la *i* pequeña, sin faltar ninguna.

M.  ¿Y en los vocablos que tomáis del latín y del griego que tienen la *y* griega, como son *mysterio* y *sýlaba,* usáis la *y* griega?

V.  No[109].

M.  ¿Por qué?

V.  Por no obligar al que no sabe latín ni griego a que scriva como el que lo sabe, pues todos podemos escrivir de una misma manera, poniendo *misterio* y *sílaba* (y aun de aquí quito una de las *eles,* porque el que no es latino no pronuncie las dos *eles* juntas), y también porque no quiero poner *y* griega sino quando es consonante; y, quando es consonante, no quiero poner la pequeña. Y si queréis ver lo que importa, considerad que *ley* con *y* griega es muy diferente sinificación de *leí* con *i* pequeña; lo mesmo veréis en *rey* o *reí.*

M.  ¿Qué os parece desta observación, por vuestra fe?

T.  Paréceme tan bien que la tengo por la mejor que aquí ha dicho, puesto caso que las otras son muy buenas; yo por mí tanto os confiesso que no avía mirado en tanto primor.

M.  ¿De aquí adelante pensáis guardar estas reglas?

T.  Sí, mientras me acordare dellas; a lo menos guardarélas quando escriviere cosa que aya de andar por manos de algunos; y aun querría corregir por ellas todo lo que hasta aquí he scrito.

M.  No vi en mi vida hombre de vuestra tierra que fuesse DOCILE sino a vos.

T.  ¿Qué quiere dezir DOCILE?

V.  *Dócil* llaman los latinos al que es aparejado para tomar la dotrina que le dan, y es corregible.

T.  Mirad, señores; assí como no todos los que traen ábitos y cugullas son frailes, assí tampoco son todos porfiados los que son de mi tierra, porque ay de unos y de otros.

---

109  Regla siempre respetada por Valdés.

M.  Mientras que vos habláredes dessa manera, amigo seréis del señor Valdés; y dexando esto que es perder tiempo, nos dezid: ¿por qué en lugar del ET latino [e italiano] ponéis unas vezes *y* griega y otras *e*?

V.  Solamente pongo *e* quando el vocablo que se sigue comiença en *i,* como en lo que vos acabáis de dezir agora: «latino e italiano»[110].

T.  Es muy bien dicho y muy bien mirado, aunque es en la verdad rezia cosa obligaros a tantas sutilezas sin necessidad.

V.  Sí que es rezia sin necessidad, pero con necessidad no es rezia, y de necessidad tiene de observar todo esto el que quiere scrivir bien y propiamente, y ninguna cosa voluntaria es dificultosa.

M.  Digo que tenéis razón en esto; pero dezidnos: ¿quál tenéis por mejor, *ospital* o *espital*?

V.  Ni el uno ni el otro tengo por buenos, porque veo que aunque la pobreza es de todos muy alabada, de todos es muy aborrecida y menospreciada.

M.  Dexáos de dezir donaires; no os pregunto sino quanto a lo que pertenece al vocablo.

V.  Por mejor vocablo tengo *ospital,* y veréis que pocos dizen ni escriven *espital*[111].

M.  Pues Librixa...

V.  Tornáos aí con vuestro Librixa; ¿no os digo que lo dexéis estar?

M.  Ya avéis picado otra vez.

V.  Andáos a dezir donaires; y antes que passéis adelante diré esto en disculpa de Librixa, que por ventura escrive *espital* porque en su tierra este vocablo quedó entero del griego vulgar, porque ellos dizen *espital.*

M.  En estos vocablos que diré, como son *abundar* o

---

[110] La respuesta de Valdés nos autoriza a integrar [e italiano] en la frase anterior de Marcio.

[111] Nebrija tiene *ospital* en la parte latín-español, y *espital* en la parte español-latín, que debe ser la que Valdés tenía presente.

*abondar, rufián* o *rofián, ruido* o *roído, cubrir* o *cobrir, jaula* o *jáola, tullido* o *tollido, riguroso* o *rigoroso,* ¿quál tenéis por mejor, la *o* o la *u*?[112]

V. En todos éssos yo siempre scrivo la *u,* porque la tengo por mejor; creo hazen assí los más.

M. ¿Tenéis por bueno lo que algunos hazen (especialmente scriviendo libro), poniendo una *v* que parece superflua, donde, por dezir *yo os diré,* dizen *yo vos diré,* y dizen también *porque vos hablen* por *porque os hablen?*

V. Si lo tuviesse por bueno usaríalo; pero por esso no lo uso, porque no lo tengo por tal; y essa tal *v* nunca la veréis usar a los que agora escriven bien en prosa, bien que, a la verdad, yo creo que sea manera de hablar antigua.

M. A la *v* y a la *b* nunca acabo de tomarles tino, porque unos mesmos vocablos veo escritos unas vezes con la una letra y otras con la otra. Acerca desto desseo me digáis vuestro parecer.

V. Tenéis muy gran razón en lo que dezís; pero avéis de notar que la mayor parte deste error nace de los vizcaínos[113], porque jàmás aciertan quándo an de poner la una letra o quándo la otra; pecan también algunas vezes los castellanos en el mesmo pecado, pero pocas, y una dellas es quando la *o* es coniunción disiuntiva, poniendo *u* en lugar de la *o,* lo qual de ninguna manera me contenta; y si avéis mirado en ello, siempre scrivo *o,* diziendo: «O rico o pinjado, o muerto o descalabrado»[114]. Bien es verdad que, quando el vocablo que se sigue comiença en *o,* yo uso *u,* diziendo: *Éste u otro lo hará.* Pero, mientras puedo escusarme de que la necessi-

---

112 Boehmer ha observado que en Nebrija prevalecen las formas escritas con *o.*

113 A menudo Valdés atribuye al habla de los vizcaínos errores peculiares del *habla rústica* en general.

114 Aquí parece que Valdés ha unido dos refranes, ya que tenemos documentada o la primera o la segunda parte.

dad me fuerce a poner *u,* escúsome, porque no me suena bien; y porque usamos de dos maneras de *úes,* una de dos piernas y otra casi redonda, avéis de saber que déstas yo no uso indiferentemente, antes tengo esta advertencia, que nunca pongo la *u* de dos piernas sino donde la *u* es vocal[115]; en todas las otras partes casi siempre uso de la otra, y aun también a principio de parte, pero aquí más por ornamento de la escritura que por otra necessidad ninguna. Otra cosa observo; que si el vocablo comiença en *u* vocal, y después de la *u* se sigue *e,* yo pongo una *h* antes de la *u,* y assí digo *huevo, huerto, huesso,* etc. Ay algunos que ponen *g* adonde yo pongo *h,* y dizen *güevo, güerto, güesso;* a mí oféndeme el sonido, y por esso tengo por mejor la *h.*

M. Sta bien esto, pero enseñadnos aquí cómo hazéis quando queréis huir de que vengan en lo que scrivís muchas vocales juntas, porque tengo éste por gran primor en el escrivir.

V. Éssa es cosa que no se puede enseñar sino teniendo un libro castellano en la mano. ¿Tenéis aquí alguno?

M. Pienso que no[116].

V. Pues acordáos, quando lo tengáis, que yo os lo mostraré; agora solamente os quiero dezir que, huyendo yo quanto me es possible de la coniunción de muchas vocales, quando la necessidad forçosamente las trae, procuro ensolverlas, y assí escrivo desta manera: «En achaque de trama stâcá nuestrâma», donde poniendo todas las vocales avía de scrivir *está acá* y *nuestra ama.* Y de la mesma manera: «Ninguno no diga: destâgua no beveré»[117], por *de esta agua.*

---

[115] Tampoco esta regla es observada en las *Cartas,* cit.

[116] Puede que en las conversaciones que motivaron la obra no hubiera libros al alcance de la mano, pero obviamente no tuvo que ser así en el momento de la redacción del diálogo (como cree Boehmer con cierta ingenuidad).

[117] Nebrija, *Gramática,* cit., II, 7: «Como si escriviesses *nuestro*

C.     Esso avéis vos tomado del griego y aun del italiano.

V.     La pronunciación ni la he tomado del uno ni del otro; la escritura sí; pero ¿no os parece a vos que es prudencia saberse hombre aprovechar de lo que oye, vee y estudia, siendo aquél el verdadero fruto del trabajo?

C.     No solamente tengo esso por prudencia, pero ternía el contrario por iñorancia.

M.     Veo en vuestras *Cartas* que en algunos vocablos ponéis *b* adonde otros no la ponen, y dezís *cobdiciar, cobdo, dubdar, súbdito.* Querría saber: ¿por qué lo hazéis assí?

V.     Porque a mi ver los vocablos están más llenos y mejores con la *b* que sin ella, y porque toda mi vida los he scrito y pronunciado con *b*.

M.     Siempre que scrivo algún vocablo que comience en *c* o en *q*, y después se siga *u*, estoy en dubda si tengo de poner *c* o *q*, y mirando el *Vocabulario* de Librixa hallo que los escrive casi todos con *c*. Mirando vuestras *Cartas* hallo muchos más escritos con *q* que con *c;* desseamos nos digáis qué es lo que acerca desto guardáis.

V.     Ya os tengo dicho que no me aleguéis a Librixa.

M.     Perdonadme por esta vez, que fue sin malicia.

V.     Soy contento, y digôs que en esto no tengo regla ninguna que daros, salvo que, pareciéndome que conviene assí, a todos los nombres que sinifican número, como *quatro, quarenta,* pongo *q,* y también a los pronombres, como *qual;* y de verdad son muy pocos los que me parece se deven escrivir con *c;* pero todavía ay algunos, como *cuchara* (que dezimos «Dure lo que durare,˙ como cuchara de pan»)[118] y como *cuero* (que también dezimos: «Bolsa

---

*amigo está aquí,* puédeslo pronunciar enesta manera: *nuestramigo staquí.»*

[118] Refrán ya documentado en Santillana, se encuentra también en el *Diálogo de Mercurio y Carón* de Alfonso de Valdés (Clásicos Castellanos, 45, 22).

sin dinero, dígole cuero»)[119]. Y si uno, siendo natural de la lengua, quisiere con diligencia mirar en ello, la mesma pronunciación le enseñará cómo ha de scrivir el vocablo, porque verá que los que se an de scrivir con *q* tienen la pronunciación más hueca que los que se an de scrivir con *c,* los quales la tienen mucho más blanda; sé que más vehemencia pongo yo quando digo *quaresma,* que no quando *cuello*[120].

T.   En esso no ay que dubdar, sino que es assí como dezís.

M.   Un donaire muy grande he notado en vuestras *Cartas;* que en algunos vocablos no os contentáis con la *e* ordinaria que los castellanos añadís en los vocablos que comiençan en *s,* sino ponéis otra añadidura con una *d;* de manera que, aviendo hecho de *scabullir, escabullir,* y de *sperazar, esperezar,* vos hazéis *descabullir* y *desperezar.*

V.   Mayor donaire es querer vos ser juez en la provincia donde no sabéis las leyes; ¿no avéis oído dezir que «Cada gallo cante en su muladar»?

M.   Sí que lo he oído dezir, pero esto es tan claro que me parece poder hablar en ello como en cosa tan propia mía como vuestra.

V.   Pues no os parezca, por vuestra vida; y sabed que la gentileza de la lengua castellana entre las otras cosas consiste en que los vocablos sean llenos y enteros, y por esto siempre me veréis escrivir los vocablos con las más letras que puedo, si ya no son algunas letras que indiscretamente se an mezclado en algunos vocablos, de los quales por ventura, antes que de aquí vamos, nos toparemos con algunos;

---

[119] Refrán documentado ya en Santillana.

[120] Nebrija proponía la unificación de los dos sonidos en el signo *cu,* no distinguiéndolos; la distinción de Valdés se basa quizá en motivos de gusto personal: puede que la *e* de *cuello,* palatalizando algo el sonido (en relación con la *a* de *quaresma),* exigiera una distinta escritura según el oído valdesiano.

pero esto no cabe en ninguno de los que avéis dicho agora; ni tampoco soy de vuestra opinión en quanto a las añadiduras que dezís; antes pienso que el primero que començó a usar estos vocablos en la lengua castellana los usó assí enteros como yo los escrivo.

T. Más os valiera callar, pues, «yendo por la lana, avéis tornado trasquilado»[121].

M. Assí es verdad que torno trasquilado, pero también llevo lana, pues he sabido lo que hasta agora no sabía. Pero dexemos esto; ¿qué es la causa porque vos no ponéis una *d* entre dos *aes* como la ponen muchos, diziendo *ad aquél* y assí en otras partes?

V. Esso hazen solamente algunos aragoneses, lo qual, según parece, hazen por huir el mal sonido que causan dos *aes* juntas; pero a mi ver por huir de un inconveniente caen en dos: el uno es que dan a la lengua lo que no es suyo, y el otro que no alcançan lo que pretenden, que es adobar el mal sonido, porque, si bien lo consideráis, peor suena dezir *ad aquél* que *a aquél*.

M. Digo que, si sólo por esso ponen la *d,* ellos a mi ver lo yerran, porque, aliende de lo que vos avéis dicho, no tienen autoridad de ninguna otra lengua que haga una cosa semejante, donde se puedan fundar; por tanto, de oy más, yo les dexo su *d,* que allá se avengan con ella; y vos dezidnos por qué entre vosotros, unos ponéis algunas vezes una *d* al fin de las segundas personas de los imperativos, y otros siempre la dexáis, escriviendo unas vezes *tomá,* otras *tomad,* unas *comprá,* otras *comprad,* unas *comé,* otras *comed.*

V. A los que no la ponen querría que demandássedes

---

121 Modo proverbial asimilado a la conversación que se encuentra también en la pág. 182. Véase también *De Doctrina Christiana,* cit., 85r: «An: Por mí se puede dezir que fuy por lana y vuelvo trasquilado y aun a cruzes: quíseme alabar de devoto pensando que por ello ganaría algún crédito con vos y salióme al revés...»

por qué la dexan, que yo que la pongo bien os diré la causa.

M. Éssa nos abasta a nosotros saber.

V. Póngola por dos respetos: el uno por henchir más el vocablo, y el otro por que aya diferencia entre el *toma* con el acento en la *o,* que es para quando hablo con un muy inferior, a quien digo *tú,* y *tomá* con el acento en la *a,* que es para quando hablo con un casi igual, a quien digo *vos;* lo mesmo es en *compra* y *comprad,* en *come* y *comed,* etc. [122].

M. Quanto a esto yo quedo bien satisfecho, y holgaría me satisfiziéssedes también a lo que agora os preguntaré; ¿qué es la causa por que vos escrivís con *h* casi todos los vocablos que el latino escrive con F? Y sabed que lo que me haze star más maravillado desto, es ver que muchos castellanos los escriven con *f.*

V. Si os acordássedes bien de lo que avemos dicho, hallaríades que stais respondido a esso; pero pues tenéis mala memoria, torno a dezir que de la pronunciación aráviga le viene a la castellana el convertir la F latina en *h;* de manera que, pues la pronunciación es con *h,* yo no sé por qué ha de ser la escritura con *f,* siendo fuera de propósito que en una lengua vulgar se pronuncie de una manera y escriva de otra; yo siempre he visto que usan la *h* los que se precian de scrivir el castellano pura y castellanamente; los que ponen la *f* son los que, no siendo muy latinos, van trabajando de parecerlo [123].

M. No me desplaze lo que dezís, pero veo también que en vocablos que no son latinos hazéis lo mesmo.

V. Y en éssos mucho mejor quiero guardar mi regla de scrivir como pronuncio.

---

[122] La *d* final de la segunda persona plural del imperativo se conserva por dos razones, una por una función distintiva y otra para dar mayor plenitud al vocablo, conservándose como vestigio de su origen latino.

[123] En la conservación de la *f* inicial ve Valdés una postura conservadora burocrática, lejos de la cultura viva.

T. No sé yo si osaríades vos dezir esso en la Cancellería de Valladolid.

V. ¿Por qué no?

T. Porque os apedrearían aquellos notarios y escrivanos que piensan levantarse diez varas de medir sobre el vulgo, porque con saber tres maravedís de latín hazen lo que vos reprehendéis.

V. Por esso me guardaré yo bien de írselo a dezir a ellos; ni aun a vosotros no lo dixera, si no me uviérades importunado.

T. ¿Por qué?

V. Porque es la más rezia cosa del mundo dar reglas en donde cada plebeyo y vulgar piensa que puede ser maestro.

T. Aunque sea fuera de propósito, os suplico me digáis a quién llamáis plebeyos y vulgares.

V. A todos los que son de baxo ingenio y poco juizio.

T. ¿Y si son altos de linage y ricos de renta?

V. Aunque sean quán altos y quán ricos quisieren, en mi opinión serán plebeyos si no son altos de ingenio y ricos de juizio.

M. Essa filosofía no la aprendistes vos en Castilla.

V. Engañado estáis; antes, después que vine en Italia, he olvidado mucha parte della.

M. Será por culpa vuestra.

V. Si ha sido por culpa mía o no, no digo nada; basta que es assí, que mucha parte de la que vos llamáis filosofía, que aprendí en España, he olvidado en Italia.

M. Éssa es cosa nueva para mí.

V. Pues para mí es tan vieja que me pesa.

M. No quiero disputar con vos esto, pues tan bien me avéis satisfecho en lo que os he preguntado.

V. Huélgome que os satisfaga, pero más quisiera satisfazer a Garcilasso de la Vega con otros dos cavalleros de la corte del Emperador que yo conozco.

M. Si no se satisfizieren quando vieren alguna cosa donde estuviere guardada la regla que dezís, ellos

V.    sabrán por qué; basta que nosotros quedamos satisfechos. Pero, ¿sabéis qué querría?

V.    ¿Qué?

M.    Que en los vocablos que claramente tomáis del latín, los quales se scriven con dos *efes,* no les quitássedes ninguna, de manera que dixéssedes *affetto* y no *afeto* [124].

V.    También lo querría yo, pero sería dificultoso de introduzir por la poca plática que ay de la lengua latina entre los más de nosotros.

M.    A lo menos, si no podéis hazer que lo usen los otros, usadlo vos.

V.    Soy contento; yo lo haré assí de aquí adelante.

M.    Sta bien; dezidme ahora si *resgate* y *rescate* es todo uno.

V.    Todo, y el propio es rescate.

M.    Pues ¿por qué algunos escriven *resgate?*

V.    Por ventura por hazer el contrario de lo que el castellano haze en vuestro SGOMBRARE, que, mudando la *g* en *c* y añadiendo su ordinaria *e,* dize *escombrar.*

C.    ¿Qué quiere dezir *escombrar* en castellano?

V.    Casi lo mesmo que SGOMBRARE en italiano.

C.    Según esso, hurtado nos avéis este vocablo.

M.    Sí, por cierto, hallado os avéis la gente que se anda a hurtar vocablos.

C.    Tenéis razón, no supe lo que me dixe.

V.    Siempre vosotros estáis armados de spada y capa, para herirnos quando nos veis algo descubierto; pues, ya sabéis que «donde las dan, allí las toman».

M.    Sélo muy bien, y en esto tanto no quiero contender con vos [125], con tanto que me digáis quál tenéis por mejor; dezir *quige* y *quigera,* o *quise* y *quisiera.* ¿Y quál os contenta más, escrivir: *vigitar* o *visi-*

---

[124] Formas con *-ff-* y *-tt-* son documentadas esporádicamente en las *Cartas,* cit.

[125] Escaramuzas en las que aparecen las rivalidades entre italianos y españoles; véase nuestra introducción, II, 3.

|      | *tar?* porque veo algunos, y aun de los cortesanos principales, usar más la *g* que la *s*. |
|------|---|
| V.   | Yo por muy mejor tengo la *s*, y creo que la *g* no la avéis oído usar a muchas personas discretas nacidas y criadas en el reino de Toledo o en la corte, si ya no fuesse por descuido. |
| M.   | En la verdad creo sea assí, aunque no fuesse sino porque el *vigitar* tiene, a mi ver, del villanesco. Agora dezidme: ¿quál os contenta más, escrivir *rígase* o *ríyase?* |
| V.   | Yo por mejor tengo *ríyase*, con tanto que la primera *i* sea pequeña, porque es vocal, y la segunda sea griega, porque es consonante; la *g* yo no sé por qué se ha enxerido allí; siempre diré: «Ande yo caliente y ríyase la gente.» |
| M.   | Bien me plaze esto; y agora que nombrastes la *g*, me acuerdo que en los vocablos latinos, adonde después de la *g* se sigue *n*, unas vezes veo que quitáis la *g*, y otras veo que la ponéis; ¿por qué hazéis esto? |
| V.   | Quando escrivo alguna carta particular en castellano para algún italiano, pongo la *g* por la mesma causa que en lugar de la *j* larga pongo *gi;* pero, quando escrivo para castellanos y entre castellanos, siempre quito la *g*, y digo *sinificar* y no *significar*, *manífico* y no *magnífico*, *dino* y no *digno;* y digo que la quito porque no la pronuncio[126]; porque la lengua castellana no conoce de ninguna manera aquella pronunciación de la *g* con la *n;* y veréislo porque no dize *segnor*, sino *señor*, sirviéndose de la tilde donde vosotros os servís de la *g*. De manera que, quando bien yo quisiesse que el castellano pronunciasse como vosotros el *manífico* y el *sinifico*, pornía en lugar de vuestra *g* nuestra tilde, como hago en *iñorancia*, y diría *mañífico* y *siñifico;* ¿qué os parece desto, señor Torres? |

---

[126] Esta norma se observa generalmente en las *Cartas*, cit.

T.   Paréceme tan bien que no os lo oso alabar, porque no me tengáis por lisonjero.

M.   Si va a dezir las verdades, digôs que tengo sospecha que vosotros os vais haziendo del ojo, para que apruebe el uno lo que dize el otro. Hazedlo en buena hora, no me doy nada; y dezidme: ¿a qué propósito hazéis tantos potajes de la *h,* que jamás puede la persona atinar adónde sta bien o dónde sta mal?

V.   En esso tanto tenéis mucha razón, porque es assí que unos la ponen adonde no es menester, y otros la quitan de donde sta bien. Pónenla algunos en *hera, havía* y *han,* y en otros desta calidad, pero esto házenlo los que se precian de latinos; yo, que querría más serlo que preciarme dello, no pongo la *h* porque leyendo no la pronuncio; hallaréis también una *h* entre dos *ees,* como en *leher, veher,* pero desto no curéis, porque es vicio de los aragoneses, lo qual no permite de ninguna manera la lengua castellana; y otros la quitan, digo la *h,* de donde sta bien, diziendo *ostigar, inojos, uérfano, uésped, ueste,* etc., por *hostigar, hinojos, huérfano, huésped, hueste;* y haziendo esto caen en dos inconvenientes: el uno es que defraudan los vocablos de las letras que les pertenecen, y el otro que apenas se pueden pronunciar los vocablos de la manera que ellos los escriven[127]. Ay otra cosa más, que, haziéndose enemigos de la *h,* ninguna diferencia hazen entre *e* quando es conjunción, y *he* quando es verbo, porque siempre la escriven sin *h,* en lo qual, como os he dicho de la *h,* yerran grandemente. Aun juegan más con la pobre *h* ponien-

---

[127] Valdés distinguía, pues, una *h* inicial que se pronuncia y otra que no se pronuncia. Por los ejemplos se deduce que considerara ligeramente aspirada la *h-* derivada de F- latina, al igual que la de los ejemplos arriba citados, que sin *h* «apenas se pueden pronunciar...», mientras no le sonaba la aspiración en las voces de *haber,* como *avía* y *an* (en el singular *ha* propone la *h* como elemento diferenciador de la preposición *a*).

do algunas vezes, como ya os he dicho, la *g* en su lugar, y assí dizen *güerta, güessa, güevo,* por *huerta, huessa, huevo,* etc., en los quales todos yo siempre dexo estar la *h,* porque me ofende toda pronunciación adonde se juntan la *g* con la *u,* por el feo sonido que tiene.

T. Assí es verdad que el sonido es feo, pero, como veis, es más claro.

V. Séase quan más claro vos quisiéredes, que yo por mí nunca escriviré ni pronunciaré de otra manera que he hecho hasta aquí; y si queréis ver el amistad que la lengua castellana tiene con la *h,* acordáos que ya dos vezes os he dicho que casi en todos los vocablos que tiene latinos, si comiençan en F, convierte la *f* en *h,* diziendo por FERRUM, *hierro,* quando sinifica metal, como en este refrán: «A fuerça de villano, hierro en medio», y en éste: «Cargado de hierro, cargado de miedo»[128]. Pero advertid que, quando tomamos este vocablo que sinifique 'error', no le scrivimos con *h,* como aquí: «Quien yerra y s'enmienda, a Dios se encomienda»; y notad que la *y* ha de ser griega, porque es consonante. También dezimos, por FAUA, *hava:* «Da Dios havas a quien no tiene quixadas.» Y aun la G latina convertimos algunas vezes en *h,* diziendo *hermano* por *germano:* «Medio hermano, remiendo de mal paño»[129].

T. Aunque más digáis que nos hazemos del ojo, no callaré esto, que lo dicho de la *h* sta muy bien considerado.

M. ¿Quál tenéis por mejor dezir, *árbol,* o *árbor?*

V. Aunque *árbor* es más latino, tengo por mejor dezir *árbol.*

M. ¿Y quál os contenta más, *llanto* o *planto?*[130].

---

[128] El refrán se encuentra en la *Celestina,* Clásicos Castellanos, XII, pág. 143.

[129] El refrán se encuentra documentado con ligeras variantes.

[130] Boehmer ha documentado *planto* en las obras de Valdés, a

V. Por mejor tengo dezir *planto*.

M. ¿Y entre *salir* y *sallir* hazéis alguna diferencia?

V. No quanto a la sinificación, pero tengo por mejor dezir «El mal vezino vee lo que entra y no lo que salle»[131] que no *lo que sale*. Assí como también me contenta más *resollar* que *resolgar*. Esta variación de letras en los vocablos creo sea nacida más presto por inadvertencia de los que hablan y escriven, variando quando una letra o quando otra, que no por industria.

M. Verdaderamente creo sea assí; pero veamos: ¿quál tenéis por mejor, dezir *levar* o *llevar?*

V. Yo por mejor tengo dezir llevar, aunque no fuesse sino porque *levar* también sinifica 'levantar'.

C. Uno de los tropieços en que yo caigo quando leo algunas cosas en castellano es el de las dos *eles,* porque como no las pronunciáis como nosotros, nunca acabo de caer en la pronunciación dellas[132].

V. Con esto que os diré, si quisiéredes estar sobre aviso quando leéis, no tropeçaréis jamás en este canto: esto es, que el castellano pronuncia siempre las dos *eles* como vosotros pronunciáis la *g* con *l* y con *i,* de manera que vosotros escrivís GAGLIARDO, y nosotros *gallardo,* y todos los pronunciamos de una mesma manera; y lo mesmo acontece en los otros vocablos semejantes a éste.

C. Por esto dizen que «más veen quatro ojos que dos»; ya yo no tropeçaré más en esto; proseguid adelante.

M. En los verbos compuestos con pronombre ay muchos que convierten una *r* en *l,* y por lo que vos dezís *dezirlo* y *hazerlo,* ellos dizen *dezillo* y *hazello;* dezidnos acerca desto lo que os parece.

---

veces con indecisión, como en *Evangelio,* pág. 459: «entendida por el planto o llanto y batimiento de dientes».

[131] Refrán que se encuentra en Santillana.

[132] A diferencia de Nebrija, Valdés no admite las formas *dezillo, hazello* si no es en poesía, criterio que seguirá también Herrera; véase O. Macrí, *F. de Herrera,* Gredos, 1959, pág. 379.

V.   Lo uno y lo otro se puede dezir; yo guardo siempre la r porque me contenta más. Es bien verdad que en metro muchas vezes sta bien el convertir la r en l por causa de la consonante, como veréis en esta pregunta que embió un cavallero a otro, la qual dize assí:

> ¿Quês la cosa que sin ella[133]
> más claramente la vemos
> y si acaso la tenemos
> no sabemos conocella?
> Quanto ella es más perfeta
> en aquel que la possee,
> tanto a él es más secreta
> y todo el mundo la vee.

adonde, como veis, dixo *conocella* y no *conocerla*, porque respondiesse al *ella*.

M.   Antes que passéis adelante, nos dezid qué cosa es éssa que tiene tantas contrariedades.

V.   Si os la dixesse, la sabríades.

M.   Y aun por saberla os lo preguntamos.

V.   Pues quedáos agora con esse desseo.

M.   Descortésmente lo hazéis; sufrímôslo por que vos nos sufráis a nosotros nuestras importunas preguntas.

V.   Como mandáredes.

M.   ¿Qué parecer es el vuestro acerca del poner *m* o *n* antes de la *p* y de la *b?*

V.   Por mi fe, en esso tanto nunca seré muy supersticioso; bien sé que el latín quiere la *m,* y que a la verdad parece que sta bien, pero como no pronuncio sino *n,* huelgo ser descuidado en esto, y assí por cumplir con la una parte y con la otra, unas vezes escrivo *m,* y otras *n,* y assí tanto me da escrivir «Duro es el alcacer para çampoñas» como *para*

---

133  Adivinanza que queda sin aclarar, a pesar de las muchas conjeturas de los estudiosos.

*çanpoñas,* y de la mesma manera escrivo «A pan de quinze días, hanbre de tres semanas», como *hambre* [134].

M. Pero todavía ternéis por mejor la *m* que la *n.*

V. Assí es verdad.

M. Adonde vos escrivís *estonces,* y *assí,* y *desde,* otros escriven *entonces, ansí,* y *dende,* mudando la *s* en *n.* ¿Tenéis alguna razón que os mueva a escrivir *s* antes que *n?* [135].

V. La principal razón que tengo es el uso de los que bien escriven; podría también aprovecharme del origen de los vocablos, pero no quiero entrar en estas gramatiquerías. Básteos saber que a mi parecer en los vocablos que avéis dicho sta mejor la *s* que la *n,* la qual creo se ha metido allí por inadvertencia.

T. Y aun yo soy de la mesma opinión, aunque algún tiempo me pareció mejor dezir *entonces* que *estonces;* pero ya me he desengañado.

M. Dos vocablos hallo de los quales vos, no sé por qué, quitáis una *n,* diziendo por *invierno* y *lenxos, ivierno* y *lexos:* ¿hazéislo por industria o por descuido?

V. El descuido creo yo que sta en los que ponen la *n* sin propósito ninguno, y ésta es una de las letras que yo digo que por inadvertencia se an mezclado en algunos vocablos.

M. Yo bien creo que sea assí, pero siendo *esfera* vocablo griego, ¿por qué vos lo escrivís con *f* y otros con *p,* escriviéndolo el griego con *ph?*

V. Los que lo escriven con *p* darán cuenta de sí; yo escrívolo con *f* por conformar mi escritura con la pronunciación. [136].

---

[134] Aquí no hay una norma segura, sino una simple preferencia valdesiana.

[135] Boehmer observa justamente que estas formas rechazadas por Valdés se encuentran en Nebrija.

[136] Cada lengua tiene su peculiar sistema ortográfico, y el de las lenguas vulgares debe ser necesariamente simplificado (véase pág. 171): «siendo fuera de propósito que en una lengua vulgar se pronuncie de una manera y escriva de otra».

M.  ¿Y hazéis lo mesmo en los otros nombres griegos que el latino escrive con *ph,* como son PHILOSOPHIA y PHARISEO?

V.  Lo mesmo, y por la mesma razón.

M.  ¿Quál tenéis por mejor, dezir *querido* o *quesido?*

V.  Yo nunca jamás escrivo *quesido,* sino *querido,* porque viene de *querer.*

M.  Algunos oigo pronunciar *guerra* y *tierra,* y assí otros vocablos que se scriven con dos *erres,* como si se scriviessen con sola una, y muchas vezes he dubdado si lo hazen por primor o por iñorancia. ¿Qué me dezís acerca desto?

V.  Que ni lo hazen por primor ni por iñorancia, sino por impedimento de sus propias lenguas, que no pueden pronunciar aquel sonido espesso que hazen las dos *erres* juntas.

M.  Bien me contenta. En muchos vocablos he mirado que scrivís dos *eses* adonde otros se contentan con una, y una donde otros ponen dos; ¿tenéis alguna regla para esto?

V.  La regla más general que para ello tengo, es doblarla en todos los nombres superlativos, como son *boníssimo* y *prudentíssimo,* y en todos los nombres que acaban en *-essa,* como *huessa, condessa, abadessa;* y en los que acaban en *-esse,* como *interesse* [137], en la qual terminación acaban muchas personas en los verbos, como *hiziesse, truxesse, llevasse,* etc.; y en los que acaban en *-esso,* como *huesso, professo, traviesso;* y generalmente pongo dos *eses* quando la pronunciación ha de ser espessa, y donde no lo es pongo una sola.

M.  Bien me contentan estas reglas, pero dezidme: ¿haréis alguna diferencia entre *asperar* y *esperar?*

V.  Yo sí, diziendo *asperar* en cosas ciertas, y *esperar* en cosas inciertas, como vosotros usáis de ASPETTARE y SPERARE, y assí digo: «Aspero que se haga hora de comer» y digo: «Espero que este año no

---

[137] Encontramos una sola vez *interese* en las *Cartas,* cit.

avrá guerra.» Bien sé que pocos o ninguno guarda essa diferencia, pero a mí me ha parecido guardarla, por dar mejor a entender lo que scrivo.

T. Yo tanto nunca guardé essa diferencia, ni la he visto guardada.

M. No os maravilléis, que ni aun en los dos vocablos italianos la guardan todos; es bien verdad que la guardan los que la entienden, y assí me parecerá bien que en los dos vocablos españoles la guarden también los que la entienden, de manera que el que lee entienda qué ha de entender por *esperar,* qué por *asperar,* y qué por *confiar;* los quales tres vocablos por el ordinario confunden los que scriven; y pues esto sta bien dicho, dezidme: ¿quál es mejor escrivir *cien* sin *t* o *cient* con *t?*

V. Muchas vezes he estado en dubda quál tomaría por mejor, y al fin heme determinado en escrivir sin *t,* y dezir: «Un padre para cien hijos y no cien hijos para un padre»[138].

M. Lo mesmo que me prometistes de hazer en las dos *efes,* quiero que me prometáis en los vocablos que el latín escrive con dos *tees* o con *ct,* como *affetto, dotto, perfetto, respetto*[139].

V. Esto es un poco más durillo[140], pero todavía, pues es bueno, no os lo quiero negar.

M. Téngôslo en merced. ¿Qué os parece de lo que muchos hazen en algunos vocablos, escriviéndolos unas vezes con *t* y otras vezes con *d?*

V. Paréceme que hazen mal en no estar constantes en una mesma manera de scrivir. Pero dezidme, ¿qué vocablos son éssos?

M. Son *duro* y *turo; trasquilar* y *desquilar.*

C. ¿Qué dezís? ¿vos no veis que *turo* y *duro* no son una mesma cosa?

---

[138] Refrán documentado en el siglo XV.
[139] Véase la nota 124.
[140] Expresión que se encuentra también en pág. 184; y en *Alfabeto cristiano,* cit., 56v: «G.: Questo mi pare anchora più malagevole, che l'altro.»

M. ¿Cómo no?

C. Porque, según a mí me an dicho, *turó* quiere dezir DURAUIT, y *duro* toman por *escasso,* hablando metafóricamente, porque «del escasso no se saca más çumo que de una piedra».

V. En esso tanto más os engañáis vos, no haziendo diferencia entre *duro* con el acento en la *u,* que sinifica, como avéis dicho, *escasso,* y assí dezimos «Más da el duro que el desnudo»[141], y *duró* con el acento en la última, que sinifica DURAUIT. Porque veáis si haze al caso señalar los acentos.

C. Yo confiesso averme engañado.

T. Pues también s'engaña el señor Marcio creyendo que *trasquilar* y *desquilar* tienen una mesma sinificación.

M. Pues si yo m'engaño, desengañadme vos.

T. Soy contento. Avéis de saber que *trasquilar* no se usa jamás sino para sinificar 'cortar los cabellos', y assí parece por algunos refranes, como son éste: «Trasquílenme en concejo, y no le sepan en mi casa»[142], y éste: «Ir por lana y volver trasquilado.» Sabed. más, que *desquilar* solamente pertenece al ganado. De manera que, assí como s'engañaría el que no hiziesse esta diferencia en el uso deste vocablo, assí también os engañáis vos en dezir que unos lo escriven con *t* y otros con *d,* pues veis que mudando las letras se muda la sinificación.

V. Bien os ha desengañado; antójaseme que stais algo corrido.

M. Tenéis razón; siempre me pesó ser vencido, especialmente de quien no tiene abilidad para vencer; pero mirad que no quiero que se passe entre renglones el dezirnos quál tenéis por mejor, escrivir *turo* o *duro*[143].

---

141 Refrán documentado ya en Santillana.

142 Se encuentra en esta forma en Correas, pág. 490 a.

143 Cuestión que Valdés resuelve remitiéndose al uso (ya que *turar* es desusado) y a la regla ya expuesta de los acentos.

V.   Cuando sinifican una mesma cosa, por no hazer errar a quien lee, como ha errado el señor Coriolano, me parecería mejor dezir *turó,* pero porque en el más común hablar se dize *duró,* yo también escrivo *duró,* señalando con una raíca el acento en la última.

M.   Sta bien esso, pero ¿por qué vos en algunos vocablos, adonde muchos ponen *s,* ponéis *x*?

V.   ¿Qué vocablos son éssos?

M.   Son muchos, pero deziros he algunos: *cascar* o *caxcar, cáscara* o *cáxcara, cascavel* o *caxcavel, ensalmo* o *enxalmo, sastre* o *xastre, saucia* o *xaucia, siringa* o *xiringa, tasbique* o *taxbique.*

V.   Abastan harto los dichos; yo estoy al cabo de lo que queréis dezir, y, si avéis mirado bien en ello, no escrivo yo todos essos con *x* como vos dezís, porque en los nombres dessa calidad guardo siempre esta regla[144]: que, si veo que son tomados del latín, escrívolos con *s,* y digo *sastre* y no *saxtre,* y *ensalmar* y no *enxalmar,* y *siringa* y no *xiringa;* y si me parece son tomados del arávigo, escrívolos con *x,* y assí digo *caxcavel, cáxcara, taxbique,* etc., porque, como os he dicho, a los vocablos que o son arávigos o tienen parte dello, es muy anexa la *x.*

M.   De manera que podremos usar la *s* en los vocablos que viéremos tener origen del latín, y la *x* en los que nos pareciere tienen origen del arávigo.

V.   Ya os digo que yo assí lo hago; pienso que en hazer vosotros de la mesma manera no erraréis.

M.   ¿Pero de los nombres latinos cabeçados en *ex-,* como *excelencia, experiencia,* etc., no querréis que quitemos la *x*?

V.   Yo siempre la quito, porque no la pronuncio, y

---

[144] Más que de un criterio etimológico se trata aquí de proponer una reforma ortográfica: Valdés quisiera conservar el signo *x* por /š/ (que considera sonido de origen árabe), mientras, para evitar que se confunda con /š/, quiere reducir el signo *x* que sirve para /cs/ a *s,* dado que como tal se pronuncia.

pongo en su lugar *s,* que es muy anexa a la lengua castellana; esto hago con perdón de la lengua latina, porque quando me pongo a escrivir en castellano no es mi intento conformarme con el latín, sino esplicar el conceto de mi ánimo de tal manera que, si fuere possible, qualquier persona que entienda el castellano alcance bien lo que quiero dezir.

T.  Para deziros verdad, esto se me haze un poco durillo.

V.  ¿Por qué?

T.  Porque yo no sé con qué autoridad queréis vos quitar del vocablo latino la *x* y poner en su lugar la *s.*

V.  ¿Qué más autoridad queréis que el uso de la pronunciación? Sé que diziendo *experiencia* no pronunciáis la *x* de la manera que diziendo *exemplo.*

T.  Assí es verdad, pero...

M.  Esse *pero* si no os lo quisiéredes comer, tragáoslo por agora; que, pues a nosotros dos nos ha satisfecho, también vos os devéis contentar.

T.  Yo me contento.

C.  Pues yo no puedo sufrir que hagáis tanto hincapié en dezir que no queréis escrivir sino como pronunciáis.

V.  ¿Por qué?

C.  Porque no lo hazéis siempre assí.

V.  ¿Adónde hago el contrario?

C.  Adonde scrivís *vuestra* con *r,* y no siento que lo pronunciáis sino con *s,* diziendo *vuessa.*

V.  Esso será quando escrivo el *vra.* abreviado, porque sta en costumbre que el abreviadura se scriva con *r;* pero, si lo tengo de scrivir por letras, no lo escriviré sino con *s.* Esto avéis d'entender que es assí por la mayor parte, pero no siempre; porque, si diziendo *v.m.,* pronunciasse el *vuestra* con *r,* qualquier castellano que me oyesse juzgaría que soy estrangero; pero no me juzgaría por tal, aunque, diziendo *v.s.,* pronunciasse en el *vuestra* la *r.* Es bien verdad que la pronunciación más ordinaria es sin *r,* como vos avéis muy bien notado[145].

---

[145] El cambio *vuestra* > *vuessa* debemos considerarlo más general-

M. Yo nunca avía mirado en esso, y como vía escrito
*vra.* con *r,* creía que assí se avía de pronunciar; y
pues assí es, de oy más no pronunciaré sino con *s;*
y paréceme que hazéis mal en usar de abreviadura
que haze tropeçar.

V. Sí que haze tropeçar, pero no a los naturales de la
lengua; assí como tampoco haze tropeçar a los que
saben latín el abreviadura que hazen escriviendo
do *Xpo.* con *p* y con *x,* no pronunciándose la una
letra ni la otra.

M. Tenéis mucha razón y, dexando esto, nos dezid de
dónde viene que algunos españoles en muchos vocablos,
cablos, que por el ordinario escrivís con *z,* ellos ni
la pronuncian ni la escriven.

V. Ésse es vicio particular de las lenguas de los tales
que no les sirven para aquella asperilla pronunciación
ción de la *z,* y ponen en su lugar la *s,* y por *hazer*
dizen *haser,* y por *razón, rasón,* y por *rezio, resio,*
etcétera. ¿No os parece que podría passar adonde
quiera por bachiller en romance, y ganar mi vida
con estas bachillerías?

M. Largamente.

C. Aunque no queráis, me avéis de dezir qué sinifica
*bachiller,* y qué cosa son *bachillerías.*

V. Maravíllome de vos que no entendáis qué cosa es
*bachiller* y *bachillerías,* que lo entienden, en buena
na fe, en mi tierra los niños que apenas saben
andar.

C. También en la mía los niños de teta entienden algunos
gunos vocablos que vos no entendéis.

V. Tenéis razón; *bachiller* en romance castellano quiere
re dezir lo que BACCALARIUS en latín.

C. Agora lo entiendo menos. Vos me queréis enseñar
lo que no entiendo por lo que no sé.

V. *Bachiller* o *bacalario* es el primer título de ciencia

---

mente aceptado para *Vuestra Merced,* mientras en *Vuestra Señoría,*
menos usado y algo más atrasado en la línea evolutiva, se trata sólo
de la pronunciación «más ordinaria».

que dan en las universidades de Spaña a los que con el tiempo y el estudio hazen después licenciados, doctores y maestros; y porque éstos presumen por el ordinario más que saben, quando alguno haze muestras de saber, lo llamamos *bachiller,* y a las tales muestras llamamos *bachillerías.* ¿Entendéislo?

C. Agora sí.

M. Sirva esto por una manera de paréntesis, y passemos a lo que haze al caso. Al principio dixistes que la lengua castellana, de más del *a.b.c.* latino, tiene una *j* larga, que vale lo que al toscano *gi;* y una *cerilla* que, puesta debaxo de la *c,* la haze sonar casi como *z;* y una *tilde* que, puesta sobre la *n,* vale lo que al latino y toscano *g.* Querríamos que nos dixéssedes lo que observáis acerca destas letras o señales.

V. Quanto a la *j* larga me parece averos dicho todo lo que se puede dezir.

T. Assí es verdad.

V. Quanto a la *cerilla,* que es una señaleja que ponemos en algunos vocablos debaxo de la *c,* digo que pienso pudo ser que la *c* con la cerilla antiguamente fuessen una *z* entera[146].

M. Quanto que esso no os lo sufriré; ¿queréis dezir que el tiempo corta las letras como las peñas?

V. Donoso sois; no quiero dezir que las corta el tiempo, sino que los hombres por descuido con el tiempo las cortan. Pero esto no importa; séase como se fuere. Lo que importa es dezir que la cerilla se ha de poner quando, juntándose la *c* con *a,* con *o,* y con *u,* el sonido ha de ser espesso, diziendo *çapato, coraçón, açúcar*[147].

T. Y quando se junta con *e* y con *i,* para dezir *cecear* y *cimiento,* ¿no se ha de poner la cerilla?

V. No que no se ha de poner.

T. ¿Por qué?

---

[146] Se explica el origen de estos hábitos ortográficos, como más adelante Torres hará con la tilde.

[147] Se aplica el criterio valdesiano de «escrivo como hablo».

V. Porque, con cerilla o sin ella, siempre pronunciáis essos vocablos, y los semejantes a ellos, de una mesma manera; pues, pudiendôs ahorrar la cerilla, indiscreción sería ponerla.

T. Tenéis muy gran razón; yo me la ahorraré de aquí adelante.

C. ¿Cómo sabré yo quándo tengo de poner essa cerilla, o como la llamáis, debaxo dessas letras, y quándo no?

V. La mesma pronunciación os lo enseñará.

C. ¿De manera que para saber escrivir bien es menester saber primero pronunciar bien?

V. ¿Quién no lo sabe esso? La *tilde* generalmente sirve en el castellano del mesmo oficio que en el latín, y particularmente, puesta sobre la *n,* vale lo que al latino y toscano la *g* quando sta cabo la *n;* y assí, donde el latino escrive IGNORANTIA, el castellano *iñorancia,* y donde el toscano escrive SIGNOR, el castellano pone *señor*.

T. Porque no penséis que os lo sabéis vos todo, quiero yo también sutilizar mi parte, y dezir que la tilde no haze, o por mejor dezir no devría hazer, más sobre la *n* que sobre qualquiera de las otras letras, porque assí suple por *n* en ésta como en qualquiera de las otras; pero, por evitar un frío sonido que al parecer hazen dos *enes* juntas, la una se convirtió en *g,* y hízose aquella manera de sonido que sentís.

V. No me desplaze esso.

T. También creo que lo que agora dezimo *mañas* con tilde sea lo mesmo que *maneras,* sino que la tilde los ha diferenciado; porque, como sabéis, quando queremos escrivir *maneras* abreviado, lo escrivimos de la mesma manera que *mañas,* y assí creo que sea lo mesmo dezir «El que malas mañas ha, tarde o nunca las perderá» que «El que malas maneras ha, etc.» [148]. De la mesma manera creo aya aconte-

---

[148] Falta documentación del segundo refrán citado por Valdés,

cido en *daño* y *año*, y en algunos otros, adonde primero valía la tilde lo que en el latín, diziendo DAÑUM y AÑUS, y después avemos hecho que suene de otra manera, de suerte que la tilde, que servía antes por *n* o *m*, con el tiempo avemos hecho que sirva por *g* quando la hallamos sobre la *n*. ¿Paréceos que digo algo?

V. Paréceme que, si honra se gana en estas pedanterías, os avéis hecho más honra con esto sólo que avéis dicho que yo, con todo lo que he parlado; y por mí os digo que nunca avía mirado en essos primores.

T. Agora que veo os contentan a vos, empeçaré a tenerlos por primores, que hasta aquí no osava tenerlos por tales; y porque veáis que soy hombre de tanta conciencia que no quiero vender la hazienda agena por propia mía, sabed que esto no lo saqué de mi cabeça, sino que lo aprendí de un hombre que todos conocemos, cuyo nombre callaré por no lastimar a alguno.

V. Aunque me maravillava que fuesse aquel primor de vuestra cosecha, como os tengo por hombre de tanto ingenio que con él podéis suplir la falta de letras, todavía creí que fuesse vuestro.

M. Dexad estar essas vuestras cerimonias españolas para los que se comen las manos tras ellas; y dezidnos de qué sirve la tilde sobre *como* y sobre *muy* [149]

V. Solamente se pone por ornamento de la escritura.

M. ¿Y un rasguillo que ponéis delante la *o?*

V. De lo mesmo.

---

que aparece en la colección Vallés, cit., en forma muy parecida («Quien malas maneras ha...»). De todos modos, la etimología no tiene fundamento, aunque es probable que los dos términos *maneras* y *mañas* hayan sido puestos en relación y considerados sinónimos en el habla vulgar hasta crear una etimología popular.

[149] La tilde sobre *como* y sobre *muy* es una costumbre ortográfica de Valdés en las *Cartas,* cit.

M. De manera que quien los dexasse de poner ¿no gastaría la sentencia?

V. No, de ninguna manera.

M. Y unos rasguillos que vos ponéis sobre algunos vocablos ¿sirven de lo mesmo que los que se ponen en griego y en toscano?

V. De lo mesmo, porque muestran al letor que falta de allí una vocal, la qual se quitó por el ayuntamiento de otra que seguía o precedía.

M. ¿Por qué no ponen todos essos rasguillos?

V. Porque no todos ponen en el escrivir corretamente el cuidado que sería razón.

M. ¿Y los que no los ponen dexan de scrivir las letras que vos dexáis?

V. Ni las dexan todos, ni las dexan todas.

M. Y los que las dexan ¿señalan con aquel rasguillo las que dexan?

V. No todos.

M. ¿Por qué?

V. Pienso que porque no miran en ello, como hazía yo antes que tuviesse familiaridad con la lengua griega y con la italiana; y, si os parece, será bien poner fin a estas inútiles pláticas.

M. ¿Cómo inútiles?

V. Porque estas cosas son de las que «entran por una oreja y se sallen por otra».

M. Muy engañado estáis, si creéis esto assí como lo dezís, porque os prometo me bastaría el ánimo a repetiros todo lo sustancial que aquí avéis dicho.

V. Y aun no haríades mucho, pues lo sustancial se podría escrivir en la uña.

M. Aunque lo dezís assí, yo sé bien que lo entendéis de otra manera.

V. Si no queréis creer lo que digo, creed lo que quisiéredes y preguntad a vuestro plazer.

M. Dezís muy bien, y assí lo haremos[150]. En vuestras

---

[150] Se inicia la parte cuarta llamada «Sílabas», o sea, las partículas

*Cartas* avemos notado que en algunos vocablos, donde otros ponen *en,* vos ponéis *a.*

V. Dezid algunos.

M. Otros dizen *envergonçar, enhorcar, enriscar;* vos ponéis *avergonçar, ahorcar, arriscar.*

V. No me acuerdo jamás aver visto escritos essos vocablos con *en.*

M. Pues yo sí los he visto.

V. ¿Adonde?

M. En Librixa[151].

V. Ya tornáis a vuestro Librixa. ¿No os tengo dicho que, como aquel hombre no era castellano, sino andaluz, hablava y escrivía como en Andaluzía, y no como en Castilla?

M. Ya me lo habéis dicho, y ya yo lo sé; pero también os tengo yo dicho a vos que os he de hazer picar en Librixa más de diez vezes.

V. Paciencia.

M. También trocáis la *en* por *de* en este vocablo: *enzentar,* y dezís *dezentar.*

V. Esso hago porque me contenta más allí la *de* que la *en,* y por la mesma causa no me contenta dezir, como algunos, *infamar* ni *difamar,* porque me plaze mucho más escrivir, como otros, *disfamar.*

M. Quanto que en esso bien nos conformaremos vos y yo, pero dezidme, ¿quál tenéis por mejor, usar de la *en* o de la *de*? Quiero dezir si en semejante parte que ésta diréis: *Tiene razón de no contentarse* o *en no contentarse?*

V. Muchas personas discretas veo que ponen la *de,* pero a mí más me contenta poner *en,* porque no me parece que el oficio de la *de* sea sinificar lo que allí quieren que sinifique, y del de la *en* es tan pro-

_____

monosilábicas. En Nebrija se trata esta parte con mucho mayor complejidad, considerándose la sílaba como elemento de la métrica.

[151] En el *Vocabulario* de Nebrija español-latino, al que creemos que se refiere Valdés, la única forma que se encuentra con ambos prefijos *a-* y *en-* es *ahorcar-enhorcar,* que quizá se le escapó a Valdés.

picio, que por justicia puede quitar de la possessión a la *de*.

M. Esto sta muy bien dicho, y antes que se me olvide, nos dezid si esta sílaba *des* en principio de parte haze lo que el DIS griego, el qual, como sabéis, por la mayor parte haze que el vocablo con quien se junta muda la sinificación de bien en mal.

V. Muchas vezes he mirado en ello, y hallo entrêllos muy gran conformidad, porque dezimos *amparar* y *desamparar*: «No haze Dios a quien desampara»[152]; también dezimos *esperar* y *desesperar*: «Quien espera, desespera»[153]; y de la mesma manera *amar* y *desamar*: «Quien bien ama, bien desama»[154]; y *atar* y *desatar*: «Quien bien ata, desata.» Dezimos también *desgraciado, desvergonçado, desamorado, descuidado, y desordenado,* etc.; que todos ellos sinifican en mala parte.

M. A la fe que es gentil observación ésta, y que los vocablos son muy galanos. ¿Tenéis muchos dellos?

V. Muchos.

M. Unas vezes siento dezir *prestar,* y otras *enprestar;* ¿quál tenéis por mejor?

V. Tengo por grossero el *enprestar.*

M. ¿No veis que sta más lleno?

V. Aunque ste.

M. ¿Y quál tenéis por mejor, dezir *mostrar* o *demostrar*?

V. Tengo por grossería aquel *de* demasiado, y por esso digo *mostrar.*

M. Y por la mesma causa devéis de quitar un *es* de algunos vocablos, como son *estropeçar y escomençar*[155].

---

[152] Proverbio que Boehmer documenta en la colección Vallés, cit.

[153] «Explica la mortificación del que vive en una esperanza incierta o dudosa de lograr el fin de sus deseos», en el *Diccionario enciclopédico de la lengua española,* Madrid, 1875, ordenado por N. Fernández Cuesta, s. v. *esperar.*

[154] No consta la existencia del refrán en la forma citada por Valdés.

[155] El concepto valdesiano de *grossero* se escapa a nuestro oído

V.   Assí es la verdad que por la mesma causa lo quito; y, porque no me tengáis por tan escasso que no os doy sino quando me demandáis, os quiero avisar desto: que el castellano casi siempre convierte en *en* el IN latino, y assí por INUIDIA dize *embidia;* por INCENDERE, *encender;* por INCURUARE, *encorvar;* por INIMICUS, *enemigo,* por INFIRMUS, *enfermo;* por INSERERE, *enxerir;* y assí en otros muchos. Y aún más quiero que sepáis que assí como el IN latino priva muchas vezes, pero no siempre, assí el *en* castellano priva muchas vezes, pero no siempre. ¿Háos contentado esto?

M.   Sí, y mucho; y contentaréme también si me dezís si, quando componéis un vocablo con *re-,* es por acrecentar la sinificación o por otra cosa.

V.   Unas vezes acrecienta, como en *reluzir,* que sinifica más que *luzir;* es bien verdad que no todas vezes se puede usar el *reluzir,* como en este refrán: «Al buey maldito el pelo le luze»[156], adonde no vernía bien dezir *reluze.* Otras vezes muda la sinificación, como en *requebrar,* que es otro que *quebrar,* y en *traer* que es otro que *retraer*[157]; el qual vocablo unas vezes sinifica lo que al italiano (en la qual sinificación he también oído usar de otro vocablo que yo no usaría, que es *asacar*) y otras vezes lo usamos por *escarnecer;* creo que sea porque, assí como el que retrae a uno, su intento es imitar su natural figura, assí el que escarnece a otro parece que quiere imitar o sus palabras o sus meneos.

C.   No querría que os passássedes assí ligeramente por las sílabas; ¿a quién digo?

M.   Ya os entiendo, pero como no hallo qué coger,

---

actual; quizá haya una razón de eliminar las «superfluidades», como en los *quees superfluos* de pág. 234.

[156] Documentado por Boehmer en la colección Vallés, cit.

[157] Según Valdés *retraer* tiene doble sentido: el de 'hacer el retrato' y el de 'escarnecer'. Del sentido de 'imitar' es fácil pasar a 'poner en ridículo'. *Retraer* como 'imitar' lo encontramos en *Enciclopedia del idioma* de Martín Alonso, Aguilar, 1958.

«pássome como por viña vindimiada», desseoso d'entrar en majuelo de los vocablos; por tanto, si os atrevéis a ir conmigo[158], empeçaré a preguntaros.

V. Con vos no ay parte en el mundo adonde yo no ose entrar, y quanto a los vocablos, si bien os acordáis, ya he dicho todo lo que ay que dezir.

M. ¿Quándo?

V. Quando dixe que la lengua castellana consiste principalmente en vocablos latinos, assí enteros como corrompidos, y en vocablos arávigos o moriscos, y en algunos pocos griegos.

M. Ya me acuerdo, pero más ay que dezir y más diréis.

V. Lo que más os puedo dezir es que, mirando en ello, hallo que por la mayor parte de los vocablos que la lengua castellana tiene de la latina son de las cosas más usadas entre los hombres y más anexas a la vida humana[159]; y que los que tiene de la lengua aráviga son de cosas estraordinarias o a lo menos no tan necessarias, y de cosas viles y plebeyas, los quales vocablos tomamos de los moros con las mesmas cosas que nombramos con ellos; y que los que tiene nuevos de la lengua griega casi todos son pertenecientes a la religión o a dotrina[160]; y, si miráis bien en esto, creo lo hallaréis casi siempre verdadero.

M. Abástanos, para creerlo, que vos lo digáis. Y porque, como sabéis, buena parte del saber bien hablar y escrivir consiste en la gentileza y propiedad de los vocablos de que usamos; y porque también, según entiendo, en la lengua castellana ay muchos vo-

---

[158] Usoz cita a Horacio, *Carmina*, III, 4: «Utcumque mecum vos eritis...»

[159] Se alude a una primitiva teoría de relación palabras-cosas. Los rudos españoles, en contacto con el mundo árabe, conocieron objetos y palabras refinados.

[160] Valdés tuvo ocasión de aprender el griego, sobre todo, a través de su obra de traductor de textos sagrados. Al principio del diálogo ya se ha hablado de «vocablos griegos que la lengua castellana ha tomado de la sagrada escritura».

cablos de los quales algunos no se usan porque con el tiempo se an anvejecido...

C.   ¿Qué dezís? ¿Los vocablos s'envejecen?

M.   Sí que s'envejecen; y si no me creéis a mí, preguntadlo a Oracio en su *Arte Poética*[161].

C.   Tenéis razón.

M.   Y porque otros vocablos no se usan por ser algo feos, en lugar de los quales los hombres bien hablados an introduzido otros, muy encargadamente os rogamos nos deis algunos avisos con que no erremos en esta parte.

V.   En esso tanto no pienso obedeceros, pues sabéis que no me obligué sino a daros cuenta de mis *Cartas*.

M.   También os obligastes a satisfazernos en nuestras preguntas y esto no os lo pedimos por obligación, sino por gentileza.

V.   Vuestra cortesía me obliga más que mi promessa; por tanto avéis de saber que, quando yo hablo o escrivo, llevo cuidado de usar los mejores vocablos que hallo, dexando siempre los que no son tales; y assí no digo *acucia*[162], sino *diligencia; no digo ál* adonde tengo de dezir *otra cosa,* aunque se dize «So el sayal, ay ál»[163] y «En ál va el engaño». No *asaz,* sino *harto;* no *adufre,* sino *pandero;* no *abonda,* sino *basta;* no *ayuso,* sino *abaxo;* ni tampoco digo, como algunos, *ambos* y *ambas* por *entramos* y *entramas*[164]; porque, aunque al parecer se

---

161 Se refiere a Horacio, *Ad Pisones,* vv. 60-63:

Ut silvae foliis pronos mutantur in annos,
prima cadunt, ita verborum vetus interit aetas,
et iuvenum ritu florent modo nata vigentque.

162 *acucia* está en Nebrija, *Vocabulario:* «Acucia. acumen. inis. acutella. e.», así como *ál:* «Al por otra cosa. aliud reliquum.»

163 Refrán citado también en la pág. 207.

164 En Nebrija, *Vocabulario:* «Asaz adverbio. sat. satis»; «Adufe o atabal o pandero tympanum. i»; «Abondar. abundo. as. sufficio. is. affluo. is»; «Aiuso en lugar adverbio infra»; «Ambos a dos ambo. e. ambo».

conforman más con el latín aquéllos que éstos, son éstos más usados y an adquirido opinión de mejores vocablos. *Aya* y *ayas* por *tenga* y *tengas* se dezía antiguamente, y aún lo dizen agora algunos, pero en muy pocas partes quadra; úsanse bien en dos refranes de los quales el uno dize: «Bien aya quien a los suyos se parece», y el otro: «Adondequiera que vayas, de los tuyos ayas»[165]. *Arriscar* por *aventurar* tengo por buen vocablo, aunque no lo usamos mucho, y assí a *arriscar* como a *apriscar*[166], que también me contenta, creo avemos desechado porque tienen del pastoril; a mí bien me contentan, y bien los usa el refrán pastoril que dize: «Quien no arrisca no aprisca»[167]. *Ahe,* que quiere dezir ECCE[168], ya no se usa; no sé por qué lo avemos dexado, especialmente no teniendo otro que sinifique lo que él. De *ventura* avemos hecho un muy galán vocablo, del que yo por buen respeto estoy muy enamorado, y es *aventurar,* del qual usa el refrán que dize: «Quien no aventura no gana.» De *aventurar* dezimos también *aventurero* al que 'va buscando la ventura', del qual vocablo están muy bien llenos nuestros libros mintrosos escritos en romance[169]. Pésame que no se use *artero* porque, como veis, es buen vocablo y sta usado entre los refranes[170]; uno dize: «A escasso señor, artero servidor»[171]; y otro: «De los escarmen-

---

[165] Ambos proverbios los encontró Boehmer en la colección Vallés, citada.

[166] Nebrija, en el *Vocabulario,* no tiene *arriscar,* sino *enriscarse:* «Enriscarse ardua montis peto.»

[167] Lo encontró Boehmer en la colección Vallés, cit., en la forma «Quien no risca no prisca».

[168] *ahe* falta en Nebrija.

[169] Sobre la afición de Valdés por los libros de caballerías, véase nuestra introducción, I, 1.

[170] Nebrija, *Vocabulario,* cit.: «Artero engañoso dolosus fraudolentus.»

[171] Proverbio que no se ha podido documentar en ninguna colección.

tados se levantan los arteros.» Pésame también que ayamos dexado éste: *arregostar,* pues un refrán dize: «Arregostóse la vieja a los bredos, y ni dexó verdes ni secos.» *Aleve, alevoso* y *alevosía*[172] me parecen gentiles vocablos, y me maravillo que agora ya los usamos poco.

M. ¿Usávanse antiguamente?

V. Sí, mucho; y si os acordáis lo avréis leído en algunos libros, y un refrán dize: «A un traidor, dos alevosos.»

M. ¿Qué significa *alevoso?*

V. Pienso sea lo mesmo que *traidor. Atender* por *esperar* ya no se dize[173]; dezíase bien en tiempo passado, como parece por este refrán: «Quien tiempo tiene y tiempo atiende, tiempo viene que se arrepiente»[174]. En metro se usa bien *atiende* y *atender,* y no parece mal; en prosa yo no lo usaría.

M. ¿Y essos vocablos que vos no queréis usar, úsanlos los otros?

V. Sí usan, pero no personas cortesanas, ni hombres bien hablados; podréislo leer en muchas *Farsas y comedias pastoriles* que andan en metro castellano, y en algunos libros antiguos, pero no en los modernos.

M. Esso basta. Y pues avéis començado, proseguid por su orden vuestros vocablos, sin esperar que os preguntemos.

V. Soy contento. No digo *buelto*[175], pudiendo dezir *turvio,* puesto caso que el refrán diga: «A río buelto, ganancia de pescadores»; tampoco digo *barajar,* pudiendo dezir *contender;* dezíase bien antiguamente, como parece por el refrán que dize: «Quan-

---

172 Nebrija, *Vocabulario,* cit.: «Aleve. proditio. onis. traditio. onis», «Alevoso. proditor. oris. traditor. oris»; *alevosía* falta.

173 Nebrija, *Vocabulario,* cit: «Atender. esperar. expecto. as.»

174 Proverbio documentado con variantes ya en textos medievales.

175 *buelto* falta en Nebrija, que tiene «Bolver mezclando cosas. conuoluo. is. misceo».

do uno no quiere, dos no barajan.» Tampoco digo *cabero,* ni *çaguero*[176], porque stan desterrados del bien hablar, y sirven en su lugar *último* y *postrero.* Mejor vocablo es *cobrir* que *cobijar*[177], aunque el refrán diga: «Quien a buen árbol se arrima, buena sombra lo cobija»[178]. Ya no dezimos *cubil,* aunque sta autorizado con un sentido refrán que dize: «A los años mil torna el agua a su cubil»[179]; esto mesmo le ha acontecido a *cohonder,* por *gastar* o *corromper*[180], estando también él usado en aquel refrán que dize: «Muchos maestros cohonden la novia.» *Cara* por *hazia* usan algunos, pero yo no lo usaré jamás. *Cada que* por *siempre* dizen algunos, pero no lo tengo por bueno; también avemos dexado *cormano* por *primo hermano,* y si yo lo pudiesse tornar en su possessión lo tornaría, porque a mi parecer se le ha hecho mucho agravio, siendo tan gentil vocablo como es. En lugar de *cuita* dezimos *fatiga,* y por lo que antes dezían *cocho* agora dezimos *cozido. Ca,* por *porque,* ha recibido injuria del tiempo, siendo injustamente desechado, y tiene un no sé qué de antigüedad que me contenta. *No cates* por *no busques* parece que usavan antiguamente, y assí dezían: «Al buey viejo no le cates abrigo»[181] y «Haz bien y no cates a quién». También usavan de *cata* en una sinificación muy estraña, como parece por el refrán que dize: «Barba a barba, vergüença se cata.» Vocablo muy plebeyo es

---

[176] Nebrija, *Vocabulario,* cit.: «Cabera cosa. ultimus. a. um. extremus. a. um» y «Çaguera cosa. extremus. a. um».

[177] Nebrija, *Vocabulario,* cit.: «Cobijar o cobijadura requiere cobrir.»

[178] Refrán documentado en la *Celestina* (Clásicos Castellanos, VIII, 102).

[179] Proverbio documentado en varias fuentes, pero no en esta forma.

[180] En Nebrija, *Vocabulario,* cit.: «Cohonder corrumpo. is. confundo. is.»

[181] Este proverbio y el siguiente en Santillana.

*cadira* por *silla* [182], y pienso que sea de los vocablos que quedaron de la lengua antigua, porque el griego vulgar dize CATHEDRA en la mesma sinificación. *Costribar* por *trabajar* [183] se usava también, diziendo: «Quien no come no costriba» [184]; ya no se usa.

M. Muy bien vais; proseguir adelante, que me dais la vida.

V. Nuestros passados dezían *ducho* por *vezado* o *acostumbrado* [185], como parece por el refrán que dize: «A quien de mucho mal es ducho, poco bien se le haze mucho»; agora ya parecería mal. No me plaze dezir *durmiente* por 'el que duerme mucho' como dize el refrán: «Al raposo durmiente no le amanece la gallina en el vientre» [186]; tampoco usaré en prosa lo que algunos usan en verso, diziendo *dende* por *de aí,* como parece en un cantarcillo que a mí me suena muy bien, que dize: «La dama que no mata ni prende, tírala dende», y lo más. Algunos escriven *desque* por *quando,* diziendo *desque vais* por *quando vais,* pero es mal hablar; otros dizen *mi dueño* por dezir *mi amo* o *mi señor,* y aunque *dueño* sea buen vocablo para dezir «Adonde no sta su dueño, allí sta su duelo», y «Dado de ruin, a su dueño parece» [187], no es bueno para usarlo en aquella manera de hablar.

C. Pues yo he oído dezir esse *mi dueño* a un hombre que...

V. Ya sé por quién dezís; dexadlo estar [188]. *Duelo* y

---

182 Nebrija lo registra en el significado de 'cátedra': «Cadira por catedra. cathedra. e.»

183 *Costribar* en Nebrija.

184 Refrán que Boehmer encuentra en Santillana en forma de pregunta y respuesta: «¿Queréis que os diga? Quien no come no costriba.»

185 *ducho* en Nebrija: «Ducho. suetus. assuetus. consuetus.»

186 No está documentado en fuentes antiguas; lo encontramos en el *Diccionario enciclopédico,* cit., s. v. *raposo.*

187 Ambos proverbios en Santillana.

188 Nebrija, *Vocabulario,* cit.: «Dueño por Señor. dominus. i.»

*duelos* están tenidos por feos vocablos, y por ellos usamos *fatiga* y *fatigas,* no embargante que un refranejo dize: «Duelo ageno, de pelo cuelga», y otro dize: «Todos los duelos con pan son buenos» [189]. Por grossero hablar tengo dezir, como algunos, *engeño* [190]; yo uso *ingenio.* Nuestros passados diz que dezían [...por...]; ya no se usa. Por *levantar* se solía dezir *erguir,* pero ya es desterrado del bien hablar, y úsalo solamente la gente baxa; vosotros me parece que lo usáis, y si bien me acuerdo, lo he leído en vuestro Petrarca [191].

M.  Assí es verdad.

T.  Algunas mugeres tienen por cosa desonesta dezir [*preñada* y dizen *embaçada*].

V.  Más me contenta dezir *embaraçado* que *embaçado* [192], y más *tardar* que *engorrar,* y más *partir* que *encentar,* y más *año* que *era.*

C.  ¿Qué quiere dezir *era?*

V.  Solían dezir, y aun agora dizen algunos, *la era del Señor* por *el año del señor.* Mejor me parece dezir *falta* que *falla* [193], y *faltar* que *fallecer,* aunque el refrán diga: «Amigos y mulas fallecen a las duras»; y por mejor tengo *confiança* que *fiuzia* ni *huzia.* Gentil vocablo es *feligrés,* y conténtame a mí tanto que lo uso no solamente para sinificar los que son subietos al cura de una parroquia, a los quales llamamos *feligreses,* pero para sinificar también 'los que acuden al servicio de alguna dama', que también a éstos llamo *feligreses* de la tal dama.

T.  Y aun tenéis mucha razón en ello.

---

[189] Los dos refranes en Santillana.

[190] *engeño* se encuentra en Nebrija sólo en un sentido particular: «Engeño para combatir. machina. e.»

[191] En Petrarca, *Rime,* I, son. 25, v. 6; son. 96, v. 7; *Trionfo della fama,* 2, 53.

[192] *embaçado* y *embaraçado* están en Nebrija, pero no como sinónimos: «Embaçado maravillado. stupidus. a. um»; «Embaraçado impeditus. implicitus». Asimismo se encuentran *engorrar* y *era.*

[193] *Ibídem:* «Falla por falta. defectus. us.»

V.   Mejor vocablo es *cuchillo* que *gavinete,* y mejor *guardar* que *condesar. Garrido* por *gallardo* sta desechado[194], aunque tiene de su parte un buen refrán que dize: «Pan y vino anda camino que no moço garrido.» También casi avemos dado de mano a *garçón* por *mancebo*[195], no embargante que lo favorece el refrán que dize: «Prendas de garçón, dineros son.» *Gaván* y *balandrán* avemos dexado muchos años ha. Vocablo es plebeyo *galduda* por *perdida,* aunque se dize bien: «Sardina que gato lleva, galduda va.» *Guisa* solía tener dos sinificaciones: la una era que dezíamos *hombre de alta guisa* por *de alto linaje;* la otra que dezíamos *cavalgar a la guisa* por lo que agora dezimos *a la brida;* ya no lo usamos en la una sinificación ni en la otra. Librixa pone *helgado*[196] por 'hombre de raros dientes'; yo nunca lo he visto usado, y desseo se usasse porque, aunque parece vocablo arávigo, no me descontenta; y no teniendo otro que sinifique lo que él, sería bien usarlo. *Henchir*[197] parece feo y grossero vocablo, y algunas vezes forçosamente lo uso por no tener otro que sinifique lo que él, porque *llenar* no quadra bien en todas partes; conhórtome con que lo usa el refrán que dize: «De servidores leales se hinchen los ospitales.» *Hueste* por *exército* usavan mucho antiguamente; ya no lo usamos, sino en aquel refrán sentido que dize: «¡Si supiesse la hueste lo que haze la hueste!»[198]. *Húmil* por *humilde* se dize bien en verso, pero parecería muy mal en prosa; lo mesmo digo de *honor* por *honra*[199]. Aún que-

---

194  *Ibídem:* «Garrido, elegans. lautus. a. um.»

195  *Ibídem:* «Garçon que se quiere casar. procus. i.»

196  Nebrija, *Vocabulario,* cit.: «Helgado. discrimina dentium habens.»

197  Montesinos ha comprobado las indicaciones de Boehmer sobre el uso de este verbo en la traducción valdesiana del Salterio. En Nebrija: «Henchir o hinchir. impleo. es. eui. ere.»

198  Falta la segunda parte del refrán: «Si supiesse la hueste lo que hace la hueste, mal para la hueste.»

199  Sobre *honor* y *honra* véase B. de Torres Naharro, *Propalladia,* edición de J. E. Gillet, Pensylvania, 1943-1951, t. IV, págs. 191-192.

da en algunos dezir *hemencia* por *ansia. Hiniestra* por *fenestra* o *ventana* nunca lo vi, sino en Librixa. *Hito* por *importuno* pocas vezes se dize, pero ay un refrán que lo usa diziendo: «Romero hito, saca çatico.» Muchos dizen *he aquí* por *veis aquí;* yo no lo digo[200].

M. En una copla, muy donosa a mi ver, he leído dos vocablos que no me suenan bien; no sé lo que vos juzgáis dellos; los vocablos son *halagüeña* y *çahareña.*

V. Ea, dezid la copla, si se os acuerda.

M. Como el Avemaría la sé de coro, y es hecha sobre aquel cantarcico sabroso que dize: «La dama que no mata ni prende, tírala dende.» La copla es ésta:

> Ha de ser tan a la mano,
> tan blanda y tan halagüeña,
> la dama, desde pequeña,
> que sepa caçar temprano,
> y si su tiempo loçano
> çahareña lo desprende,
> tírala dende.

V. Vos sabéis más de las cosas españolas que yo; nunca avía oído essa copla, y de veras que me contenta mucho en su arte, y también los dos vocablos me parecen bien, y terníalos por arávigos, sino que aquel *halagüeña* me huele un poco a latino; que del *çahareña* casi no dubdo; y, prosiguiendo en mis vocablos, digo que por *sangrar* he oído muchas vezes *jassar,* pero yo no lo diría[201]. *Yazer* por 'estar echa-

[200] Nebrija, *Vocabulario,* cit.: «He aquí, adverbio en ecce. eccum.»

[201] Nebrija, *Vocabulario,* cit.: «Jassar sangrar jassando. scarifico. as.» Aceptamos la enmienda *jassar* (el manuscrito tiene *sajar*) con ciertas reservas, ya que Valdés dice «he oído dezir *muchas vezes*», y la forma más frecuente era «*sajar*... en muchos autores de los siglos XVI y XVII» (Corominas, s. v. *sajar*). Así se conserva el orden alfabético que, por otra parte, no siempre se respeta en el diálogo.

do' no es mal vocablo, aunque el uso lo ha casi des-
amparado, y digo casi, porque ya no lo veo sino en
epitafios de sepulturas.

M. Y aún aquí en Nápoles hallaréis muchos epitafios
de spañoles que comiençan «*Aquí yaze*».

V. En España casi todos los antiguos comiençan assí.

T. ¿Queréis que os diga uno en una copla, el más celebrado que tenemos?, y servirá por paréntesis.

M. Antes holgaremos mucho dello.

T. Dize assí:

> Aquí yaze sepultado [202]
> un conde dino de fama,
> un varón muy señalado
> [leal, devoto, esforçado];
> don Perançúrez se llama,
> el qual sacó de Toledo
> de poder del rey pagano
> al rey que con gran denuedo
> tuvo el braço rezio y quedo
> al horadar de la mano.

¿Qué os parece?

M. Muy bien, assí Dios me salve; hazedme merced de
dármelo escrito.

V. Esso se hará después; agora prosigamos como íva-
mos por los vocablos adelante.

M. Sea assí.

V. Por lo que algunos dizen *inojos* o *hinojos* [203], yo digo *rodillas,* no embargante que se puede dezir el
uno y el otro. Entre gente vulgar dizen *yantar,* en
corte se dize *comer;* un refrán no malo usa *yantar,*
diziendo: «El abad de donde canta, d'allí yanta.»

[202] Usoz encontró el epitafio, mal conservado, en la catedral de
Valladolid, y lo transcribe entero (en todo 39 versos). Ya el texto
exacto, con la integración del cuarto verso, se encuentra en la edición
de Mayans de 1737.

[203] *Inojos, luengo, lisiar* se encuentran en Nebrija, *Vocabulario,* cit.

*Luengo* por *largo,* aunque lo usan pocos, yo lo uso de buena gana, y úsalo también el refrán que dize: «De luengas vías, luengas mentiras.» *Lisiar* dizen algunos por *cortar,* y es vocablo antiguo, corrompido, según pienso, de LAEDERE; y porque ay diferencia entre *cortar* y *lisiar,* porque *cortar* es general a muchas cosas, y *lisiar* solamente sinifica 'herir con hierro', no quisiera que lo uviéramos dexado. Bien es verdad que lo usamos en otra sinificación; porque si vemos un cavallo muy gruesso dezimos que *sta lisiado,* y quando queremos dezir que 'uno quiere mucho una cosa' dezimos que *sta lisiado por ella;* la sinificación me parece algo torcida, pero basta que assí se usa. *Ledo* por *alegre* se usa en verso, y assí dize el bachiller de la Torre: «Triste, ledo, tardo, presto»; también dize el otro: «Bive leda si podrás» [204]; en prosa no lo usan los que scriven bien. *Lóbrego* y *lobregura* [205] por *triste* y *tristeza* son vocablos muy vulgares; no se usan entre gente de corte. *Loar* por *alabar* [206] es vocablo tolerable, y assí dezimos: «Cierra tu puerta y loa tus vecinos.» *Maguera,* por *aunque* [207] poco a poco ha perdido su reputación; en el *Cancionero general* lo hallo usado de muchos en coplas de autoridad, como en aquélla: «Maguer que grave te sea»; agora ya no se usa. Algunos de *missa* hazen *missar,* verbo freqüentativo; yo no lo diría, aunque lo hallo en un refrán que dize: «Bueno es missar y casa guardar.» Oído he contender a mugercillas sobre quál es mejor vocablo, *mecha* o *torcida;* yo por mejor tengo *mecha,* y el refrán dize: «Candil sin mecha, ¿qué aprovecha?» [208]. *Membrar* por *acordar* usan los poetas, pe-

---

[204] *Bive leda si podrás* es el inicio de una composición de Rodríguez del Padrón que se encuentra en el *Cancionero de Baena,* ed. de Lipsia, t. II, pág. 158, según indicación de Boehmer.

[205] Nebrija, *Vocabulario,* cit.: «Lóbrego. lugubris. e. miser. a. um.»

[206] *Ibídem:* «Loar o alabar laudo. as. probo. as.»

[207] *Ibídem:* «Maguera etsi tametsi. quanquam. quavis.»

[208] Refrán documentado por Boehmer en la colección Núñez, Sala-

ro yo en prosa no lo usaría[209]. *Minglana* por *grana-da* ya no se usa. *Mentar* por *nombrar* o *hazer men-ción* vamos ya desechando, no embargante que diga el refrán: «El ruin, quando lo mientan, luego viene»[210]. *Mientras* por *entre tanto*[211] querrían algunos desterrar, pero, porque me parece no tienen razón, si pudiesse lo defendería.

C.  ¿Úsanlo vuestros refranes?

V.  Sí, que uno dize: «Mientras descansas, maja essas granzas.»

C.  Pues usadlo vos sin temor, que yo os doy licencia.

V.  Muchas gracias. Mejor vocablo es *ninguno* que *nadie*[212], aunque a *nadie* le da reputación aquel galanísimo dicho «Quien a sí vence a nadie teme»[213]. *Odre* y *odrero* solían dezir por lo que agora dezimos *cuero* y *botero*[214]; a mí, aunque soy mal moxón, bien me contenta el *odre,* porque no es equívoco como el *cuero,* pero no lo osaría usar, y *odrero* sí, siquiera por amor de la profecía de Toledo que dize: «Soplará el odrero y levantaráse Toledo»[215].

M.  Donosa profecía deve ser éssa; por vuestra vida que nos la declaréis.

V.  Demás me stava; si me detuviesse en cada cosilla

---

manca, 1555, en la forma: «¿Qué aprovecha, candil sin mecha?»

[209] Nebrija, *Vocabulario,* cit.: «Membrar a otro. memoro. as. aui.»

[210] Refrán citado dos veces en el diálogo (véase nota 68).

[211] Nebrija, *Vocabulario,* cit.: «Mientras o mientras que. dum. quâdiu.»

[212] *Ibídem:* «Nadie por ninguno o ninguna. nemo.»

[213] *Alfabeto cristiano,* cit., 14r: «come diceva una gran Signora di Spagna, ben credo non a questo proposito *chi sè vince, nessun teme».*

[214] Montesinos hace notar que en la traducción valdesiana del *Evangelio,* IX, 17 se encuentra *odre* con el comentario: «odre es lo mismo que cuero».

[215] Lapesa cita a Correas, *Vocabulario de refranes,* 446a: «sucedió que llegando don Alvaro de Luna el año 1449 pidió un empréstito para el rey y alborotóse el común y quemó la casa de un mercader rico y apoderóse de las puertas de la ciudad; fue movedor un odrero, y hallóse escrito de letra antigua gótica como profecía».

déstas, nunca acabaríamos. También vamos dexando *omezillo* por *enemistad;* yo todavía me atrevería a usarlo alguna vez, pero quando quadrasse muy bien, y no de otra manera.

M. ¿Tenéislo por arávigo o por latino?

V. Pienso sea corrompido; de *homicidio, omezillo.* Al que por aver muerto algún hombre «anda», como dizen, «a sombra de tejados», llaman en Asturias *homiziado;* paréceme gentil vocablo, corrompido de *homicidiario. Popar,* por *despreciar*[216], me parece que usa un refrán que dize: «Quien su enemigo popa, a sus manos muere»; agora ya no lo usamos en ninguna sinificación; tampoco usamos *puyar* por *subir*[217]; úsanlo bien los aldeanos; si tiene algún parentesco con vuestro POGGIARE, vedlo vosotros. *Pescuda* y *pescudar,* por *pregunta* y *preguntar*[218] nunca me contentó. *Platel* por *plato* vocablo es para entre plebeyos, entre los quales también se dize *posar* por *asentar;* entre gente de corte no se usa. De aldeanos es dezir *poyal* por *vancal,* creo que porque usan más poyos que vancos.

M. ¿Qué diferencia hazéis entre *potage, caldo* y *cozina*?[219] y preguntôslo porque he visto algunas vezes que soldados pláticos se burlan de los nuevamente venidos de Spaña, que nosotros llamamos *bisoños,* unas vezes porque dizen *cozina* al BRODO, y otras porque al mesmo llaman *potage.*

V, Los que hablan bien nunca dizen *cozina* sino al lugar donde se guisa de comer, y por lo que los al-

---

[216] *popar.* Corominas, s. v. *palpar* da las acepciones de «mimar, consentir, perdonar la vida (a enemigos)». El significado de 'despreciar' se encuentra, según observó Montesinos, en la traducción de los *Coloquios* de Erasmo y también en el *Quijote,* II, 43.

[217] Nebrija, *Vocabulario,* cit.: «Puyar sobrepuyando. supero. as. exupero. as.»

[218] *Ibídem*: «Pescuda por pregunta. percuntatio. onis»; «Pescudar o preguntar. percunctor. aris».

[219] *Ibídem:* «Cozina lugar. coquina. culina»; «Cozina caldo ius. iuris».

deanos dizen *cozina* ellos dizen *caldo,* que es lo que vosotros dezís BRODO; y *potage* llaman a lo que acá llamáis MINESTRA. Algunos escuderos que biven en aldeas, no sabiendo hazer esta diferencia entre *potage* y *caldo,* por no conformarse con los aldeanos en dezir *cozina,* sin guardar la diferencia dizen siempre *potage.* Sabido esto, entenderéis la causa por qué los soldados pláticos burlavan de la *cozina* y del *potage* de los *bisoños.*

M. Ya lo entiendo; dezid adelante.

V. *Pugés* por *higa* usan algunos, pero por mejor se tiene *higa,* puesto que sea vergonçoso fruto.

C. ¿En qué veis vos que es vergonçoso fruto?

V. En que por tal es avido y tenido; dezid vos lo que quiséredes.

C. Yo digo que no es más vergonçoso ni más desvergonçado de lo que la opinión del vulgo lo haze.

V. Pues yo digo que me dexéis acabar de concluir mi baile, pues me sacastes a bailar.

C. Soy contento.

V. Un *quillotro* dezían antiguamente en Castilla por lo que acá dezís UN COTAL; ya no se dize de ninguna manera.

M. ¿Ha sucedido algún otro vocablo en su lugar?

V. Ninguno, ni es menester, porque aquel *quillotro* no servía sino de arrimadero para los que no sabían o no se acordavan del vocablo de la cosa que querrían dezir. *Rendir* por *rentar,* y *riende* por *renta* dizen algunos, pero mejor es *rentar* y *renta.* porque también *rendir* sinifica 'venciendo forçar a alguno que se dé por vencido', y a éste tal llamamos *rendido* [220]. *Raudo* por *rezio* es vocablo grossero, pocos le usan [221]. *Raez* por *fácil* [222] sta usado en algunas coplas antiguas, pero ya lo avemos desechado, aun-

---

[220] *Ibídem* los dos significados de *rendir:* «Rendir por rentar reddo. is. didi»; «Rendirse el vencido dedo. is. dididi».

[221] *raudo* se encuentra en Nebrija.

[222] *raez* se encuentra también en Nebrija.

que de *raez* hazemos *rece,* que vale tanto como *fácil,* y sta celebrado en el refrán que dize: «Huésped que se combida, rece es de hartar.» *Sandio* por *loco*[223] tengo que sea vocablo nacido y criado en Portugal; en Castilla no se usa agora, no sé si en algún tiempo se usó. *So* por *debaxo* se usa algunas vezes, diziendo: «So la color sta el engaño»[224] y «So el sayal, ay ál»; dízese también «So la capa del cielo», pero assí como yo nunca digo sino *debaxo,* assí no os aconsejo que digáis de otra manera. *Sazón* es buen vocablo sabiéndolo bien usar, y es malo usándolo como algunos diziendo *sazón será* por *tiempo será;* úsase bien diziendo *a la sazón,* de donde dezimos *sazonar* y *sazonado. Soez* por *vil* he leído en algunos libros, pero no me contenta. *Yo so,* por *yo soy* dizen algunos, pero, aunque se pueda dezir en metro, no se dize bien en prosa. *Sobrar*, por *sobrepujar,* se sufre bien en metro, pero en prosa no, de ninguna manera. *Sage* por *cruel* he visto usar, pero yo no lo uso ni usaría, aunque al parecer muestra un poco de más crueldad el *sage* que el *cruel,* y deve ser derivado de SAGAX latino[225]. *Solaz* por *plazer* o *regozijo* no me plaze[226]. *Seruenda* por 'cosa tardía' nunca lo he oído ni leído sino en Librixa[227], y por esto ni lo he usado ni lo usaría; no me parecería mal que se usasse, pues no tenemos otro que sinifique lo que él. *Sayón* por *verdugo* se usa mucho[228], pero es mejor vocablo *verdugo.* Algunos dizen *saldrá* por *sallirá;* a mí más me contenta *sallirá,* porque viene de *sallir. Suso* por *arriba* se usó

---

[223] *Sandio* y *so* también se encuentran en Nebrija.

[224] El refrán se encuentra en las *Cartas en refranes* de Blasco de Garay en la forma: «So el pardo sta el engaño.»

[225] La etimología de Valdés es equivocada.

[226] *Solaz* se encuentra en Nebrija, como la mayoría de los vocablos desaconsejados por Valdés.

[227] Con la mención de Nebrija, Valdés descubre la base en que se ha fundamentado su crítica de los vocablos en desuso.

[228] Según Corominas, s. v. *sayón,* es préstamo del catalán *saje.*

un tiempo [229], como parece por el refranejo que dize: «Con mal anda el huso quando la barva no anda de suso», pero ya no lo usamos, especialmente en cosas graves y de autoridad. No sé qué se le antojó al que compuso el refrán que dize: «Castígame mi madre, y yo trómposelas», y digo que no sé qué se le antojó, porque no sé qué quiso dezir con aquel mal vocablo *trómposelas* [230]. *De buen talante,* por *de buena voluntad* o de *buena gana,* dizen algunos, pero los mesmos que lo dizen creo que no lo escrivirían en este tiempo. *Vegada* por *vez* leo en algunos libros, y aún oigo dezir a algunos [231]; yo no lo diría ni lo escriviría. Dízese entre gente baxa *vezo* por *costumbre,* y *vezado* por *acostumbrado;* un refrán dize: «Vezo pon que vezo quites» [232], y otro: «No me pesa de mi hijo que enfermó, sino del mal vezo que tomó» [233]. Es bien verdad que casi siempre *vezo* se toma en mala parte, aunque de *vezo* hazemos *vezar* por *enseñar.* El que compuso a *Amadís de Gaula* huelga mucho de dezir *vaiáis* por *vais;* a mí no me contenta. *Verter* por *derramar* avemos ya dexado, a pesar del refranejo que dize: «Agua vertida, no toda cogida» [234], unos dizen *xáquima* por *cabestro,* porque *xáquima* es 'lo que se pone en la cabeça'. *Zaque* lo mesmo es que *odre* o *cuero de vino,* y a uno que sta borracho dezimos que sta «hecho un zaque». También he oído en la Mancha de Aragón llamar *zaques* a unos cueros hechos en cierta manera,

[229] *Suso* está en Nebrija, como el siguiente *talante.*

[230] El significado es el de la expresión latina *Praesens abest,* según se deduce de la explicación de Mal Lara: «Después que me están castigando, ciento y veynte agujeros conté en aquel rallo» (III, pág. 124).

[231] Nebrija, *Vocabulario,* cit.: «Vegada por vez uicis. uicem. uice»; los siguientes *vezo, vezado, vezar* no están en Nebrija; quizá *vez* se los sugirió a Valdés.

[232] Refrán documentado ya en Santilana.

[233] El proverbio fue encontrado por Boehmer en la colección Vallés, citada, con la variante: «No me pesa de mi hijo que enfermó, sino del mal uso que tomó.»

[234] Refrán documentado en Santillana.

con que sacan agua de los pozos; vocablo es que se usa poco; yo no lo uso jamás. Ni vosotros podéis quexaros que no os he dicho mucho más de lo que me supiérades preguntar.

M. Vos tenéis razón, pero todavía queremos que, si os acordáis de algunos otros vocablos que no os contenten, nos lo digáis.

V. Si pensasse mucho en ello, todavía me acordaría de otros, aunque, como no los uso, no los tengo en la memoria; y de los que os he dicho me he acordado por averlos oído dezir quando caminava por Castilla, porque en camino, andando por mesones, es forçado platicar con aldeanos y otras personas grosseras; pero en esto podéis considerar la riqueza de la lengua castellana; que tenemos en ella vocablos en que «escoger como entre peras».

C. Dezís muy gran verdad.

M. ¿Y de vocablos sincopados usáis algunas vezes?

T. ¿Qué quiere dezir sincopados?

M. Entresacados.

T. Agora lo entiendo menos.

M. Quando de en medio de algún vocablo se quita alguna letra o sílaba dezimos que el tal vocablo sta sincopado; como si digo *puson* por *pusieron,* diré que aquel *puson* sta sincopado. ¿Entendéislo agora?

T. Largamente.

V. Respondiendo a lo que vos me preguntastes, digo que en dos maneras principalmente usamos de vocablos sincopados. La una no la tengo por buena; ésta es la que en cierta parte de Spaña usa el vulgo, diziendo *traxon, dixon, hizon* por *traxeron, dixeron, hizieron;* y digo que no la tengo por buena, porque los que se precian de scrivir bien tienen esta manera de hablar por mala y reprovada, porque quieren que los vocablos se pronuncien y escrivan enteros quando el ayuntamiento de vocales no causa fealdad. La otra manera de vocablos sincopados es buena, y, por ser tal, la usamos todos, y dezimos: «Allá van leyes do quieren reyes»[235], y también: «Doquiera que vayas, de los tuyos ayas», en los quales, si miráis, dezimos *do* por *adonde;* dezimos también *hi* por *hijo,* diziendo *hi de vezino* por *hijo de vezino, hi de puta* por *hijo de puta,* y *hidalgo* por *hijo d'algo.*

C. ¿Qué quiere dezir *hijo d'algo?*

V. A los que acá llamáis *gentiles hombres* en castellano llamamos *hidalgos.* De la mesma manera sincopamos o cortamos algunos verbos quando los juntamos con pronombre, como aquí: «Haz mal y *guarte*» por *guárdate.* También dezimos *en cas del* por *en casa del.*

T. Essa síncopa no me acuerdo oírla jamás.

V. Luego no avéis oído el refrán que dize: «En cas del bueno, el ruin tras fuego»[236], ni el otro: «En cas del hazino, más manda la muger que el marido.»

T. Bien los avía oído, pero no me acordava dellos.

V. También dezimos *de la ventana* por *desde la ventana,* y esto assí en prosa como en verso, porque se dize bien «*De Parla* van a Puñonrostro»[237] por *desde Parla. Desher* por *deshazer* hallaréis algunas vezes en metro, pero guardáos no lo digáis hablando ni escriviendo en prosa, porque no se usa. También dezimos *diz que* por *dizen,* y no parece mal.

M. Si no tenéis más que dezir de los vocablos sincopados, dezidnos si es muy abundante de vocablos equívocos la lengua castellana.

T. ¿Qué entendéis por vocablos equívocos?

M. Assí llaman los latinos a los vocablos que tienen

---

[235] Documentado en el *Diálogo de Lactancio* de Alfonso de Valdés (véase M. Morreale, «Sentencias y refranes en los Diálogos de Alfonso de Valdés», en *Revista de Literatura,* XII, 23-24, Madrid, 1957).

[236] Boehmer lo encuentra documentado en la colección Vallés, citada, con la variante «En casa del bueno cabe el fuego».

[237] El sentido del refrán está claro (pasar de las palabras a las manos), pero el refrán no ha sido documentado antes de Valdés.

más de una sinificación, y pienso que vosotros no tenéis propio vocablo que sinifique esto.

V. Assí es verdad y, por tanto, yo uso siempre del latino que ya casi los más lo entienden; y respondiéndos a vos, digo que tenemos muy muchos vocablos equívocos; y más os digo, que, aunque en otras lenguas sea defecto la equivocación de los vocablos, en la castellana es ornamento, porque con ellos se dizen muchas cosas ingeniosas, muy sutiles y galanas.

M. Si os acordáis de algunas que sean tales como dezís, nos haréis merced en dezírnoslas.

V. De muy buena voluntad os diré las que me vinieren a la memoria, pero con condición que, porque estos cuentos son sabrosos muchas vezes para el que los dize y desabridos para el que los oye, si me viéredes embevecido en ellos, tengáis cuidado de despertarme.

T. En esso tanto dexadme a mí el cargo.

V. *Correr,* demás de su propia sinificación que es CURRERE, tiene otra, y es ésta, que dezimos que «se corre uno» quando, burlando con él y motejándolo, se enoja[238]. Esto mostró galanamente un cavallero en una copla que hizo a otro cavallero que, siendo él flaco, cavalgava un cavallo flaco, y era hombre que le pesava que burlassen con él. La copla dezía assí:

Vuestro rocín, bien mirado,
por compás y por nivel,
os es tan pintiparado
en lo flaco y descarnado
que él es vos, y vos sois él;
mas una cosa os socorre

---

[238] *Corrido* en Nebrija, *Vocabulario,* cit.: «Corrido assí. suspensus. a. um.» En las *Cartas* de Valdés, cit., XXXVII: «están harto corridos y avergonçados».

en que no le parecéis:
que él de flaco no corre,
y vos de flaco os corréis.

M. Tenéis razón de alabarla, que cierto tiene ingenio.
C. Yo no entiendo bien aquel *pintiparado.*
V. No importa, otro día lo entenderéis. *Ostia*[239] ya sabéis que es la que se consagra en el altar.
M. Sí que lo sé.
V. También sabéis que ay ciertos pescados de mar que llaman ostias.
M. Y esso también.
V. Pues mirad agora quán gentilmente jugó deste vocablo en una copla don Antonio de Velasco, y fue assí: passava un día de ayuno por un lugar suyo, adonde él a la sazón estava, un cierto comendador que avía ido a Roma por dispensación para poder tener la encomienda y ser clérigo de missa, lo qual el comendador mayor, que se llamava Hernando de Vega, contradezía; y no hallando en la venta qué comer, embió a la villa a don Antonio le embiasse algún pescado. Don Antonio, que sabía muy bien la historia, entre dos platos grandes luego a la hora le embió una copla que dezía:

Ostias pudiera embiar
d'un pipote que hora llega,
pero pensará el de Vega
que era para consagrar.
Vuessa merced no las coma,
de licencia y'ôs despido,
porque nunca dará Roma
lo que niega su marido.

[239] Nebrija, *Vocabulario,* cit.: «Ostia pescado de conchas. ostreum. i»; «Ostia por sacrificio. hostia. e». Corominas, *Breve,* s. v. *ostra:* «La forma propiamente castellana es la antigua *ostria,* siglo XV, u *ostia,* 1335, y todavía se dice *ostión* en Andalucía y muchos países americanos. La reducción de *ostria* a *ostia* parece debida a un juego de palabras sacrílego, y el deseo de rehuir este mismo juego sería luego la causa de la generalización de la forma portuguesa [*ostra*].»

Y avéis de notar que en aquel *Roma* sta otro primor, que aludió a que la reina doña Isabel, que tenía las narizes un poco romas, aunque mostrava favorecer al comendador, al fin no lo favorecería contra la voluntad del rey su marido.

M. Yo os prometo que la copla me parece tan galana que no ay más que pedir, y muestra bien el ingenio del que la hizo; al fin no lo negamos que los españoles tenéis excelencia en semejantes cosas.

V. Otras muchas solía yo saber de coro, las quales he ya olvidado, y aún me maravillo cómo me han quedado éstas en la memoria. *Tocar* es lo mesmo que TANGERE y que PERTINERE[240], y sinifica también 'ataviarse la cabeça'; creo que venga de *toca,* que es lo que dizen: «Cabeça loca no sufre toca»[241] y: «La moça loca por la lista compra la toca.» Hora mirad cómo un fraile en tres palabras aludió sutilmente a las tres sinificaciones; y fue assí que, demandándole una monja le diesse una toca, él respondió: «Quando toque a mí tocaros, con más que esso os serviré.»

T. ¡O hi de puta y qué buen fraile! ¡Gujarrazo de villano y palo de sacristán!

V. ¡Cómo os alteráis en oyendo hablar de frailes! Como si no fuessen hombres como nosotros.

T. Ya, ya no curemos de más; pues vos defendéis a los frailes, yo quiero de oy más defender la causa del rey de Francia contra el emperador.

V. *Cuerda* quiere dezir *prudente*[242], y también lo que el latino dize FUNIS; desta equivocación se aprovechó galanamente don Antonio de Velasco hablando

---

[240] Sobre los tres significados de *tocar* en castellano se establece una anécdota más contra las órdenes religiosas.

[241] Refrán documentado por Boehmer en Santillana con la variante «En cabeça loca no se tiene toca».

[242] El significado equívoco de *cuerda* no explica más que parcialmente la siguiente copla, en donde acaso los vocablos equívocos sean más de uno; sin duda *servilla* debe referirse sea a *servir a la dama* como a *servir la pelota.*

del juego de la pelota (donde, como sabéis, se juega por encima de la cuerda) en una copla que hizo a don Diego de Bovadilla que hazía professión de servir una dama, hija del señor de la casa donde se jugava. La copla dezía assí:

> Don Diego de Bovadilla
> no se spante, aunque pierda;
> siendo su amiga la cuerda
> ganar fuera maravilla.
> El sabe tan bien servilla
> y sacar tan mal de dentro
> que sta seguro Sarmiento.

M. ¡O cómo perseveró diestramente en la metáfora! No vi mejor cosa en mi vida.

V. *Lonja* llama el español a algún cierto lugar diputado para passear, y dize también *lonja de tozino*[243].

M. Pues se haze mención de tozino, no puede ser malo el dicho.

V. Estava una vez un mancebo passeándose delante la casa de una señora, adonde un cavallero, por estar enamorado de la señora, se solía continuamente passear; el qual, viendo allí al mancebo, le dixo: —«Gentil hombre, ¿no dejaréis estar mi lonja?» El otro, quiriendo hazer del palanciano, le respondió: —«¿Cómo lonja? Sé que no es de tozino.» El otro a la hora le replicó: —«Si de tozino fuesse, segura estaría por vuestra parte.»

M. Esso fue jugar muy a la descubierta.

V. *Fiel* llamamos a un hombre de confiança[244], y llá-

---

[243] El equívoco se encuentra ya en Nebrija, *Vocabulario,* cit.: «Lonja de tocino, frustum suillum»; «Lonja de mercaderes, emporium. ij». El chiste siguiente puede interpretarse como alusión al origen judío del gentilhombre.

[244] Nebrija, *Vocabulario,* cit.: «Fiel de la balança. examen. inis»; «Fiel cosa de quien confiamos. fidelis. e». Corominas: «Extensiones traslaticias del fiel de la balanza serán otras acs. técnicas como... el fiel o clavillo que asegura las hojas de las tijeras [J. de Valdés].»

mase *fiel* en el que juegan las tiseras quando cortáis con ellas. Mandando, pues, una vez un señor a un su criado en un lugar suyo que hiziesse poner un fiel en unas tiseras que cercenando una carta se le avían desenfielado, le respondió de presto: —«No halláis vos en todo el lugar un fiel para vuestra hazienda, y ¿queréis que lo halle yo para vuestras tiseras?»

M.   Éste me parece más sutil.

V.   No avéis de mirar sino a la alusión de los vocablos, que por esto os cuento éstos, pudiendôs contar otros muy más primos y mejores.

M.   Assí lo entendemos.

V.   *Yervas* llamamos en Castilla [245] a lo que acá llamáis TOSSICO, y también a los pastos donde se apacientan los ganados, y assí dezimos: «Yerva pace quien lo paga» [246] y de *yerva* llamamos *ervaje* y *ervajar*. Un escudero muy honrado, aviendo arrendado ciertas yervas o pastos en su tierra y no teniendo con qué pagarlas, se ausentó de la tierra, y topándose acaso en el camino con un su vezino que de la feria de Medina del Campo se tornava a su casa, le encargó mucho que, en llegando a la tierra, publicasse que era muerto; —«y si os preguntaren» —dixo él— «de qué morí, dezid que de yervas». Éste mesmo, viniendo un día muy en amaniciendo de velar en la iglesia a la usanza de Spaña una prima suya, que era muy necia, preguntó al clérigo si «venía de *velar la prima o la modorra*», donde metió tres vocablos equívocos harto propiamente [247].

---

[245] *yervas*. Corominas registra hacia 1438 la acepción de «veneno». Otro chiste con *yerbas* en los *Cuentos de Garibay* (siglo XVI), en *Sales españolas,* cit., pág. 217.

[246] Proverbio documentado por Boehmer en la *Celestina,* 7, 15, con la variante «Yerva pace quien lo cumple».

[247] En esta breve anécdota se juega sobre tres vocablos equívocos que además, combinados entre ellos, dan dos modismos también equívocos («velar la prima» y «velar la modorra»).

M.    Muy bien los entiendo todos, y paréceme que lo dixo muy galana y sutilmente.

V.    A lo que en latín llamáis VIBEX, en España llamamos *cardenal,* pienso que porque es cárdeno; también llamados *cardenales* a los reverendísimos
que haze Su Santidad. Hora sabed que, quando el
papa León crió los XXXI cardenales, un fraile en
un sermón entroduxo la iglesia que se quexava a
Dios que su marido la tratava mal, y hízole que dixesse: —«Y si no me queréis, señor, creer, mirad
los cardenales que me acaba de hazer»[248].

M.    Quanto que esse dicho siempre tiene sazón.

V.    *Falta* sirve, como sabéis, para el juego de la pelota[249], también como para dezir: «Malo es Pasqual,
mas nunca le falta mal»[250]. A estas dos sinificaciones aludió don Antonio de Velasco en una copla,
que al mesmo propósito de la otra hizo a un cavallero de la Casa de la Cuerda, que era tenido por
poco sabio; la qual dezía assí:

> El de la Cuerda a mi ver
> allí no ganará nada;
> si no es falta de tomada,
> será falta de saber;
> tantas le vemos hazer,
> y de ver que son sin cuento,
> no vaya a cas de Sarmiento[251].

---

[248] El chiste, muy corriente en la picaresca, se encuentra también
en las *Cartas,* cit., III: «Ciertamente cosa es mûy digna pa que S. St.
haga en gra de la mt. Xma otros quat. o car. les de París, avq. cierto
sería más digna de que S. mt. Caes. a hiziesse mil car. les a toda la
francia y con esto seríamos libres deste embaraço.»

[249] En la copla siguiente se juega sobre el sentido general de *falta*
como «error» *(falta de saber)* y otro sentido de la palabra específico
en la terminología del juego de la pelota *(falta de tomada).*

[250] Boehmer documentó este refrán en Santillana con la variante:
«Malo es Pasqual y nunca falta quien le haga mal.»

[251] La copla resulta incomprensible sobre todo en la segunda
parte. Pensamos que *tantas* del v. 5 deba interpretarse como referido a *faltas (tantas faltas).*

M.    Bien parece essa cosa del ingenio de don Antonio de Velasco.

V.    Dezimos *pensar* por COGITARE, y también *pensar* por 'governar las bestias'[252], de donde nació la simpleza del vizcaíno que, sirviendo a un escudero, porque tenía cargo de pensar el cavallo, no lo quería ensillar; preguntado por qué, dijo que porque avía oído un refrán que dezía: «uno piensa el vayo, y otro el que lo ensilla»[253].

M.    Propia inteligencia de vizcaíno.

V.    Porque sería nunca acabar si para cada vocablo equívoco os contasse un contezuelo déstos, los quiero atajar, y dezir que *pecho* es lo mesmo que PECTUS, y es un *certum quid* que pagan al rey los que no son hidalgos, por donde los llamamos *pecheros; corredor* es 'el que corre' y *corredor* es lo que acá dezís LOGGIA, y también a lo que dezís SENSALE[254], *Moço* y *moça* son nombres de servidumbre y son nombres de edad, de donde dezimos *mocedad* y *mocedades*. Que sean nombres de servidumbre lo muestran los refranes que dizen: «Guárdate de muger latina y de moça adivina», y: «A escudero pobre, moço adivino», y: «Al moço malo ponedle la mesa y embiadlo al mandado»[255]. Que sean nombres de edad también se vee en este refrán: «Moça, guárdate del moço quando le salle el boço»[256]. También *cuento* es equívoco[257], porque

---

[252] El sentido propio se documenta hacia 1140; el sentido figurado de «cuidar de alguien» o «dar de comer a un animal» es del siglo XIV, de donde viene *pienso* (Corominas).

[253] En el refrán, *uno* significa *una cosa* y es complemento directo del verbo. En la anécdota se utiliza en doble sentido también el verbo *ensillar* («montar» y «colocar la silla»). El refrán se encuentra en Juan Ruiz, *Libro del Buen Amor,* ed. de G. Chiarini, Milán, Ricciardi, 1964, nota al v. 733.

[254] Nebrija, *Vocabulario,* cit.: «Corredor que corre. cursor. oris»; «Corredor de casa. solarium. ij. tabulatum.i»; «Corredor de mercadería. proxeneta.e».

[255] Citado dos veces en el diálogo.

[256] Boehmer encuentra en Núñez, *Refranes,* Salamanca, 1555: «Si

dezimos *cuento de lança* y *cuento de maravedís,* y *cuento* por *novela. Tacha*[258] es lo mesmo en castellano que en italiano, y *tachas* llamamos los clavicos que ponen en los cofres encorados.

M. No me plaze tanto ensartar de vocablos; más quisiera que prosiguiérades como avíades encomençado.

V. Dejadme, por vuestra vida, que otro día os cansaré contandôs estos contezuelos. *Hacha* llamamos a la que por otro nombre dezimos *antorcha,* y *hacha* llamamos también a la *segur*[259]. *Servidor,* aliende de su propia sinificación, que es común a las tres lenguas de que platicamos, tiene otra deshonesta[260].

M. No la digáis, que ya la sé.

V. De *mancebo* hazemos también *manceba,* que quiere dezir muger moça y quiere dezir *concubina.* Otros ay a quien la semejança solamente haze equívocos, assí como *capón*[261], que por la semejança hazemos que sinifique lo que *eunuco.* Sobre lo qual

---

quieres tener buen moço, antes que le nazca el boço.» En Correas, pág. 225 b: «Guárdate del mozo cuando le apunta el bozo.»

[257] Nebrija, *Vocabulario,* cit.: «Cuento como de dinero decies»; «Cuento la lança o vara. contus. i»; «Cuento como fabula. narratio. onis».

[258] Corominas, *Breve,* s. v. *tachón:* «la alteración [de chatón en tachón] se produjo bajo la influencia de *tacha,* 1535, y *tachuela,* 1531, 'clavito corto de cabeza gruesa' palabra de otro origen, tom. del oc. ant. *tacha* id., siglo XII, de etimología incierta».

[259] En el primer significado es vocablo de derivación latina, en el segundo de derivación germánica (Corominas).

[260] Nebrija, *Vocabulario,* cit.: «Servidor cliens. tis. minister. tri»; «Servidor bacín trulla. e»; «Servidor este mesmo scaphium. ij». Este juego sobre el equívoco también en Juan de Timoneda, *Sobremesa y alivio de caminantes,* parte II, cuento XXVII, ed. de la B.A.E., tomo III, pág. 179.

[261] En Erasmo, *Opera omnia,* Lugduni, Petri Vander, MDCCIII; *Colloquia Familiaria,* t. I, pág. 634: «CL: Totus alius nobis redisti. BA: Quid sic? CL: Ex Hollando versus es in Gallum. BA: Quid? An capus eram quum hinc abirem? CL: Vestis indicat te mutatum ex Batavo in Gallum. BA: Hanc metamorphosim malim, quam in gallinam. Sed ut cuculla non facit monachum, ita nec vestis Gallum.»

se celebra un dicho de una dama que, aviendo después de biuda tomado otro marido del qual no se podía aprovechar, por quitárselo de delante, le dio quinientos ducados con que se viniesse en Italia. El dicho es éste: que stando en un vanquete alabavan todos ciertos capones que allí se comían, y diziendo uno que valían caros porque costava un ducado cada uno, respondió la dama: —«¿A esso llamáis caro?, pues yo compré uno por quinientos ducados y no gozé dél.»

T. Concluid con esso, por vuestra vida, porque tengamos tiempo para lo demás.

V. En merced os tengo que me ayáis atajado; y vos ved si tenéis más que preguntar.

M. Pues no nos queréis dezir más equívocos, porque me acuerdo algunas vezes oíros dezir que desseáis introduzir ciertos vocablos en la lengua castellana, antes que passemos adelante, nos dezid qué vocablos son éstos.

V. De buena voluntad os diré todos los que me vernán a la memoria. De la lengua griega desseo introduzir éstos que stan medio usados: *paradoxa, tiranizar, idiota*[262], *ortografía*.

T. Larga nos la levantaríades a los que no sabemos griego ni latín, si, por introduzirnos nuevos vocablos, no pusiéssedes necessidad de aprenderlos.

V. Por vuestra vida, que me consintáis de usar destos vocablos, pues, si bien miráis en ello, fácilmente los entenderéis.

T. El *tiranizar* y la *ortografía* bien los entiendo, pero los otros no sé qué quieren dezir.

V. Pues yo os lo diré agora, y tenerlo eis por dicho para siempre: *paradoxa* quiere dezir 'cosa que viene

---

[262] *idiota* en este sentido lo encuentra Boehmer en el valdesiano *Comentario A los Corintios;* observamos que está también en *Doctrina Christiana,* cit., f. 2v: «pareciéndome que aunque era ydiota era ábil y dócil» *(dócil,* que aparece unas líneas más adelante, es otro neologismo preferido por Valdés).

sin pensarla'; *idiota* sinifica 'hombre privado y sin letras'. ¿Entendéislos?

T.   Sí, muy bien. Dezid adelante.

V.   De la lengua latina querría tomar estos vocablos: *ambición*[263], *ecepción, dócil, superstición*[264], *obieto,* del qual vocablo usó bien el autor de *Celestina:* «La vista a quien obiecto no se pone»; y digo que lo usó bien, porque, quiriendo dezir aquella sentencia, no hallara vocablo castellano con que dezirla, y assí fue mejor usar de aquel vocablo latino que dexar de dezir la sentencia; o para dezirla avía de buscar rodeo de palabras. Tomaría también *decoro.*

T.   ¿Qué quiere dezir *decoro*?[265].

V.   Quando queremos dezir que uno se govierna en su manera de bivir conforme al estado y condición que tiene, dezimos que «guarda el decoro»; es propio este vocablo de los representadores de las comedias, los quales estonces se dezía que guardavan bien el decoro, quando guardavan lo que convenía a las personas que representavan.

T.   Bien lo entiendo. Dezid adelante.

V.   Querría más introduzir *paréntesis*[266], *insolencia*[267], *jubilar*[268], *temeridad, professión*[269].

---

[263] Corominas observa sobre *ambición:* «Todavía Juan de Valdés considera que es latinismo que debiera introducirse.» Cotarelo, *Cuestión literaria,* cit., pág. 506, encuentra *ambición* en las obras religiosas de Valdés.

[264] Cotarelo, *Cuestión literaria,* cit., pág. 509, documenta ampliamente *superstición* en las obras religiosas de Valdés.

[265] *decoro.* Corominas no lo documenta antes de Valdés; Boehmer lo encuentra en Torres Naharro, Proemio a la *Propalladia* (1517); Macrí como adjetivo en P. de Guzmán («Nuevas adiciones al Diccionario de J. Corominas», en *Boletín de la Biblioteca de Menéndez Pelayo,* XXXVIII, 1962). Cotarelo, *Cuestión literaria,* cit., encontró el término en obras religiosas de Valdés. Una de las *Consideraciones,* la núm. 90, se titula «En qué consiste la perfección cristiana, i el deber i decoro cristianos».

[266] Boehmer lo encuentra en Robles, *Copia accentuum,* Compluti, 1533, f. 187v.

[267] Corominas no lo documenta antes de Valdés. Boehmer lo en-

T.  ¿Qué dezís? ¿*Professión* no es castellano?

V.  Sí que es castellano, pero anse alçado con él los frailes, y yo querría que lo usássemos como lo usan el latín y el toscano, diziendo: «Juan haze professión de loco» y «Pedro haze professión de sabio» [270]. *Persuadir* y *persuasión, estilo* [271], y *observar* y *observación* [272].

T.  Essos tres postreros quiero que me declaréis.

V.  *Estilo* llamamos a la manera de dezir buena o mala, áspera o dura; *observar* vale tanto como *notar,* sino que sirve para más cosas; lo mesmo digo de *observación.* Y porque me he visto en aprieto quiriendo esprimir en castellano lo que sinifica OBNOXIUS y ABUTI, los introduziría si me atreviesse, pero son tan remotos del hablar castellano que de ninguna manera me atrevería a usarlos; holgaría bien que otros lo usassen por poderlos usar también yo. De la lengua italiana desseo poderme aprovechar para la lengua castellana destos vocablos: *facilitar* [273], *fantasía* [274] en la sinificación que lo tomáis acá; *aspirar,* por *tener ojo,* como quien dize:

---

cuentra ya a principios del siglo XIV. Para el uso de *insolencia* en obras religiosas de Valdés, véase Cotarelo, *Cuestión literaria,* cit., página 508.

[268] Boehmer cita *jubilar* en muchos puntos de la traducción valdesiana del *Salterio* y del *Evangelio.*

[269] Como observa Boehmer, el vocablo se usa siempre en el diálogo en el sentido aquí indicado. Añadimos que *professión* se encuentra en *Cartas,* cit., XXXI.

[270] Cotarelo observa que en el *Evangelio,* pág. 404, se encuentra «Pero como hacían profesión de santos».

[271] Vocablos documentados por Cotarelo en las obras religiosas de Valdés.

[272] Corominas fecha la aparición de *observación* en 1605. Boehmer lo documenta en obras de Valdés y en la *Suma de la predicación cristiana* (que está en el mismo tomo de Viena, junto al manuscrito 11640 que contiene los *Trataditos* valdesianos).

[273] *facilitar* no se ha documentado antes de Valdés.

[274] *Fantasía* está citado otra vez en el diálogo en el significado de *presunción,* entre los grecismos (véase nota 39).

«Cada cardenal aspira al papado»[275]; *dinar*[276], *entretener*[277], *discurrir* y *discurso, manejar* y *manejo*[278], *deseñar* y *deseño*[279], *ingeniar* por 'inventar con el ingenio', *servitud*[280], *novela* y *novelar*[281], *cómodo* o *incómodo, comodidad*[282], *solacio, martelo* (porque no parece que es lo mesmo que *celos), pedante* y *asasinar*.

. C.   ¿Queréis que os diga la verdad? No me plaze que seáis tan liberal en acrecentar vocablos en vuestra lengua, mayormente si os podéis passar sin ellos, como se an passado vuestros antepassados hasta agora. Y si queréis ver que tengo razón, acordáos quán atentadamente y con quánta modestia acrecienta Cicerón en la legua latina algunos vocablos, como son QUALITAS[283], VISUM[284] que sinifica *fantasía* y COMPREHENSIBILE[285], aunque sin ellos no podía exprimir bien el conceto de su ánimo en aquella materia de que hablava, que es, si bien me acuerdo, en sus *Questiones* que llama *académicas*.

---

[275] *aspirar* no se encuentra en este significado antes de Valdés.

[276] *dinar,* según Boehmer, sería *dignar;* pero Cotarelo observa que en el sentido de *dignar* estaba ya muy usado y no se trataría de neologismo; más probable sería, pues, *dinar* < desinare.

[277] *entretener* lo documenta Corominas en 1605. Boehmer lo encuentra en obras de Alfonso de Valdés y de Juan.

[278] Corominas fecha *manejar* en 1591 como italianismo.

[279] *deseño* en *Cartas,* cit., XII, XVII, XXIII.

[280] *servitud* en *Cartas,* cit., XXXVI; *servitù* en la carta XXVII, como italianismo. El manuscrito tiene *servidumbre,* que la edición de Lapesa conserva, creyendo que se trate de un neologismo, referido a algún sentido especial de la palabra italiana *servitudine.* Nosotros aceptamos la corrección de Boehmer en *servitud.*

[281] Para la historia del vocablo véase el interesante apartado «La voz *novela»,* de t. I de la edición crítica de las *Novelas ejemplares,* por A. G. de Amezúa, CSIC, págs. 350 y ss.

[282] *comodidad* se encuentra copiosamente documentado en los valdesianos *Comentario A los Romanos* y *A los Corintios.*

[283] *qualitas* en Cicerón, *Quest. Acad.,* I, 6, 24 y I, 6, 27.

[284] *visum* en Cicerón, *Quest. Acad.,* I, 11, 40 y I, 11, 41.

[285] *comprehensibile: ibídem,* I, 11, 41. Boehmer comprobó la indicación de Valdés.

V.   Toda essa atención y toda essa modestia que dezís tiene Cicerón con mucha razón quando introduze en la lengua latina essos vocablos que él componía; pero, si bien os acordáis, quando usa y se aprovecha de vocablos griegos en el mesmo libro que vos avéis alegado, no cura de demandar perdón, antes él mesmo se da licencia para usar dellos, como veis que usa, no solamente escritos con letras griegas, pero con latinas, como son ASOTUS, IDEA, ATOMUS, etc.; de manera que, pues yo no compongo vocablos nuevos, sino me quiero aprovechar de los que hallo en las otras lenguas con las quales la mía tiene alguna semejanza, no sé por qué no os ha de contentar.

M.   Dízeos muy gran verdad, y vos, señor Torres, nos dezid qué sentís destos vocablos añadidos.

T.   Que para todos ellos yo de muy buena gana daré mi voto, siempre que me será demandado, aunque algunos se me hazen durillos; pero, conociendo que con ellos se ilustra y enriquece mi lengua, todavía los admitiré y, usándolos mucho, poco a poco los ablandaré.

M.   Esto es verdad, que ninguna lengua ay en el mundo a la qual no estuviesse bien que le fuessen añadidos algunos vocablos; pero el negocio sta en saber si querríades introduzir éstos por ornamento de la lengua o por necessidad que tenga dellos.

V.   Por lo uno y por lo otro.

C.   Pues os faltan vocablos con que sprimir los concetos de vuestros ánimos, ¿por qué hazéis tantos fieros con esta vuestra lengua castellana?

V.   Ni nos faltan vocablos con que sprimir los concetos de nuestros ánimos, porque, si algunas cosas no las podemos esplicar con una palabra, esplicámoslas con dos o tres como mejor podemos; ni tampoco hazemos fieros con nuestra lengua, aunque, si quisiéssemos, podríamos sallir con ellos, porque me bastaría el ánimo[286] a daros dos vocablos cas-

---

[286] Expresión muy valdesiana. *Alfabeto cristiano*, cit., 17 r. «[Giulia]

C.　tellanos, para los quales vosotros no tenéis correspondientes, por uno que me diéssedes toscano, para el qual yo no os diesse otro castellano que le respondiesse.

C.　Essa bravería española no la aprendistes vos en san
Pablo.

V.　Abasta que la aprendí de san Pedro y en Roma[287].
Pues más quiero dezir, porque veáis quién son los
chacones; que haré lo mesmo con la lengua latina.

C.　Nunca os vi tan bravoso. Ea, quebradme el ojo con
media dozena de vocablos españoles que no tengan
latinos que les correspondan.

V.　No os quebraré el ojo, pero daros he sin más pen-
sarlo dos dozenas dellos por media que me demandáis.

C.　Éssos serán plebeyos.

V.　No serán sino hidalgos, 'de las migajas del rey de
Portugal'. Y por que veáis si 'dezir y hacer comen a
mi mesa', empeçad a contar: *aventurar, escaramu-
çar, escarpiar, madrugar, acuchillar, amagar, gran-
gear, acaudalar, aislar, trasnochar, esquilmo, fu-
lano, axuar, peonada, requiebro, desaguadero,
retoçar, maherir, çaherir, trafagar, amanecer, jornada, ospitalero, carcelero, temprano, mesonero,
postremería, desenhadamiento, desmayar, albri-
cias, engolfar, escuderear, amortecer, sazonar,
alcahuetar.* ¿He dicho hartos?

M.　Avéis dicho tantos que ya me pesava averos metido[288] en la danza, viendôs tan embevecido en ella,

---

… et voglio che senza più incarirlomi, resolutamente mi diciate, se
vi basta l'animo a pormi in un camino…»; 17v. «[Valdés] … non mi
bastaria l'animo di sodisfarvi di ciò che voleste…»; «[Giulia] …che mi
basta l'animo di pormi nel camino…».

[287] Con «san Pablo» se alude probablemente a las Epístolas traducidas por Valdés; con «san Pedro» y «Roma» a la estancia romana
del autor. Véase nuestra introducción, II, 3.

[288] A partir de aquí hasta *acostamiento* de pág. 227, hay una laguna por falta de una hoja que se perdió en el manuscrito; es la
que se corresponde con el primer folio arrancado que contenía la

que me parecía que aun sin son bailaríades; pero
quierôs desengañar, porque no os engriáis mucho
pensando aver hecho una gran prueva de vuestra
lengua; que dessa suerte de vocablos también os diré yo quatro dozenas de la lengua toscana.

C.  Y aun yo diré diez.

V.  También diré yo ciento, si quiero entrar en los vocablos arávigos que son nombres de cosas, como
*guadamecil, almairaz, almirez,* etc.; pero esto no
importa. Dezid vosotros quantos quisiéredes, que a
mí harto me basta aver cumplido con lo que pro-
metí.

M.  No lo avéis cumplido tan enteramente como pensáis.

V.  ¿Cómo no?

M.  Porque no a todos los vocablos que avéis dicho falta correspondiente latino.

V.  Dezidme quáles lo tienen, que holgaré aprender esto de vos.

M.  ¿No os parece que LASCIUIRE sprime bien lo que el
castellano dize *retoçar*? [289].

V.  No que no me parece, porque puede uno LASCIUIRE
sin segunda persona, y no *retoçar.*

M.  Tenéis razón en esto, pero ¿SENECTUS y *postrimería* no es todo uno?

V.  No, porque SENECTUS, que nosotros dezimos *vejez,*
es más general que *postrimería.*

M.  Sea assí, pero *mesonero* ¿no es lo que dize el latino
PANDOCHIUS?

---

anécdota del Conde de Ureña. Se perdió, pues, accidentalmente, y
esta parte se conserva en los manuscritos de Londres y del Escorial,
que aquí seguimos.

[289] Boehmer y Montesinos han supuesto que aquí haya una nueva
indirecta alusión a Nebrija, que traduce *retoçar* con *lasciuio.* Pero observamos que en las dos siguientes objeciones de Marcio se ignora
la traducción de Nebrija de los vocablos en cuestión. Nebrija no traduce *postrimería* con *senectus,* ni *mesonero* con *pandochius. Vocabulario,* cit.: «Postrimeria. finis. is. terminus. i»; «Mesonero. stabu-
larius. ij. caupo. onis.»

V. Lo mesmo, pero ¿vos no veis que esse vocablo no es latino, sino griego, y que assí podéis tomar DESMOPHILAX por *carcelero*? Yo no os hablo sino de los vocablos que la lengua latina tiene propios suyos.

M. Confiesso que tenéis razón; pero, si avéis romançado alguna cosa latina o italiana, bien creo avréis también hallado otros muchos vocablos, aliende de los que avéis dicho, que os an puesto en aprieto, quiriendo esprimir enteramente en castellano lo que sinifican en latín o italiano.

V. Y aun porque cada lengua tiene sus vocablos propios, y sus propias maneras de dezir, ay tanta dificultad en el traduzir bien de una lengua en otra; lo qual yo no atribuigo a falta de la lengua en que se traduze, sino a la abundancia de aquella de que se traduze; y assí unas cosas se dizen en una lengua bien, que en otra no se pueden dezir assí bien; y en la mesma otra ay otras que se digan mejor que en otra ninguna.

C. Esso sta muy bien dicho, y es assí en la verdad.

V. Por esto es grande la temeridad de los que se ponen a traduzir de una lengua en otra sin ser muy diestros en la una y en la otra.

M. Desta manera pocas cosas se traduzirían.

V. Assí avría más personas que supiessen las lenguas necessarias, como son la latina, la griega y la hebrea, en las quales sta escrito todo quanto bueno ay que pertenezca assí a religión como a ciencia.

M. Hora sus, atajemos esta materia y tornemos a la nuestra, otorgandôs primero estar bien dicho todo quanto avéis hasta aquí propuesto.

V. Muchas gracias; y en pago de vuestra liberalidad, antes que salgamos de hablar en los vocablos, os quiero dezir un aviso que yo tengo quando escrivo en castellano alguna letra a algún italiano.

T. Ya lo avéis dicho; ¿no es lo de la *j* larga y lo de la tilde?

226

V. Vos sois «como el ánsar de Cantipalo, que salió al lobo al camino»[290]. No, que no es esso.

T. Pues perdonadme, y dezidnos lo que es.

V. Que voy siempre acomodando las palabras castellanas con las italianas, y las maneras de dezir de la una lengua con las de la otra, de manera que, sin apartarme del castellano, sea mejor entendido del italiano.

T. ¿De qué manera hazéis esso?

V. Yo os diré. Quanto a las palabras, si tengo de dezir: «Honra sin provecho, sortija en el dedo»[291], por *sortija* digo *anillo;* si puedo dezir *salario,* no digo *acostamiento.*

M. ¿Es lo mesmo *acostamiento* que *salario?*

V. Lo mesmo.

M. Nunca oí esse vocablo.

V. ¿No? Luego no avéis oído una copla muy galana que un cavallero embió a un gran señor de Castilla a propósito que le embió a rogar biviesse con él, y le daría buen acostamiento.

M. No la he oído, y holgaré de oírla, porque, pues vos la alabáis y el sugeto parece bueno, no puede ser que ella no sea buena.

V. La copla dezía así:

> Diez marcos tengo de oro
> y de plata cientiochenta,
> buenas casas en que moro
> y un largo cuento de renta;
> diez escuderos de cuenta,
> de linaje bien contento;
> de señor no acostamiento,
> qués lo que más me contenta.

---

[290] Para la documentación, véase la edición de Terracini, pág. 158.
[291] El proverbio se encuentra en Santillana con la variante: «Onra sin provecho, anillo en el dedo», que confirma la equivalencia de los dos términos en el lenguaje hablado, como sostiene Valdés.

M. ¡Cómo deviera ser ésse honrado cavallero, y de ingenio! Dezidme, por vuestra vida, a qué propósito embiava aquel gran señor, por rico que fuesse, a requerir que biviesse con él un cavallero que tan cumplidamente tenía lo que avía menester.

V. Yo os lo diré. Acostúmbrase en Castilla que los grandes señores que quieren tener parte en las cibdades principales, que son del rey, procuren tener salariados, de los cavalleros que biven en ellas, los más principales y valerosos, de los quales se sirven asší en las cosas que ocurren en las cibdades donde biven, como en acompañarse dellos quando sus personas van a la guerra y quando van por alguna cosa señalada a la corte, dexándolos estar todo el otro tiempo en sus casas, y a lo que dan a estos tales llaman *acostamiento.*

M. ¿Y tienen muchos déstos?

V. Sí tenían antiguamente, pero ya agora que con la grandeza del Emperador no es en Castilla lo que solía, no curan tanto destas grandezas.

M. Y lo que gastavan en aquello, ¿en qué lo gastan agora?

V. ¿En qué? Sabréis que cada uno tiene sus desaguaderos por donde se le va.

C. ¿A qué llamáis desaguaderos?

V. Al juego, al vestir, al vanquetear, que son tres cosas que con la venida de Su Magestad en España an crecido en tanta manera que os prometo que se siente largamente por todas partes[292].

M. No queremos saber nada desso; proseguid en vuestros vocablos, que haze más al propósito.

V. Soy contento. Pero ya sabéis que estos paréntesis no son malos a ratos, como «entre col y col lechuga»[293]. Si tengo de dezir *doliente,* digo *enfermo.*

---

[292] Lugar que recuerda el estilo de las invectivas de los diálogos de Alfonso de Valdés.

[293] En Correas la forma completa es «Entre col y col lechuga; ansí plantan los hortelanos».

M. ¿Son todos dos castellanos?

V. Todos dos están celebrados en los refranes. Uno dize: «Con lo que sana el hígado, enferma la bolsa» [294], y el otro dize: «Con lo que Pedro sana, Sancho adolece» [295]. Quando tengo de dezir *de cada parte,* digo *de cada canto.*

M. ¿Y puédese dezir assí en castellano?

V. Assí hallo en mis refranes, que dize uno: «De cada canto, tres leguas de mal quebranto» [296]. Si puedo dezir *fenestra* no digo *ventana,* ni *cumple* quando sta bien *conviene,* antes digo *comprar* que *mercar,* antes *letra* que *carta,* antes *hinojos* que *rodillas* [297], antes *lecho* que *cama.*

C. ¿*Lecho* es español?

V. Preguntadlo al refranejo que dize: «La pierna en el lecho y la mano en el pecho» [298]. Más presto diré *malencónico* que *mohíno.*

M. No me parece a mí que es lo mesmo *malencónico* que *mohíno;* a lo menos no significa lo mesmo el refrán que dize: «Dos a dos y tres al mohíno.»

V. Antes, si bien miráis en ello, es lo mesmo. Es bien verdad que tomamos algunas vezes *mohíno* por *desgraciado* o 'desdichado en el juego', y assí dezimos que uno «sta mohíno» quando pierde, y dezimos que «se amohína» quando toma alguna cosa por agüero, pero esto no impide que yo no pueda usar, en lugar del *mohíno,* del *malencónico* donde quadrare bien.

M. Tenéis razón. Proseguid adelante.

---

[294] En el manuscrito *la bolsa* está después de *el bazo,* tachado. La forma más corriente del refrán es efectivamente con los términos hígado/bazo.

[295] Documentado a menudo con otros nombres.

[296] En la *Celestina,* IV, 51: «A cada cabo ay tres leguas de mal quebranto.»

[297] En otro lugar del diálogo (pág. 202) se afirma que se pueden usar ambas formas.

[298] Boehmer lo encuentra en la colección Vallés en esta forma: «La pierna en el lecho y el braço en el pecho.»

V.  Antes digo *planto* que *lloro* [299], antes *candela* que *vela* [300], antes *tapete* que *alhombra,* antes *abrasar* que *quemar,* antes *máxcara* que *carátula,* antes *cuello* que *pescueço,* antes *roña* que *sarna,* antes *presto* que *aína,* antes *segur* que *hacha,* y antes *antorcha* que *hacha;* antes *acostumbrar* que *soler.* Antes digo *de buena voluntad* que *de buen talante* [301], y antes *jardín* que *vergel,* y antes *favorecido* que *privado,* y antes *demandar* que *pedir,* y antes *can* que *perro.*

C.  Sé que *can* no es vocablo español.

V.  Sí es, porque un refrán dize: «El can congosto, a su amo vuelve el rostro» [302]; y otro: «Quien bien quiere a Beltrán, bien quiere a su can.» Antes diré *mur* que *ratón,* pues tan bien es castellano lo uno como lo otro, porque dizen: «Lo que as de dar al mur, dalo al gato» [303]. Por *deshonrar* diré *denostar,* pues me lo permite el refrán que dize: «Casa ospedada, comida y denostada», y el otro: «Fui a casa de mi vezina y denostéme, vine a mi casa y conhortéme» [304]. Por *mañana* diré *cras,* pues me da licencia el refranejo que dize: «Oy por mí y cras por ti.» *Muro* y *adarve* son una mesma cosa, y assí antes diré *muro* que *adarve.*

C.  Bien, pero *muro* no creo sea puro castellano.

V.  Yo sí, que un refrán dize: «No passa seguro quien

---

[299] En otro lugar (pág. 177) ha manifestado Valdés su preferencia por *planto.*

[300] *candela* es sinónimo de *vela* para Valdés; *Consideraciones,* núm. 63: «que la Santa Escritura es como una candela en lugar oscuro...» (San Pedro, *Epístola,* II, 1, 19: ὡς λύχνῳ φαίνοντι ἐν αὐχμηρῷ τόπῳ).

[301] *de buen talante* ya rechazado en la pág. 208 como perteneciente sólo a la lengua hablada y no a la escrita.

[302] Boehmer encuentra en la colección Vallés «El can con agosto a su dueño buelve el rostro».

[303] Boehmer lo encuentra en la colección Vallés en esta forma: «Lo que has de dar al mur, dalo al gato y hará el mandado y quitarte ha de cuydado.»

[304] En Santillana la variante: «Fui a mi vecina y avergoncéme, bolví a mi casa y consoléme.»

corre por el muro»[305]. Quanto a las maneras de dezir, hago destárte: si tengo de dezir *no quiero tener que dar ni que tomar con vos*, digo *no me quiero empachar con vos*[306], y si tengo de dezir: *con la qual uve mucho plazer*, digo: *la qual me fue muy agradable*. De la mesma manera, quiriendo dezir: «mañana *me purgo*», digo «mañana *tomo medicina*».

M. No digáis más, pues lo dicho basta, y aun sobra para entender lo que queréis dezir. Y si queréis que alabemos vuestra prudencia con esto, y que os tengamos en merced la honra que nos hazéis con ello, no nos desavernemos; con tal que nos digáis qué quieren dezir ciertas palabrillas, que algunas personas en su hablar usan ordinariamente, las quales ni se scriven, ni tampoco me acuerdo oíroslas dezir jamás a vos.

V. ¿Qué suerte de palabras es éssa? Dezidme alguna dellas.

M. *Aqueste, pues, assí,* [*no sé qué*], etc.

V. ¿De qué manera avéis visto vos usar esse *no sé qué*?

M. De muchas; pero donde me ha contentado es en una copla, compañera de la que os dixe denantes sobre *halagüeña* y *çahareña.*

V. Bien me acuerdo; dezid la copla.

M.

> La dama boquicerrada,
> sorda y muda, no sé qué,
> no sé para qué se fue
> entre las otras criada.
> La necia desamorada
> que nada no da ni vende
> tírala dende.

---

[305] Se encuentra en la *Celestina* (Clásicos Castellanos, II, 75, 3-4).
[306] *Empacharse* se encuentra en otro lugar del diálogo (pág. 143) y en las *Cartas,* cit., XXIX.

V.   ¿Adonde diablos avéis aprendido essas coplas?

M.   ¿Qué sé yo? Entre vosotros.

V.   Nunca las oí[307]; ¿sabéis más que las dos que avéis dicho?

M.   Sí, sé otra.

V.   Dezidla.

M.

> La dama que dama fuere
> de las de dar y tomar,
> solamente con mirar
> ha de matar do quisiere;
> matar y mostrar que muere;
> si desto no se l'entiende
> tírala dende.

V.   En estremo me contentan. Oxalá uviera hecho más el que hizo éssas. Y tornando a nuestra materia, digo que el *no sé qué* es muy diferente dessotras partezillas, porque el *no sé qué* tiene gracia[308], y muchas vezes se dize a tiempo que sinifica mucho; pero essotras partezillas son bordones de necios.

M.   ¿Qué llamáis bordones?

V.   A essas palabrillas y otras tales que algunos toman a que arrimarse quando, estando hablando, no les viene a la memoria el vocablo tan presto como sería menester. Y assí unos ay que se arriman a *¿entendéisme?* y os lo dizen muchas vezes sin aver cosa que importe entenderla o que sea menester mucha atención para alcançarla; por donde conocéis que no os preguntan si los entendéis por dubda que tengan dello, sino porque mientras os preguntan aquello

---

[307] Puede que Valdés en su estancia italiana aprendiese estos versos españoles de algún italiano y que manifieste aquí la sensación de sorpresa que probó escuchándolos.

[308] *Alfabeto cristiano,* cit., 53r: «[Valdés] I stoici si sognarono con non so che precetti ridurre una persona a tale, che in nessun modo potesse essere perturbata, nè molestata dagli loro affetti...»

les venga a la memoria lo otro. Otros ay que por la mesma razón se arriman a *no sé si m'entendéis,* aunque conozcan claramente que son entendidos. Otros dizen: *¿estáis conmigo?* que vale tanto como *¿entendéisme?* Otros se sirven de *pues,* y otros de *tal,* y repítenlos tantas vezes que os vienen en fastidio grandíssimo. Muchos se sirven de *aquéste,* y se sirven más dél que de cavallo de muchas sillas. Otros se aprovechan de *assí,* y tras cada palabra os dan con él en los ojos. Otros se sirven de *tomé* y de *tomamos,* diziendo *tomé y víneme,* y *tomamos y vinímo[nos],* y si les preguntáis qué es lo que tomaron, no os podrán dezir con verdad sino que aquel vocablo no sirve sino para un malo y feo arrimo. Otros semejantes a éstos creo que ay de que yo no me acuerdo. «Si más queréis, por buen dinero.»

M. Sí que queremos más, pero no por buen dinero, sino de balde.

V. ¿Qué es lo que queréis?

M. Que nos digáis lo que observáis y guardáis acerca del escrivir y hablar en vuestro romance castellano quanto al estilo[309].

V. Para deziros la verdad, muy pocas cosas observo, porque el estilo que tengo me es natural, y sin afetación ninguna escrivo como hablo; solamente tengo cuidado de usar de vocablos que sinifiquen bien lo que quiero dezir, y dígolo quanto más llanamente me es possible, porque a mi parecer en ninguna lengua sta bien el afetación; quanto al hazer diferencia en el alçar o abaxar el estilo según lo que scrivo o a quién escrivo, guardo lo mesmo que guardáis vosotros en el latín.

M. Si acerca desto uviéssedes de aconsejar a alguno, ¿qué le diríades?

V. Diríale primeramente que guardasse lo que al prin-

---

[309] Se pasa al apartado sobre el estilo de manera gradual, ya que las observaciones precedentes sobre los *arrimos* conciernen lo mismo al léxico que al estilo.

cipio dixe de los artículos, porque esto pertenece
assí para el hablar bien como para el escrivir. Avi-
saríale más que no curasse de un *que* superfluo que
muchos ponen tan continuamente, que me obligaría
quitar de algunas escrituras, de una hoja, media
dozena de *quees* superfluos.

M. Dadnos algunos exemplos para que entendamos
esso.

V. De refrán no se me ofrece ninguno que tenga este
*que* demasiado, y creo lo causa la brevidad con que
stan escritos; pero si miráis en lo que leéis, hallaréis
ser verdad lo que os digo en partes semejantes que
ésta: «creo que será bien hazer esto» adonde aquel
*que* sta superfluo, porque diría mejor: «creo será
bien hazer esto».

M. Bien me contenta esso, pero ¿qué señal ternemos
para ver quándo sta superfluo y quándo no?

V. La mesma escritura, si la miráis con cuidado, os lo
mostrará. Como también en un *de* que se pone demasiado y sin propósito ninguno, diziendo: «no os
he scrito, esperando de embiar», donde staría mejor
sin aquel *de* dezir «esperando embiar». Y creedme
que estas superfluidades no proceden sino del mucho
descuido que tenemos en el escrivir en romance.

M. Bien creo esso, y bien me ha parecido essotro; proseguid adelante.

V. También avisaría que conviene usar la composición
del verbo con *lo* y *la, los* y *las* muy libremente, sin
pensar dezir por otra manera lo que se puede dezir
por aquélla.

M. ¿Cómo se haze essa composición?

V. Diziendo *hablarlo* y *traerla, hablarlos* y *traerlas.*

M. ¿Qué queréis en esto, que no os entiendo?

V. Que se deve usar esta composición de la manera
que digo, y no andar por las ramas como algunos,
que por no hablar como los otros dizen por *ponerlos, los poner,* y por *traerlas, las traer,* etc. Es
bien verdad que lo uno y lo otro se puede seguramente usar, pero el dezir *ponerlos* y *traerlas* a mi

234

parecer es más llano y más puro, y aun más galano y más castellano. Dévese también huir toda manera de dezir que tenga mal sonido, como es diziendo *me he de perder,* adonde, como veis, estaría mejor y más galanamente *he de perderme;* y destas maneras de dezir hallaréis muy muchas si miráis un poco en ellas. Hablar o escrivir de suerte que vuestra razón pueda tener dos entendimientos[310] en todas lenguas es muy gran falta del que habla o escrive.

C.  Esso mesmo enseña Quintiliano.

V.  Assí es verdad. En este error caen especialmente los que quitan una *a* que se deve poner delante de algunos acusativos, y assí aviendo de dezir: «el varón prudente ama a la justicia» dizen «ama la justicia», la qual manera de hablar, como veis, puede tener dos entendimientos, o que el varón prudente ame a la justicia, o que la justicia ame al varón prudente; porque sin la *a* parece que stan todos dos nombres en un mesmo caso. También es falta poner dos partes una cabe otra de tal manera que, juntándose la una con la otra, de todas dos se haga una, porque hazen desatinar al letor.

C.  Para entender bien esso, es menester que nos lo mostréis por algún exemplo[311].

V.  Por exemplo os puede bastar esto, que si avéis de dezir *es bien,* no digáis *bien es,* y de otra suerte si avéis de scrivir *es verdad,* no digáis *verdad es,* y si *es mal,* no digáis *mal es,* porque no parezcan plurales; otros muchos os podría señalar, pero, para

---

[310] Boehmer encuentra la fuente de este lugar en Quintiliano, *Institutio Oratoria,* VII, 2, 16: «Vitanda in primis ambiguitas, non haec solum, de cuius genere supra dictum est, quae incertum intellectum facit, ut, 'Chremetem audivi percussisse Demean', sed illa quoque, quae, etiam si turbare non potest sensum, in idem tamen verborum vitium incidit, ut si quis dicat 'visum a se hominem librum scribentem', nam etiam si librum ab homine scribi patet, male tamen composuerit feceritque ambiguum, quantum in ipso fuit.»

[311] *Alfabeto cristiano,* cit., 62r: «G. Questo non lo intendo, se non lo mi dichiarate per alcuno essempio.»

entender lo que digo, harto bastan éstos. Algunos ay que, por no poner a los casos sus propios artículos, hazen que a lo que scriven se puedan dar muchos entendimientos; por tanto el que quisiere scrivir bien, deve siempre poner los artículos como tengo dicho, conviene a saber: *el* y *la* en el nominativo, *del* y *de la* en el genitivo, *al* y *a la* en el acusativo, y *lo* que es neutro; de manera que, si avéis de dezir: «Dixo la leche al vino: bien seáis venido, amigo», miréis bien adónde ponéis *la,* y dónde *al.* Entendéis bien esto?

C.  Largamente.

V.  Muchos ay que porque saben o an oído dezir que en [la] lengua latina dos negaciones afirman, pensando que hazen lo mesmo en la castellana, huyendo dellas gastan algunas vezes el estilo; porque, si an de dezir: «No diga ninguno: destágua no beveré», dizen: «No diga alguno.» Ésta, como veis, es grande inadvertencia, pues es assí que no todas las lenguas tienen unas mesmas propriedades, antes, porque cada una tiene las suyas propias, por esso se llaman propriedades; y assí como el latino con dos negaciones afirma, assí también el griego con dos negaciones niega más, y esto mesmo tiene el castellano y aun el hebreo.

T.  Si esso es pecado, yo os prometo que he pecado en él muchas vezes.

V.  Pues sabed que lo es; por tanto os guardad de caer en él, y también de caer en otro que es a mi parecer aún más feo que éste, y por esto creo que son más los que tropieçan en él; éste es que no pongáis el verbo al fin de la cláusula quando él de suyo no se cae, como hazen los que quieren imitar a los que scriven mal latín.

M.  Esso nos declarad un poco más.

V.  Digo que os devéis guardar siempre de hablar, como algunos, desta manera: «siempre te bien quise, y nunca te bien hize», porque es muy mejor dezir «siempre te quise bien y nunca te hize bien».

C.  ¿Esso no es todo uno?

V.  Sí, pero no le contentó al Conde de Ureña una vez aquella manera de hablar.

M.  Ea, contadnos esso.

V.  Soy contento. Dizen que yendo camino el Conde de Ureña, y llegando a un lugar mal proveído de bastimentos, mandó a un su mayordomo, que pocos días antes avía recibido, que le tuviesse [...][312].

M.  Assí se hará[313]; proseguid en dezirnos lo que pertenece al estilo de vuestra lengua castellana.

V.  Con deziros esto pienso concluir este razonamiento desabrido: que todo el bien hablar castellano consiste en que digáis lo que queréis con las menos palabras que pudiéredes, de tal manera que, esplicando bien el conceto de vuestro ánimo, y dando a entender lo que queréis dezir, de las palabras que pusiéredes en una cláusula o razón no se pueda quitar ninguna sin ofender a la sentencia della, o al encarecimiento, o a la elegancia[314].

M.  Declaradnos más esso.

V.  Que me plaze. Si quisiéssedes quitar algo deste refrán: «Ama a quien no te ama, y responde a quien no te llama», con cualquier cosa que le faltasse gastaríades la sentencia que tiene. Y si deste refrán

---

[312] Aquí hay una laguna en el texto, originada por haber sido arrancadas dos hojas. Quizá sea obra de algún censor interesado en suprimir la anécdota sobre el conde de Ureña, que debía obviamente referirse a la interpretación equívoca de una frase en la que el verbo se había desplazado al final.

[313] Esta respuesta de Marcio no sabemos si puede referirse exclusivamente a la regla explicada mediante la anécdota. Es probable que ésta no ocupara las dos hojas que faltan (Valdés prefería la anécdota corta), en las cuales debían encontrarse más reglas sobre el estilo.

[314] A este *encarecimiento* se deben muchísimos binomios de términos sinónimos que son característicos de la prosa valdesiana, estudiados por Menéndez Pidal en *El lenguaje del siglo XVI*, en *La lengua de C. Colón,* Buenos Aires, Austral, 1947, págs. 49-87. Este mismo criterio estilístico lo encontramos expresado en su obra de traducciones bíblicas, que quizá motivaron esta formulación valdesiana; véase nuestra introducción, II, 1.

«Quien guarda y condessa, dos vezes pone mesa»[315]
donde lo mesmo es *guardar* que *condessar,* quitássedes el uno dellos, aunque no gastaríades la sentencia, quitaríades el encarecimiento que suelen
hazer dos vocablos juntos que sinifican una mesma
cosa[316]. De la mesma manera, si deste refrán «Qual
la madre, tal la hija, y tal la manta que las cobija»
quitássedes el segundo *tal*, o déste «Del monte sale
quien el monte quema» quitássedes el segundo
*monte,* aunque no gastaríades la sentencia, ni
disminuiríades el encarecimiento, estragaríades de
tal manera el estilo que las cláusulas quedavan
coxas.

M. Muy bien me parece esto, pero dezidme: ¿tenéis
por buena manera ésta destos refranes que parece
van con no sé qué consonantes?

V. Sí que es buena por estas sentencillas assí breves,
pero siempre aconsejaría a quien quisiesse hablar o
escrivir bien que se guardasse della, porque si no es
en semejantes dichos breves, en lo demás es muy
agena del estilo castellano.

M. ¿Pues cómo ay algunos que imprimen libros en este
tiempo que usan esta manera de scrivir?

V. Porque también ay algunos que imprimen libros en
latín que usan otras obras muy agenas del buen estilo de la lengua latina.

M. Tenéis razón, y en efeto es assí, que en todas las
lenguas del mundo ay unos que scriven mejor, más
propia y más galanamente que otros; y por esto los
que quieren aprender una lengua de nuevo devrían
mucho mirar en qué libros leen; porque siempre
acontece que, assí como, naturalmente, tales son
nuestras costumbres, quales son las de aquellos con
quien conversamos y platicamos, de la mesma ma-

---

[315] En Santillana la variante «Quien come y condesa, dos veces
pone mesa».
[316] Ya se han considerado en la pág. 200 *guardar* y *condesar* como
sinónimos.

238

nera tal es nuestro estilo, quales son los libros en que leemos.

V. Dezís muy gran verdad.

C. Pues conocéis ser esto assí, para que ayáis enteramente cumplido vuestra jornada, resta que nos digáis qué libros castellanos os parece podemos leer para hazer buen estilo, y también de quáles tenéis por bien que nos guardemos[317].

V. Demanda es más dificultosa de lo que pensáis; ya sabéis en qué laberinto se mete el que se pone a juzgar las obras agenas.

C. Vos dezís verdad quando lo que se dize es público, pero aquí estamos solos y todo puede passar.

V. Con condición que no me deis por autor de lo que aquí sobre esto os diré, soy contento [de] deziros mi parecer acerca de los escritores. Ya sabéis que, assí como los gustos de los hombres son diversos, assí también lo son los juizios; de donde viene que, muchas vezes, lo que uno aprueva condena otro, y lo que uno condena aprueva otro. Yo, que hago professión de star bien con todo el mundo, no querría sin propósito ofender a otros por complazer a vosotros.

M. Seguramente podéis dezir lo que quisiéredes, que yo por todos tres prometo el secreto.

V. Confiando en essa promessa digo que, como sabéis, entre lo que sta escrito en lengua castellana principalmente ay tres suertes de scrituras, unas en metro, otras en prosa, compuestas de su primer nacimiento en lengua castellana, agora sean falsas, agora verdaderas; otras ay traduzidas de otras lenguas, espe-

---

317 Este amplio *excursus* valorativo sobre obras antiguas y modernas tiene, por supuesto, función didáctica. Pero a medida que se procede en el análisis de las obras y de los autores, intervienen muchas otras razones críticas, la mayor parte reflejando el gusto personal de Valdés, su temperamento y su formación erasmiana; sin estos factores no se concebirían los juicios que da sobre el contenido («las cosas») de las obras, basándose en criterios de verosimilitud e incluso moralistas.

cialmente de la latina. El leer en metro no lo apruevo en castellano, ni en ninguna otra lengua, para los que son aprendizes en ella.

M. Mucho ha que yo soy dessa mesma opinión.

V. Pero porque digamos de todo, digo que de los que an escrito en metro dan todos comúnmente la palma a Juan de Mena, y, a mi parecer, aunque la merezca quanto a la doctrina y alto estilo, yo no se la daría quanto al dezir propiamente, ni quanto al usar propios y naturales vocablos, porque, si no m'engaño, se descuidó mucho en esta parte, a lo menos en aquellas sus *Trezientas*[318], en donde, quiriendo mostrarse doto, escrivió tan escuro que no es entendido, y puso ciertos vocablos, unos que por grosseros se devrían desechar, y otros que por muy latinos no se dexan entender de todos, como son «rostro jocundo, fondón del polo segundo», y «cinge toda la sfera»[319], que todo esto pone en una copla, lo qual a mi ver es más escrivir mal latín que buen castellano. En las *Coplas de amores* que stan en el *Cancionero general* me contenta harto, adonde en la verdad es singularísimo. En el mesmo *Cancionero* ay algunas coplas que tienen buen estilo, como son las de Garci Sánchez de Badajoz, y las del Bachiller de la Torre, y las de Guevara, aunque éstas tengan mejor sentido que estilo, y las del Marqués de Astorga. Y son mejores las de don Jorge Manrique que comiençan «Recuerde el alma dormida»[320], las quales, a mi juizio, son muy dinas de ser leídas y estimadas, assí por la sentencia como por el es-

---

[318] Sobre el juicio negativo sobre esta obra, que gustaba a Nebrija, véase nuestra introducción, II, 5.

[319] Preferimos, como Montesinos, no cambiar *cinge* en *ciñe* (que resulta ser la forma publicada por los editores de Mena), ya que *cinge* es mucho más reprobable por parte de Valdés.

[320] El juicio favorable de Valdés surge de una íntima compenetración con el estilo *llano* de Manrique; véase la afirmación en la pág. 244: «la gentileza del metro castellano consiste en que de tal manera sea metro que parezca prosa...».

tilo. Juan del Enzina escrivió mucho, y assí tiene de todo; lo que me contenta más es la farsa de *Plácida y Vitoriano,* que compuso en Roma. El estilo que tiene Torres Naharro en su *Propaladia* [321], aunque peca algo en las comedias, no guardando bien el decoro de las personas, me satisfaze mucho, porque es muy llano y sin afetación ninguna, mayormente en las comedias de *Calamita* y *Aquilana,* porque en las otras tiene de todo, y aun en éstas ay algunas cosas que se podrían dezir mejor, más casta, más clara y más llanamente.

M.  Dezidnos alguna.

V.  En la *Aquilana* dize:

> Pues ¿quês esto?
> ¿Tórnome loco tan presto
> por amores d'una dama
> que tarde niega su gesto
> lo que promete su fama?

Adonde, si no m'engaño dixera mejor, más clara y más galanamente:

> que trae scrito en su gesto
> lo que publica su fama.

T.  Mejor uviera dicho assí; pero no se lo neguemos, que mucho ha ilustrado la lengua castellana.

V.  No os negaré yo esso jamás, y tampoco quiero que me neguéis vos a mí que, assí como escrivía bien aquellas cosas baxas y plebeyas que passavan entre gentes con quien él más ordinariamente tratava [322], assí se pierde quando quiere scrivir lo que passa entre gente noble y principal, lo qual se vee largamente en la comedia *Aquilana;* pero esto no haze

---

[321] Boehmer ha demostrado que las obras de Encina y de Torres Naharro son a menudo las fuentes de los refranes citados por Valdés.

[322] *Alfabeto cristiano,* cit., f. 7v: «V. Coteste tali persone terranno gli animi bassi, et plebei, e perciò si darranno pace di cose basse, et plebee.»

241

al caso, pues aquí no hablamos sino de lo que pertenece a la lengua. Muchas otras cosas ay scritas en metro que se podrían alabar, pero assí porque muchas dellas no están impresas, como por no ser prolixo, os diré solamente esto, que aquella *Comedia* o *farsa* que llaman *de Fileno y Zambardo* me contenta.

T.    Y de Yanguas, ¿qué os parece?

V.    Que muestra bien ser latino[323].

T.    Esso basta, ya os entiendo.

M.    Desseo que nos dixéssedes algunas señales por donde conociéssemos quáles son las buenas coplas y quáles no.

V.    Por buenas tengo las que tienen buena y clara sentencia[324], buenos vocablos acomodados a ella, buen estilo sin superfluidad de palabras, y sin que aya ni una sílaba superflua por causa del metro, ni un vocablo forçado por causa del consonante; y por malas tengo las que no son desta manera; y mirad que digo buena y clara sentencia, porque ay algunas cosas trobadas que al parecer dizen algo, y si las queréis esaminar bien, hallaréislas vazías de sentencia; y por que veáis que esto es assí, escuchad este villancico que al tiempo que yo partí de Spaña reinava entre los músicos, y mirad cómo hallaréis en él lo que digo:

> Pues que os vi, merecí veros,
> que si, señora, nôs viera,
> nunca veros mereciera.

M.    Quanto que a mí bien me contenta; no sé qué mal le halláis.

---

[323] Como observa Boehmer, el juicio sobre Yanguas no es de fácil interpretación.

[324] Boehmer ha descubierto la fuente directa de este lugar en Quintiliano, *Institutio Oratoria*, VIII, 2, 22-23: «Nobis prima sit virtus *perspicuitas* [clara sentencia], *propria verba* [buenos vocablos] *rectus ordo* [buen estilo]... nihil neque desit *neque superfluat* [sin superfluidad de palabras].»

V.   Con razón os contentara si el primero verso, que
dize «Pues que os vi *merecí* veros» dixera «Porque
os vi *merezco* veros», pues, como veis, la sentencia
estuviera clara y amorosa; pero estando como sta,
yo no hallo que diga nada, antes me parece que
contradize en los dos últimos versos lo que afirma
en el primero. Desta suerte os podría dezir otros
muchos, los quales nacen de personas que no van
acomodando, como dixe se deve hazer, las palabras a las cosas, sino las cosas a las palabras,
y assí no dizen lo que querrían, sino lo que quieren
los vocablos que tienen.

T.   Por mi fe que tenéis razón, y que agora caigo en
ello.

V.   Pues las palabras o partecillas que se ponen solamente por henchir el verso o por hazer la consonancia, ya vosotros podéis ver quán mal parecen.
Y porque mejor lo entendáis, miradlo en esta canción que dize:

> Destas aves su nación
> es cantar con alegría,
> y de vellas en prisión
> siento yo grave passión
> sin sentir nadie la mía[325].

adonde muy impropiamente puso *su nación* quiriendo entender 'su natural condición', por que
respondiesse a *prisión* y *passión*. Lo mesmo veréis
en esta canción:

> Ninguno haga mudança
> por mal que vea de sobra,
> mas tenga tal esperança
> que lo que razón alcança
> la vida todo lo cobra

---

[325] Se trata de los primeros cinco versos de una composición de
Florencia Pinar titulada *Otra canción de la misma señora a unas per-
dices que le embiaron bivas,* según averiguó Boehmer.

243

adonde puso *de sobra* por *sobrado* o *demasiado,* solamente por la consonancia de *cobra.* Y siendo assí que la gentileza del metro castellano consiste en que de tal manera sea metro que parezca prosa, y que lo que se scrive se dize como se diría en prosa, tengo por buenos muchos de los romances que stan en el *Cancionero general,* porque en ellos me contenta aquel su hilo de dezir que va continuado y llano, tanto que pienso que los llaman *romances* porque son muy castos en su romance. De las *canciones* me satisfazen pocas, porque en muchas veo no sé qué dezir baxo y plebeyo, y no nada conforme a lo que pertenece a la canción. Algunos *motes* ay buenos y bien glosados. En las invenciones ay que tomar y que dexar, y entre las *preguntas* ay muchas ingeniosas. Los *villancicos* en su género no son de desechar; pero advertid que si no halláredes guardadas las reglas que aquí os he dicho, ni aun en lo que os alabo, no os maravilléis, porque avéis de pensar que parte de la culpa tiene el tiempo, que no mirava las cosas tanto por el sutil como conviene, y parte tienen los impressores que en todo estremo son descuidados, no solamente en la ortografía, pero muchas vezes en depravar lo que no entienden.

M.    Quanto que esso ya sabéis que también nos acontece en la lengua latina.

V.    Lo dicho basta quanto al metro. Quanto a la prosa, digo que de los que an romançado he leído poco, porque, como entiendo el latín y el italiano, no curo de ir al romance[326]. Desso poco que he leído me parece aver visto dos librillos que me contentan assí en el estilo, el qual tengo por puro castellano, como en el esprimir muy gentilmente y por muy propios

---

[326] Valdés prefiere que se conozcan, dentro de lo posible, las obras extranjeras en versión original, pero como traductor y divulgador no quita mérito a una buena traducción que pueda competir con la obra en cuanto a propiedad de vocablos y de estilo.

vocablos castellanos lo que hallavan escrito en latín. El uno déstos es *Boecio de consolación,* y porque ay dos traduziones, parad mientes que la que yo os alabo es una que tiene el metro en metro y la prosa en prosa, y sta dirigido al Conde de Ureña[327].

M.  ¿Cómo se llama el autor?

V.  No me acuerdo, por mi fe; pero séos dezir que a mi ver era hombre de bivo ingenio y claro juizio[328].

T.  Dezidme, por vuestra fe, aunque sea fuera de propósito, porque ha muchos días que lo desseo saber: ¿qué diferencia hazéis entre ingenio y juizio?

V.  El ingenio halla qué dezir, y el juicio escoge lo mejor de lo que el ingenio halla, y pónelo en el lugar que ha de star; de manera que de las dos partes del orador, que son invención y disposición (que quiere dezir ordenación), la primera se puede atribuir al ingenio, y la segunda al juizio[329].

T.  ¿Creéis que pueda aver alguno que tenga buen ingenio y sea falto de juizio, o tenga buen juizio y sea falto de ingenio?

V.  Infinitos ay déssos; y aun de los que vos conocéis y platicáis cada día os podría señalar algunos.

T.  ¿Quál tenéis por mayor falta en un hombre, la del ingenio o la del juizio?

V.  Si yo uviesse de scoger, más querría con mediano

---

[327] Se refiere casi seguramente a la traducción de Fray Alberto de Aguayo, Sevilla, 1518. Existe otra edición en español de 1493, pero no corresponde a la descripción de Valdés ni está dedicada al conde de Ureña.

[328] *Alfabeto cristiano,* cit., f. 5v-6r: «Horsù io spero non tanto nella habilità, o sufficientia mia, quanto nella affetione, et nella volontà, ch'io tengo di servirvi, et similmente nel vostro vivo ingegno et chiaro giudicio, et soprattutto nella gratia di Dio...»; f. 6v: «ingegno speculativo e chiaro giudicio».

[329] Menéndez Pidal, *El lenguaje del siglo XVI,* cit., pág. 85: «Selección, no invención, es la suprema norma lingüística, como él declara al exponer una distinción verbal entre el *ingenio* 'que halla que decir' y el *juicio* 'que escoge lo mejor que el ingenio halla y pónelo en el lugar que ha de estar...'»

ingenio buen juizio, que con razonable juizio buen ingenio.

T.  ¿Por qué?

V.  Porque hombres de grandes ingenios son los que se pierden en heregías y falsas opiniones, por falta de juizio. No ay tal joya en el hombre como el buen juizio[330].

M.  Dexáos desso, tornad a vuestros libros y dezid quál es el otro romançado de latín que os contenta.

V.  El *Enquiridión* de Erasmo que romançó el Arcidiano del Alcor[331], que a mi parecer puede competir con el latino quanto al estilo.

M.  Si el estilo castellano no es mejor para castellano que el latino para latino, poco hizo el que lo romançó.

V.  No es possible que vosotros concedáis que uno que no sea italiano tenga buen estilo en latín.

M.  ¿No avéis leído algún otro libro romançado que os contente?

V.  Si lo he leído, no me acuerdo[332].

M.  Pues he oído dezir que el del *Pelegrino* y el del *Cortesano* stan muy bien romançados.

V.  No los he leído, y creedme que tengo por mayor dificultad dar buen lustre a una obra traduzida de otra qualquier lengua que sea en la castellana, que en otra lengua ninguna.

M.  ¿Por qué?

V.  Porque, siendo assí que la mayor parte de la gracia y gentileza de la lengua castellana consiste en

---

[330] *Ibídem,* pág. 85: «Y esto lo dice un heterodoxo, un hombre huido de su patria por nuevas opiniones. En un tiempo todo herejías y discusiones, todo inventos y renovación, el lenguaje, más que ninguna otra cosa, como don de la naturaleza, se ha de regir por el principio de preferir el juicio al ingenio.»

[331] Erasmo, *El Enquiridión o Manual del caballero cristiano,* ed. de Dámaso Alonso, prólogo de Marcel Bataillon, en *Anejos de la Revista de Filología Española,* t. XVI, Madrid, 1932.

[332] Sobre la afirmación valdesiana de «no haber leído», véase nuestra introducción, II, 5.

hablar por metáforas[333], atándose el que traduze a no poner más de lo que halla scrito en la lengua de que traduze, tiene grandíssima dificultad en dar al castellano la gracia y lustre que escriviendo de su cabeça le daría. Porque si uno traduze aquello de Terencio IDNE ESTIS AUCTORES MIHI? no quiriendo apartarse de la letra avrá de dezir «¿Desto me sois autores?», y assí no se entenderá lo que el poeta quiso dezir; pero si escriviendo de su cabeça querrá dezir aquella mesma sentencia dirá: «¿Esto me aconsejáis a mí?» y es lo mesmo que sintió el poeta, aunque se dize por otra palabras. Y de la mesma manera, si otro querrá poner en romance aquello mesmo de Terencio O FACTUM BENE, BEASTI ME, dize «¡O cómo sta hecho bien! asme hecho bien aventurado», no hablará el propio castellano, ni esprimirá tan bien lo que el poeta quiso dezir como si, no curando de mirar a la palabra, sino al sentido, dize: «Sta lo mejor del mundo, asme dado la vida.»

M. Digo que me parece éssa una cosa muy bien considerada y muy verdadera.

V. Plázeme que os contente.

T. Pues yo me maravillo mucho de vos que digáis que de los libros romançados os contentan solamente essos dos, aviendo tanta muchedumbre dellos muy buenos, como son: devotos, las *Epístolas* y *Evangelios del año,* los *Cartuxanos,* las *Epístolas de santa Catalina de Sena, san Juan de Clímaco,* las *Vidas de los Padres* que compuso san Gerónimo, y otros muy muchos y muy buenos; y profanos, como *Tito Livio, César, Valerio Máximo, Quinto Curcio,* y otros desta calidad.

V. Por ventura yo no alabo ninguno déssos porque no los he leído[334]; por eso no os devéis maravillar, y

---

[333] Hay que atenerse a la letra pero sin traicionarla; donde la traducción literal no puede expresar la misma *sentencia,* hay que sustituirla con metáforas que sean propias de la lengua castellana.

[334] Afirmación que está desmentida en un lugar del diálogo

haréis mejor en dexarme dezir. Entre los que an escrito cosas de sus cabeças comúnmente se tiene por mejor estilo el del que scrivió los quatro libros de *Amadís de Gaula;* y pienso que tienen razón, bien que en muchas partes va demasiadamente afetado, y en otras muy descuidado; unas vezes alça el estilo al cielo, y otras lo abaxa al suelo[335]; pero al fin, assí a los quatro libros de *Amadís,* como a los de *Palmerín* y *Primaleón,* que por cierto respeto an ganado crédito conmigo, terné y juzgaré siempre por mejores que essotros *Esplandián, Florisando, Lisuarte, Cavallero de la Cruz,* y que a los otros no menos mentirosos que éstos, *Guarino mezquino, La linda Melosina, Reinaldos de Montalván,* con la *Trapisonda,* y *Oliveros* que es intitulado *de Castilla,* los quales, demás de ser mentirosíssimos, son tan mal compuestos, assí por dezir las mentiras muy desvergonçadas, como por tener el estilo desbaratado, que no ay buen estómago que los pueda leer.

M. ¿Avéislos vos leído?
V. Sí que los he leído.
M. ¿Todos?
V. Todos.
M. ¿Cómo es possible?
V. Diez años, los mejores de mi vida, que gasté en palacios y cortes, no me empleé en exercicio más virtuoso que en leer estas mentiras[336], en las quales tomava tanto sabor que me comía las manos tras ellas. Y mirad qué cosa es tener el gusto estragado, que si tomava en la mano un libro de los romançados en latín que son de historiadores verdaderos, o a lo

---

*De Doctrina Christiana,* cit., f. 73v, en el que se citan como lecturas piadosas aconsejadas algunos libros entre los aquí mencionados.

[335] *De Doctrina Christiana,* cit., f. 72r: «[Arz.] ... y si todos tuviéssemos respecto a todo esto yôs prometo que procurássemos de dexar nuestras memorias en el cielo y no en el suelo.»

[336] Los comentadores acercan Valdés a Santa Teresa por esta confesión de debilidad juvenil de la que se reniega.

menos que son tenidos por tales, no podía acabar conmigo de leerlos.

M. Éssa es cosa tan natural que no nos maravillamos della.

T. Mucho me maravillo de lo que dezís de *Amadís,* porque siempre lo he oído poner en las nuves, y por tanto querría me mostrássedes en él algunos vocablos de los que no os satisfazen, y algunos lugares adonde no os contenta el estilo, y algunas partes adonde os parece que peca en las cosas.

V. Larga me la levantáis.

T. No es tan larga que no sea más largo el día de aquí a que sea hora de irnos a Nápoles.

V. Pues assí lo queréis, sin sallir de los dos primeros capítulos os mostraré todo lo que pedís. Quanto a los vocablos, no me plaze que diga como dize «estando en aquel *solaz*»[337] por «estando en aquel *placer* o *regozijo*». Tampoco me contenta dezir «quando vio ser *sazón*» por «quando vio ser *tiempo*»[338]; mejor lo usa en otra parte, diziendo *a aquella sazón.* Y muchos menos me satisfaze donde dize «en vos dexo toda mi *hazienda*» por «todo *lo que me toca*». No me suena bien *viniera* por *avía* venido, ni *passara* por *avía passado.* ¿Tengo razón?

T. No mucha.

V. ¿Por qué?

T. Porque si essos vocablos se usavan en Castilla en el tiempo que él escrivió, o, si ya que no se usassen entonces, se usaron en algún tiempo, el autor del libro tuvo más razón en usarlos, para acomodar su escritura a lo que en su tiempo se hablava, o por querer mostrar el antigüedad de lo que scrivía, que vos tenéis en reprehendérselos.

V. Y si quiero dezir que no son imitables para este tiempo, ¿terné razón?

---

[337] Véase pág. 207: «*Solaz,* por *plazer* o *regozijo,* no me plaze.»
[338] Véase pág. 207: «es malo usándolo como algunos diziendo 'sazón será' por 'tiempo será'...».

T.   Sí que la ternéis, con tanto que no le reprehendáis que los aya usado en su historia.

V.   Sea assí, digo que él hizo bien en usarlos, y que creo que en aquel tiempo parecía bien, y digo que vosotros haréis mejor en no usar de ninguna manera éstos, ni otros que ay semejantes a ellos. En el estilo mesmo no me contenta donde de industria pone el verbo a la fin de la cláusula[339], lo qual haze muchas vezes, como aquí: «tiene una puerta que a la huerta sale» por dezir «que sale a la huerta». Tampoco me plaze dexar las cláusulas eclipsadas[340], como haze en los tres versos primeros, adonde dize: «el qual siendo en la ley de verdad de mucha devoción y buenas maneras acompañado esse rey etc.» adonde o avía de aver un *era* que respondiesse al *siendo,* o en lugar del *siendo* avía de star *era*. Descontóntame también mucho quando pone una *e* que quiere que sinifique más de su natural, que es ser coniunción copulativa, como quando dize: «Este rey ovo dos hijas en una noble reina, su muger, *e* la mayor fue casada con etc.» por «de las quales la mayor»; bien s'entiende con la *e,* no porque sinifique aquello, sino porque el uso de los que scriven descuidadamente ha hecho que sinifique assí; pero ya vos veis quán mejor y más galanamente estuviera diziendo «de las quales». Paréceme también mal aquella manera de dezir «si *me vos* prometéis» por «si *vos me* prometéis» y aquello «de *lo no* descubrir» por «de *no* descubrirlo». ¿Qué os parece desto?

T.   Que lo avéis considerado bien, con tanto que aya

---

[339] Sobre el verbo al fin de la cláusula, véase pág. 236.

[340] Con *claúsulas eclipsadas* alude Valdés a una figura de anacoluto. Pero el lugar de *Amadís* que cita a continuación presenta varios problemas. En las ediciones de *Amadís* de 1508 y 1509 hay *era* («un *era* que respondiesse al *siendo*»); por tanto, Valdés no citaría de estas ediciones, sino de las de 1531 o de 1533, que tienen efectivamente el anacoluto. Sin embargo, con estas ediciones de 1531 y 1533 no concuerdan otras citas valdesianas de *Amadís*.

siempre lugar la disculpa del antigüedad, la qual vos no le podéis negar de ninguna manera.

V. Antes huelgo de admitírsela en todo lo que se le pudiera admitir, y ¡oxalá pudiera tener lugar en todo! pero en esto que diré no lleva medio.

T. Dezid.

V. Quanto a las cosas, siendo esto assí que los que scriven mentiras las deven escrivir de suerte que se lleguen quanto fuere possible a la verdad[341], de tal manera que puedan vender sus mentiras por verdades, nuestro autor de *Amadís*, unas vezes por descuido y otras no sé por qué, dize cosas tan a la clara mentirosas que de ninguna manera las podéis tener por verdaderas. Iñorancia es muy grande dezir, como dize al principio del libro, que aquella historia que quiere scrivir aconteció no muchos años después de la Passión de Nuestro Redentor, siendo assí que algunas de las provincias [de] que él en su libro haze mención [y] haze cristianas, se convirtieron a la fe muchos años después de la Passión. Descuido creo que sea el no guardar el decoro en los amores de Perión con Elisena, porque, no acordándose que a ella haze hija de rey, estando en casa de su padre le da tanta libertad, y la haze tan deshonesta que con la primera plática la primera noche se la trae a la cama. Descuidóse también en que, no acordándose que aquella cosa que cuenta era muy secreta y passava en casa del padre de la dama, haze que el rey Perión arroje en tierra el espada y el escudo luego que conoce a su señora, no mirando que, al ruido que harían, de razón avían de despertar los que dormían cerca, y venir a ver qué cosa era. También es descuido dezir que el rey mirava la hermosura del cuerpo de Elisena con la

---

[341] La crítica «de las cosas» sigue un principio de verosimilitud que se reafirmará también en la pág. 254, a propósito de la utilización de las fuentes por parte del historiador (objeto de selección en los términos del *juizio*).

lumbre de tres antorchas que stavan ardiendo en la cámara, no acordándose que avía dicho que no avía otra claridad en la cámara sino la que de la luna entrava por entre la puerta, y no mirando que no ay muger, por deshonesta que sea, que la primera vez que se vee con un hombre, por mucho que lo quiera, se dexe mirar de aquella manera. De la mesma manera se descuida haziendo que el rey no eche menos el espada hasta la partida, aviéndosela hurtado diez días antes, porque no se acordó que lo haze cavallero andante, al qual es tan anexa la espada como al escrivano la pluma. Pues siendo esto assí, ¿no os parece que, sin levantarle falso testimonio, se puede dezir que peca en las cosas?

T.  En esto tanto vos tenéis razón de no admitir disculpa del tiempo.

M.  Hora disculpémoslo con la disculpa ordinaria que dize: QUANDOQUE BONUS DORMITAT HOMERUS.

T.  La disculpa E' MAGRA, pero valga lo que valiere, que yo tanto, por lo que os he oído, vengo a creer lo que jamás me avía podido persuadir: que para saber ordenar un libro destos fingidos es menester más que ser letrado en romance.

V.  Pues, si discurriéssemos por el libro adelante, os mostraría maravillas; pero «por la víspera podéis sacar el disanto»[342] y «por la muestra podréis juzgar de la color del paño». Esto he dicho contra mi voluntad, por satisfazeros a lo mucho que dixistes os maravilláyades de lo que me oíades dezir del libro de *Amadís,* y no porque me huelgue de dezir mal ni de reprender lo que otros hazen. Y vosotros, señores, pensad que, aunque he dicho esto de *Amadís,* también digo que tiene muchas y muy buenas cosas, y que es muy dino de ser leído de los que quieren aprender la lengua; pero entended que no todo lo que en él halláredes lo avéis de tener y usar por bueno.

---

[342] *di santo* en el manuscrito madrileño parece italianismo gráfico.

M.    Assí lo entendemos. Y dezidnos si de los que an escrito las historias de los reyes de Spaña tenéis algunos que tengan buen estilo.

V.    Para deziros verdad, ninguno de los que he visto me satisfaze tanto que osasse alabároslo enteramente. Mosén Diego de Valera, el que scrivió la *Valeriana,* es gran hablistán, y aunque al parecer lleva buena materia de dezir, para mi gusto no me satisfaze y téngolo por gran parabolano. Del mesmo autor creo que sea parte de la *Corónica del rey don Juan* segundo deste nombre, en la qual, como ay diversos estilos, no puede hombre juzgar bien de toda la obra; pero a mi ver se puede leer para lo que pertenece a la lengua, después de *Amadís de Gaula, Palmerín* y *Primaleón.*

T.    Maravíllome de vos, que tratéis tan mal a Mosén Diego de Valera, siendo de vuestra tierra, y aviendo escrito muchas y muy buenas cosas en castellano; yo no sé por qué le llamáis hablistán y parabolano.

V.    Que sea de mi tierra o no, esto me importa poco; pues, quanto a mí, aquél es de mi tierra cuyas virtudes y suficiencia me contentan, si bien sea nacido y criado en Polonia[343]. Y avéis de saber que llamo hablistán a Mosén Diego porque, por ser amigo de hablar, en lo que scrive pone algunas cosas fuera de propósito, y que pudiera passar sin ellas; y llámolo parabolano porque entre algunas verdades os mezcla tantas cosas que nunca fueron, y os las quiere vender por averiguadas, que os haze dubdar de las otras; como será dezir que el conduto de agua que sta en Segovia, que llaman *Puente,* fue hecho por Hispán sobrino de Hércules, aviéndolo hecho los romanos, como consta por algunas letras que el día de oy en ella se veen; y también que los de la Coruña, mirando en su espejo de la Torre,

---

[343] Puede que aquí Polonia signifique cualquier tierra lejana o que haya en el lugar (como lo cree Boehmer) una alusión al humanista Dantisco.

vían venir el armada de los Almónidas, y que, porque venía enramada, creyendo que fuesse isla nuevamente descubierta, no se apercibieron para defenderse, y assí fueron tomados. Destas cosas dize tantas, que con mucha razón lo he llamado parabolano; y si lo quisiesse alguno disculpar diziendo que estas cosas no las inventó él de su cabeça, sino las halló assí escritas por otros, en tal caso dexaré de llamarle parabolano, y llamarlo he inconsiderado; pues es assí que la prudencia del que scrive consiste en saber aprovecharse de lo que ha leído, de tal manera que tome lo que es de tomar y dexe lo que es de dexar; y el que no haze esto muestra que tiene poco juizio, y, en mi opinión tanto, pierde todo el crédito.

T.   Abasta harto; por lo mío, llamadlo como quisiéredes.

M.   ¿Qué dezís de *Celestina*? Pues vos mucho su amigo soléis ser.

V.   De *Celestina* me contenta el ingenio del autor que la començó, y no tanto el del que la acabó; el juizio de todos dos me satisfaze mucho, porque sprimieron a mi ver muy bien y con mucha destreza las naturales condiciones de las personas que introduxeron en su tragicomedia, guardando el decoro dellas desde el principio hasta la fin.

M.   ¿Quáles personas os parecen que stan mejor esprimidas?

V.   La de Celestina sta a mi ver perfetísima en todo quanto pertenece a una fina alcahueta, y las de Sempronio y Pármeno; la de Calisto no sta mal, y la de Melibea pudiera star mejor.

M.   ¿Adonde?

V.   Adonde se dexa muy presto vencer, no solamente a amar, pero a gozar del deshonesto fruto del amor.

M.   Tenéis razón.

T.   Dexáos agora, por vuestra vida, de hazer anatomía de la pobre Celestina; basta que la hizieron los moços de Calisto. Dezidnos qué os parece del estilo.

V. El estilo en la verdad va bien acomodado a las personas que hablan. Es verdad que peca en dos cosas, las quales fácilmente se podrían remediar; y quien las remediasse le haría gran honra. La una es el amontonar de vocablos algunas vezes tan fuera de propósito como «Magnificat a maitines»; la otra es en que pone algunos vocablos tan latinos que no s'entienden en el castellano, y en partes adonde podría poner propios castellanos, que los ay. Corregidas estas dos cosas en *Celestina,* soy de opinión que ningún libro ay escrito en castellano donde la lengua ste más natural, más propia ni más elegante.

M. ¿Por qué vos no tomáis un poco de trabajo y hazéis esso?

V. De más estava.

M. ¿Del libro de *Qüestion de amor* [344] qué os parece?

V. Muy bien la invención, y muy galanos los primores que ay en él; y lo que toca a la qüestion no sta mal tratado por la una parte y por la otra; el estilo en quanto toca a la prosa no es malo; pudiera bien ser mejor; en quanto toca al metro no me contenta.

M. ¿Y de *Cárcel de amor* qué me dezís?

V. El estilo désse me parece mejor; pero todos essos librillos, como están escritos sin el cuidado y miramiento necessario, tienen algunas faltas por donde no se pueden alabar como alabaréis entre los griegos a Demóstenes, a Xenofón, a Isócrates, a Plutarco, a Luciano, y assí a otros príncipes de la lengua, y en latín a Cicerón, a César, a Salustio, a Terencio y assí a otros que, como escrivieron con cuidado, se vee en ellos la natural propiedad y puridad de la lengua. Y de star los libros españoles escritos con descuido viene que casi todos los vocablos que la lengua castellana tiene de la latina, unos están corrompidos, qual más qual menos, y otros están

---

[344] Obra ciertamente muy conocida por Valdés, ya que había alcanzado plena difusión en los ambientes napolitanos (la primera edición aparece en 1512).

mal usados; porque como no an andado escritos de personas dotas y curiosas en lo que avían de dezir, sino de mano en mano, o, por mejor dezir, de boca en boca su poco a poco se an ido corrompiendo; de manera que ay ya muchos que no se dexan conocer de ninguna manera, y ay otros que con mucha dificultad y casi por rastro los sacáis, y ay otros que, aunque os parece conocerlos, no acabáis de caer en quién son, tanto están desfigurados. ¿Queréis que os diga una cosa que os parecerá estraña? Tengo por averiguado que si los vocablos que la lengua castellana tiene tomados de la latina los escriviesse y pronunciasse enteramente, apenas avría latino que no entendiesse qualquier libro escrito en castellano, y apenas avría castellano que no entendiesse lo más de cualquier libro latino. Pero la corrupción de los vocablos ha sido tanta y tan grande, que sólo por esto ay algunos que contra toda razón porfían que la lengua toscana tiene más de la latina que la castellana.

M.   Mucho me huelgo que, sin meteros en esta qüestion, vos de vuestra voluntad seáis entrado en ella, porque, desseando essaminarla con vos, tenía temor que no querríades entrar en ella. Agora, pues avéis començado, dezidnos lo que acerca desto sentís, y mirad no os dexéis cegar de la afición que tenéis a vuestra lengua, ni del desseo que tenéis de complazer a los italianos, por estar, como estáis, en Italia.

V.   Tan seguros podéis estar de lo uno como de lo otro, porque jamás me sé aficionar tanto a una cosa que el afición me prive del uso de la razón; ni desseo jamás tanto complazer a otros que vaya contra mi principal professión, que es dezir libremente lo que siento de las cosas de que soy preguntado.

M.   Con esse presupuesto podéis començar a dezir, y, según lo que dixéredes, assí daremos crédito a vuestras palabras.

V.   Esso mesmo quiero yo. Y començando digo que,

aviendo considerado bien estas tres lenguas, conviene a saber latina, toscana y castellana, hallo que la lengua toscana tiene muchos más vocablos enteros latinos que la castellana, y que la castellana tiene muchos más vocablos corrompidos del latín que la toscana. La primera parte de los vocablos enteros bien sé que, siendo en favor de vuestra lengua, me la concederéis.

M. Concederemôsla, no porque es en favor de nuestra lengua, sino porque es la verdadera.

V. Sea como mandáredes. Para confirmación de la segunda, que sé no me la querréis conceder si no la pruevo, digo esto: que, si me ponéis en las manos un libro castellano, os mostraré cómo los más de los vocablos o son del todo latinos, o son corrompidos, o se pueden poner latinos adonde avrá algunos que no lo sean; y digo los más, porque todavía, como os he dicho, ay algunos los quales de ninguna manera podemos escusar, mayormente en las partes pequeñas, como son adverbios, coniunciones y artículos.

M. No basta que digáis ser assí, sino que mostréis cómo en efeto es assí.

V. Soy contento, y porque tenemos ya averiguado que lo más puro castellano que tenemos son los refranes, en ellos mesmos os lo quiero mostrar. Uno dize: «Ésse es rey, el que no vee rey»[345], en el qual el latín tomando palabra por palabra, dirá: IPSE EST REX, QUI NON VIDET REGEM. Otro dize: «Malo verná que bueno me hará», y de la mesma manera el latín dirá: MALUS VENIET QUI BONUM ME FACIET. Otro dize: «Oy por mí y cras por ti», y el latín: HODIE PRO ME ET CRAS PRO TE. Otro dize: «Malo es errar y peor es perseverar»[346], y el latín: MALUM EST

---

[345] Correas tiene la variante: «Ése es rey, que nunca vio rey; o que nunca vio al rey.»

[346] Proverbio documentado por Boehmer en la *Celestina* y en varias colecciones de sentencias, pero no en la forma aquí citada por Valdés.

ERRARE ET PEIUS PERSEVERARE. El latín bien veo que es, como dizen, de cozina, pero todavía s'entiende. ¿Qué os parece?

M. Que es casi lo mesmo.

V. Pues assí os podría mostrar trescientos déstos. Y porque mejor os satisfagáis en esta parte, tomad algunos versos latinos y mirad cómo, palabra por palabra, os los mostraré casi todos castellanos.

M. Tomo el principio del *Arte poética* de Horacio.

V. Bien sta.

HUMANO CAPITI CERUICEM PICTOR EQUINAM
IUNGERE SI VELIT ET VARIAS INDUCERE PLUMAS

M. Abastan éssos.

V. Hora escuchadlos palabra por palabra: «humana cabeça cerviz pintor de yegua ayuntar si querrá y varias poner plumas».

C. Para mí es éssa una muy cerrada algaravía.

V. Tenéis razón, porque va dicho palabra por palabra, pero con las mesmas palabras, poniendo cada una dellas en su lugar, lo entenderéis.

C. Ea, ponedlas.

V. «Si a una cabeça humana querrá un pintor ayuntar una cerviz de yegua y ponerle varias plumas, etc.» ¿Entedéislo agora?

C. Sí, y muy bien.

V. Pues vos también creo que veis cómo en estos dos versos no halláis vocablo ninguno que no lo conozcáis casi por latino, si no es el *querrá*.

M. Dezís muy gran verdad, y no se puede dezir sino que es ésta una prueva harto bastante; y por ella y por lo demás veo que tenéis razón en lo que dezís de los vocablos corrompidos.

V. Pues, si bien lo supiéssedes, yo os prometo que lo

---

Correas también, pág. 288, presenta la variante: «Malo es pecar y diabólico perseverar.»

diríades más de verdad, porque hallaríades algunos vocablos que ni por pensamiento parecen latinos, y son latinísimos, y si queréis os diré algunos.

M. Antes nos haréis grandísima merced.

V. *Ogaño,* ¿quién pensará que aya sido latino?

M. Nadie.

V. Pues convertid la *g* en *c* y ponedle su aspiración que perdió, y haréis HOC ANNO, que sinifica lo mesmo que *ogaño.* Esto mesmo hallaréis en *agora;* convertid la *g* en *c* y aspirad la *a* y la *o,* y diréis HAC HORA, que es la mesma sinificación que *agora.*

M. Digo que tenéis mucha razón.

V. De la mesma manera hallaréis otros muchos que stan de tal manera enmascarados que no basta a conocerlos sino quien es muy curioso en la una lengua y en la otra. Otros ay que, como van atapados y no enmascarados, son más fácilmente conocidos, como son *agua* por AQUA, *leño* por LIGNUM, *tabla* por TABULA, *lecho* por LECTUS, y de verbos, *hazer* por FACERE, *traer* por TRAHERE, *pedir* por PETERE, etc., que sería nunca acabar. Ay también otros vocablos en los quales no solamente avemos mudado letras, pero avemos también alterado la sinificación, y assí de FABULA dezimos *habla,* de donde viene *hablar,* y de INDURARE dezimos *endurar,* que sinifica 'guardar como escasso', y assí lo usa el refrán que dize: «Ni al gastador que gastar ni al endurador que endurar.» También de FINIS dezimos *finado* por 'muerto', y de FORUM dezimos *fuero,* del qual vocablo usamos de la manera que veis en el refrán que dize: «No por el huevo, sino por el fuero.» Dezimos también de MORA, *morar* que quiere dezir HABITARE, como parece por el refrán que dice: «Quien cabo mal vezino mora, horas canta y horas llora.» De la mesma manera de TANGERE avemos hecho *tañer,* y assí dezimos: «Quien las sabe, las tañe.» Usamos también *civil* en contraria sinificación que lo usa el latín, diziendo en un refrán: «Cáseme con la cevil por el florín», adonde *cevil* sta por *vil y baxa* [347]. Lo mesmo hazen algunos con *regular,* del qual, como sabéis, en latín usan por gloria, y ellos en castellano usan por vituperio. Pero al fin, en una sinificación o en otra, para mi intento basta esto; que claramente se conocen todos estos vocablos por latinos. Hora, si en la lengua toscana se pueden hazer las dos esperiencias de los vocablos que yo he hecho en la castellana, y si se puede mostrar la corrupción de vocablos que yo os he mostrado, déxolo considerar a vosotros, que sabéis más que yo della; a mí tanto paréceme que no lo haréis de ninguna manera.

M. Quanto que a mí no me bastaría el ánimo.

C. Ni a mí tampoco. Bien es verdad que podría ser que, pensando un poco en ello, pudiesse hazer algo.

V. Pues yo os dexo pensar hasta de oy en ocho días que, plaziendo a Dios, nos tornaremos a juntar aquí y concluiremos esta contienda. Agora ya es hora de ir a Nápoles. Hazed que nos den nuestras cavalgaduras y vámonos con Dios, que a mí tanto cara me ha costado la comida; podré dezir que ha sido pan con dolor.

M. No consiento que digáis esso, pues veis que, aunque lo que aquí avemos platicado ha sido desabrido para vos, ha sido provechoso para nosotros; y aún, si yo pensara no enojaros, yo os prometo que uviera puesto algún escrivano en secreto que notara los puntos que aquí avéis dicho, porque no fío tanto en mi memoria que piense me tengo [de] acordar de todos.

V. Vuestro daño si no lo hizisteis; ¿qué culpa os tengo yo?

M. Sí tenéis, y muy grande; que os hizistes al principio

---

[347] En Valdés, *De Doctrina Christiana,* cit., f. 47 r: «... [la envidia] ...sale de ánimo apocado y cevil». Sobre *civil* en sentido peyorativo hay interesantes observaciones de María R. Lida y de L. Terracini, además de M. Morreale, *Castiglione y Boscán,* en *Anejos del Boletín de la Real Academia Española,* Madrid, 1959.

tanto de rogar que, timiendo lo terníades por mal, no osé hazer lo que quería.

V.  Éssa fue muy gran cortedad. ¿Por qué lo avía de tener por mal?

M.  Porque os tengo por tan delicado que de cada mosquito que os passa por delante la cara, si no va a vuestra voluntad, os ofendéis.

V.  En esso tanto tenéis razón; que demasiadamente soy amigo de que las cosas se hagan como yo quiero, y demasiadamente me ofendo quando una persona que yo quiero bien haze o dize alguna cosa que no me contente, y soy tan libre que luego le digo a la clara mi parecer. Esta tacha me an de sufrir mis amigos[348].

M.  Mejor sería que, pues conocéis ser tacha, la dexássedes.

V.  Mejor, pero ¿vos no sabéis que «mudar costumbres es a par de muerte»?

M.  Sélo muy bien, pero diferencia ha de aver de hombres a hombres. Donosa cosa es que queráis vos que vuestros amigos os sufran una cosa que vos mismo tenéis por tacha, no quiriendo vos sufrirles a ellos las que no tienen por tachas.

V.  En dezir que ha de aver diferencias de hombres a hombres vos dezís muy bien, pero essotro avéis considerado mal, porque por esso es mi tacha más sufridera que las de los otros, porque la conozco, y por tanto ay esperança que me corregiré un día u otro; y por esso son las de los otros menos sufrideras que la mía, porque no las conocen, y por tanto no se pueden emendar, y assí yo no haría oficio de amigo si no les dixesse lo que me parece mal[349]. Pero esto importa poco; vámonos, que es tarde.

---

[348] Véase una análoga confesión de Giulia en *Alfabeto cristiano*, cit., f. 29v: «In cotesto tanto voi dite la verità, che stremamente mi duole, quando non sono creduta, et molto mi piace, quando mi danno credito.»

[349] La misma afirmación, a propósito de asuntos religiosos, en

M.   Asperáos un poco, que «aún os queda la cola por desollar»[350].

V.   ¿Qué queréis dezir con esso?

M.   Que os avemos tomado a mano, haziendo por buen estilo que tengáis por bien que ayamos hecho lo que temíamos os diera mucho enojo.

V.   ¿Qué cosa?

M.   Agora lo veréis. Aurelio, daca lo que as escrito. Veis aquí anotado todo lo que avéis dicho, y yo tengo por tal al escrivano que ha sabido bien lo que ha escrito.

V.   Con la bendición de Dios, yo huelgo dello, pero con tanto que lo tengáis para vosotros y no lo traigáis de mano en mano, porque ya veis el inconveniente.

M.   Antes porque veo el provecho, y no el inconveniente, pienso darlo a todos los que lo querrán, y aun, si me pareciere, lo haré imprimir.

V.   ¡Éssa sería una gentil cossa! No creo que vos caeréis en essa indiscreción.

T.   Dexémonos de «andar por las ramas»; mejor será dezirle claro lo que haze al caso. Yo conozco al señor Valdés, y sé dél que se huelga que se le demande a la clara lo que sus amigos quieren dél. Avéis de saber que lo que todos os pedimos por merced es que, tomando esto que sta anotado de lo que aquí avemos hablado, lo pongáis todo por buena orden y en buen estilo castellano; que estos señores os dan licencia que les hagáis hablar en castellano, aunque ellos ayan hablado en italiano.

M.   Antes se lo rogamos quan encarecidamente podemos. Y, si os parecerá, podréis hazer la primera parte de la obra de lo que platicamos esta mañana, y la segunda de lo desta tarde.

---

*Alfabeto cristiano,* cit., f. 66r-66v: «[Giulia] … fidatevi di me, perchè non è maggiore cieco, che quello, il quale si persuade, che vede.»

[350] Alfonso de Valdés, *Diálogo de Lactancio,* Clásicos Castellanos, 1946, pág. 119, 4-6: «[Arc] Bien pensáis vos haver acabado; pues, como dizen, aún os queda lo peor por desollar, porque he querido guardar lo más grave para la postre.»

V.   ¿Esto me teníades guardado por fruta de postre? Ios con Dios.

M.   No nos iremos, ni vos os iréis de aquí, si primero no nos prometéis que haréis esto que os rogamos.

T.   No os hagáis de rogar, por vuestra vida, pues sabemos que no son otras vuestras missas[351], sino ocuparos en cosas semejantes; y sabemos también que, si de buena tinta os queréis poner en ello, lo haréis de manera que os hagáis honra a vos y a nosotros, y al lugar adonde avemos estado.

V.   Esta cosa, como veis, es de mucha consideración; dexadme pensar bien en ella, y si me pareciere cosa hazedera, y si viere que puedo sallir con ella razonablemente, yo os prometo de hazerla.

M.   Con esto nos contentamos, y yo en nombre de los tres aceto la promessa; y os combido desde agora para de oy en ocho días, porque el señor Coriolano pueda dezir lo que, después de aver bien pensado, hallará acerca de la conformidad de la lengua toscana con la latina. Una cosa me queda que demandar; prometedme todos de no negármela, toque a quien tocare.

V.   Yo por mi parte lo prometo, pues ya «no puede ser más negro el cuervo que sus alas»[352].

T.   También yo lo prometo por la mía.

C.   Pues de mí ya sabéis que tanto tenéis, quanto queréis.

M.   Mi demanda es ésta: que el señor Torres nos prometa aquí de hazer en los *refranes* españoles lo que dize ha stado muchas vezes por hazer.

T.   Por no estar a contender, soy contento de prometerlo, pero para quando tuviere el lugar y aparejo que conviene.

V.   Que será nunca; pero, sea quando fuere, ¿qué se

---

[351] Fina alusión a la absorbente actividad catequística de Valdés, a cuyo lado el interés por las curiosidades lingüísticas constituiría una pequeña concesión a las cosas terrenales.

[352] Locución proverbial ampliamente documentada.

me da a mí? Más me importa esto. ¿Oyes? Dame el cavallo. Camine quien más pudiere, que yo ni estorvaré al que me fuere adelante, ni esperaré al que se quedare atrás[353].

---

[353] El lugar es casi traducción de Horacio, *Epistola ad Lollium,* I, 2, 70-71: «... Quod si cessas aut strenuus anteis, / nec tardum opperior nec praecedentibus insto.»